Dr. Alok Kanojia

Zocken, aber gesund!

GOLDMANN

DR. ALOK KANOJIA

ZOCKEN, ABER GESUND!

Wie Eltern ihre Kinder beim Spielen an PC, Konsole und Handy gut und stressfrei begleiten können

Aus dem Englischen von Imke Brodersen

GOLDMANN

Die amerikanische Originalausgabe erschien 2024 unter dem Titel
»How to raise a healthy gamer« bei Rodale Books, New York.

MIX
Papier | Fördert gute Waldnutzung
FSC® C014496

Penguin Random House Verlagsgruppe FSC® N001967

2. Auflage
Deutsche Erstausgabe November 2024

Redaktion: Dagmar Rosenberger
Illustrationen: Nizwa Design
Umschlag: Uno Werbeagentur, München,
nach einem Coverentwurf von theBookDesigners
Umschlagmotiv: Nizwa Design
Satz: Uhl + Massopust, Aalen
Druck und Bindung: GGP Media GmbH, Pößneck
Printed in Germany
CH · MW
ISBN 978-3-442-18013-4

www.goldmann-verlag.de

Für meine geliebte Frau Kruti,
die mir dieses Buch,
meine Laufbahn und mein Leben ermöglicht

Inhalt

TEIL 3
HANDELN: DAS NEUE WISSEN UMSETZEN

TEIL 4
WAS NOCH MITSPIELT

ANHANG A

ANHANG B

Einleitung

Sie kennen Ihr Kind am besten, richtig? Es gehört schließlich schon eine ganze Weile zu Ihrem Leben. Sie haben es großgezogen – es Abend für Abend ins Bett gebracht, das angeschlagene Knie geküsst und ihm sogar Brokkoli schmackhaft gemacht. Geduldig haben Sie mit ihm das kleine Einmaleins geübt, ihm gezeigt, wie man jeden Basketball in den Korb bugsiert und das Geschirr in die Spülmaschine räumt. Durch dick und dünn haben Sie Ihr Kind geliebt und sich bemüht, ihm Ihre Werte zu vermitteln.

Wenn dieses geliebte Kind jedoch Videospiele zockt, scheint es sich in einen anderen Menschen zu verwandeln. Plötzlich verschwindet sein goldiges, aufgewecktes, gehorsames, witziges Wesen, und es reagiert launisch und reizbar. Seine Stimmungsschwankungen ähneln den Wutausbrüchen, die eigentlich mit sechs Jahren vorbei waren. Wer sehr viel zockt, kann geradezu bösartig reagieren, und wenn der Kampf um die Kontrolle des Spieltriebs eskaliert, verschärfen sich die häuslichen Spannungen.

Je weniger die Eltern ihr Kind wiedererkennen, desto größer wird ihre Sorge. Das kann schon lange vor einer ausgewachsenen Videospielsucht sehr frustrierend sein, denn mit zunehmendem Spielkonsum werden bisher unkomplizierte Situationen – zum Beispiel das Kind zum Essen zu rufen – immer schwieriger. Aus Elternsicht geht es um Selbstverständlichkeiten wie den Spaziergang mit dem Hund am Nachmittag, und plötzlich wird man angeschrien, als hätte man einen Monat Hausarrest verhängt. Ihr Kind ist auf 180, Sie sind frustriert, und Sie verstehen nicht, was los ist.

Alles, überall und sofort

Videospiele schießen wie Pilze aus dem Boden, und die damit verbundenen Probleme – nicht nur die Videospielsucht, sondern auch eine verkürzte Aufmerksamkeitsspanne – haben sich ebenfalls explosiv vermehrt. Und wie jede invasive Spezies, die ungehindert eine neue Umgebung erobern darf, breiten sich diese Spiele rasant aus.

Leider haben wir Menschen nur rudimentäre Sicherheitsmaßnahmen ergriffen, um uns vor schädlicher Technologie zu schützen. Gesetzliche Vorschriften, Krankenkassen und Tech-Konzerne haben das Problem bestenfalls verschlafen. Schlimmstenfalls haben die Hersteller von Spielen deren Suchtfaktor *wissentlich* immer mehr erhöht, indem sie genau analysiert haben, wie sie uns und der Gesellschaft immer einen Schritt voraus sein können. Die Firmen bemühen sich unablässig um das noch umfassendere, bessere, spannendere Produkt, und schützende Institutionen hinken dieser Entwicklung stets hinterher.

Die Auswertung von Studien zur Wirkung bestimmter Technologien auf das Gehirn oder zu den negativen Folgen einer Bildschirmsucht dauert drei bis fünf Jahre. Und erst wenn es immer mehr solcher Studien gibt und sie alle unabhängig überprüft wurden, ringen sich Institutionen wie die American Psychological Association (APA) zu Empfehlungen durch.

Sind die Empfehlungen einmal ausgesprochen, dauert es zumeist mindestens ein bis zwei Jahre, sie umzusetzen. Anschließend fließen solche Veränderungen in die Ausbildung ein, aber bis der Nachwuchs so weit ist, gehen weitere vier bis zehn Jahre ins Land. Erst danach kann die Allgemeinheit von diesen »neuen« Erkenntnissen profitieren.

Die großen Unternehmen im Tech- und Gaming-Sektor hingegen agieren so schnell und innovativ wie irgend möglich. Die

Updates für *Fortnite*, das mit über 400 Millionen registrierten Nutzern bei jüngeren Teenagern eines der beliebtesten Spiele ist, erfolgen im Zwei-Wochen-Rhythmus. Alle zwei bis drei Monate erscheint eine neue Season, die eine brandneue Welt darstellt, die zum Entdecken einlädt. Wie sollen Wissenschaft und Therapieangebote da mithalten?

Wenn Sie dieses Buch in der Hand halten, fühlen Sie sich wahrscheinlich ähnlich hilflos. Vermutlich haben Sie den Eindruck, dass Ihr Kind viel zu viel Zeit an der Videokonsole oder am Computer verbringt. Oder es gibt zu Hause ständig Auseinandersetzungen über die angemessene Spielzeit. Oder Ihr Kind bettelt, endlich spielen zu dürfen, und Sie möchten langfristige Probleme von vornherein vermeiden. Bei all diesen Anliegen kann ich Ihnen weiterhelfen.

Gebranntes Kind

Auch ich bin mit Videospielen aufgewachsen. Ab der Mittelstufe und während meiner gesamten Highschool-Zeit habe ich viel gezockt, und als ich schließlich ins College kam, war diese Gewohnheit erschreckend eskaliert. Wie meine Eltern bezeugen können, wäre ich deswegen beinahe vom College geflogen.

Das ist leider keine Übertreibung. Das erste Jahr am College habe ich notenmäßig nur gerade so eben bestanden, das zweite war kaum besser. In dem Jahr habe ich einmal so lange durchgespielt, dass ich danach die Abschlussprüfung für Spanisch verschlief. Ich habe gar nicht erst versucht, meinem Professor zu erklären, was passiert war, sondern ihn und die ganze peinliche Situation möglichst ignoriert. Mein Spielverhalten war eindeutig problematisch.

Meine Eltern versuchten alles: Einschränkungen und Strafen, Freiheit und Unterstützung, bedingungslose Liebe. Nichts davon half. Nach zwei Jahren am College hatte ich mein Studium gründlich in den Sand gesetzt, und uns gingen die Optionen aus. Meine Eltern entschieden, ich bräuchte eine Auszeit in Indien, wo sie beide geboren und aufgewachsen sind. Damit war sogar ich einverstanden. Es fühlte sich drastisch an, aber an diesem Punkt blieben nur noch drastische Maßnahmen. Ich stieg also in ein Flugzeug und kam in einen Ashram.

Das setzte eine grundlegende Veränderung in Gang. Im Ashram lernte ich, dass ich meine Gedanken kontrollieren kann. Jahrelang hatte ich mich bemüht, gegen meine Gedanken und Wünsche anzukämpfen. Ich hatte nur noch Zocken im Kopf – ich las darüber, redete darüber und dachte noch beim Einschlafen über neue Strategien nach. Auf dem Weg zum Unterricht war ich abgelenkt, und beim Essen schaute ich Videos. Und auf einmal sollte ich meine Gedanken kontrollieren können, anstatt unablässig ans Spielen zu denken? Das änderte alles!

Meine neuen Erkenntnisse begeisterten mich so sehr, dass ich beschloss, mich der Gruppe anzuschließen und Mönch zu werden. Aber meine Lehrer lehnten mich ab. Um Mönch zu werden, muss man seinem Leben entsagen, erklärten sie. Ich jedoch hätte bisher nichts erreicht, und deshalb könne ich noch nichts entsagen. Sie meinten, mein Entschluss sei nur ein Fluchtversuch. »Geh und werde erst einmal erfolgreich«, hieß es, »und komm zurück, wenn du bereit bist, diesem Erfolg zu entsagen.«

Also kehrte ich ans College zurück und konnte es schließlich mit ziemlich mäßigen Noten abschließen. Dieses Versagen ist in Stein gemeißelt: Ich war ein unterdurchschnittlicher Absolvent, das kann ich mein Leben lang nicht mehr ändern. Gleichzeitig befeuerte mein schlechtes Abschneiden einen inneren Funken, den die Zeit in Indien entzündet hatte. Und acht Jahre nachdem ich am College gescheitert war, erhielt ich einen Lehrauftrag an der Harvard Medical School.

Selbstkontrolle

Natürlich muss nicht jeder junge Gamer in einen indischen Ashram reisen, um von seiner Videospielsucht geheilt zu werden. Es dürfte jedoch hilfreich sein, wenn Sie nachvollziehen können, warum das Umdenken, das mir dort gelang, mich so grundlegend verändert hat.

Alte Schriften des Yoga besagen, dass unsere Gedanken zwei Quellen entstammen können: den Sinnesorganen und der Erinnerung unserer Sinnesorgane.

Stellen Sie sich die Fußballsaison vor. Wenn alle Leute in Ihrem Umfeld über das gestrige Spiel reden, wenn Sie eine Sportsendung sehen oder im Radio dem Reporter lauschen, dann erzeugen all diese Informationen neue Gedanken in Ihrem Gehirn. Und je mehr solcher Gedanken Ihnen durch den Kopf gehen, desto eher sind Sie bereit, noch mehr über Fußball zu reden.

Dieses Prinzip funktioniert im positiven wie auch im negativen Sinne. Ein Kind, das ständig mit einer bestimmten Sprache in Kontakt ist, wird diese Sprache erlernen und sie benutzen. Das gilt aber auch umgekehrt, zum Beispiel bei Kindern mit negativen Kindheitserfahrungen und Traumata: Wenn ein Kind täglich hört, dass es zu nichts nutze ist, verinnerlicht es diese Vorstellung. Auch das ist ein Lernprozess, aber er ist weder gesund noch produktiv.

Das Problem beim Zocken ist, dass die Spieleentwickler wie eine Kolonialmacht *das Gehirn des Kindes okkupieren* – mit dem Spiel selbst, mit Gesprächen und Diskussionsforen, mit Twitch-Streams, YouTube-Clips und zahllosen TikTok-Videos. Dass Kinder schon bald nur noch ihr Spiel im Kopf haben, ist deshalb wenig überraschend. Sie können dieser Strategie nichts entgegensetzen.

Achten Sie bei den Spielen, die Ihr Kind sich aussucht, mal auf die Soundeffekte, die Bilder und die Farben, die projiziert werden, wenn etwas geschieht. Für jedes erreichte Level gibt es eine bunte

Trophäe und ein belohnendes Geräusch. Das ist sensorisch sehr befriedigend, und so verankert sich das Spiel noch tiefer im Gehirn des Kindes. Das ist der wahre Gegner: die Flut der Gedanken im Kopf Ihres Kindes. Und deshalb sollten Sie aufhören zu kämpfen, denn das Ziel ist die *Entkolonialisierung*.

Darum plädiere ich für kleine Fortschritte – um jeden Preis. Es geht nicht nur darum, das Spielen selbst zu beschränken. Je mehr Sie den massiven sensorischen Input abblocken oder verlangsamen können, der auf das Kind über Twitch, YouTube oder andere Kanäle einströmt, desto besser kommen Sie voran. Je weniger sensorischen Input das Kind erhält, desto leichter findet es zu seinem gesunden Selbst zurück.

Aus diesem Grunde schlägt mein *Healthy-Gamer*-Konzept so gut an. Indem Sie sich mit Ihrem Kind verbünden und kleinschrittig vorgehen, geht die *mentale Kolonisierung Ihres Kindes* zurück. Wenn die mentale Kolonisierung schwindet, ist das Kind eher bereit, mit Ihnen zu reden und ein gesundes Leben zu führen.

Tausende von Gamern haben mir beschrieben, wie sie aus dem Dunstkreis ihrer nur mit Spielen zugebrachten Jahre aufgetaucht sind. Sie sagen, sie hätten sich in dieser Zeit mental nicht wach gefühlt, und ich weiß genau, was sie damit meinen. Mir erging es genauso. Erst als ich lernte, meine Gedanken zu steuern und spielunabhängige Inhalte in mein Gehirn zu lassen, konnte ich aufwachen.

Und genau das ist mir gelungen. Nach meinem Collegeabschluss entschied ich mich, Psychiatrie zu studieren, was meine ehrgeizigen Eltern gleichermaßen schockierte wie erleichterte. Zwar musste ich mich wiederholt um einen Studienplatz bewerben, bis ich endlich angenommen wurde (meine Collegenoten waren keine große Hilfe!), aber am Ende durfte ich in Boston studieren und wurde am Massachusetts General Hospital und am McLean Hospital ausgebildet, zwei Lehrkliniken der Harvard Medical School, an der ich dann auch unterrichtete.

Während des Studiums und der Facharztausbildung hatte ich das große Glück, von fantastischen Fachkräften lernen zu dürfen, die mir nicht nur viel über Psychiatrie beibrachten, sondern auch über den Menschen selbst. Dank ihrer Unterstützung fand ich heraus, wie ich anderen helfen kann. Angesichts meiner früheren Erfahrungen wollte ich Menschen beistehen, die Probleme mit Videospielen hatten.

Allerdings musste ich bald feststellen, dass mir selbst die klügsten Köpfe der Psychiatrie – anerkannte Koryphäen ihres Fachs – bezüglich der Spielproblematik, mit der ich selbst auch so lange gekämpft hatte, nicht weiterhelfen konnten. Die Experten und Expertinnen für Suchtverhalten und Kinderpsychiatrie, Depressionen und kognitive Verhaltensforschung, an die ich mich wandte, hatten kaum relevante Daten oder Erfahrung auf diesem Gebiet. Je mehr ich herumfragte, desto klarer wurde mir der Grund dafür: Die herausragenden und zu Recht bewunderten Köpfe in der Psychiatrie sind heute über 50, über 60 oder über 70 Jahre alt. Was bedeutet, dass die Mehrheit von ihnen nie ein modernes Videospiel gespielt hat. Unsere simplen Gameboys von früher haben sich nicht jeden Tag verändert, um die Spieler noch effektiver an sich zu binden. *Pong* war lustig, aber nur so lange, wie man dem kleinen Ball zusehen konnte.

Wer nie ein modernes Videospiel gespielt hat, kann höchstwahrscheinlich nicht nachvollziehen, was für ein Erlebnis das ist und warum Gaming süchtig macht. Und warum es einem so furchtbar schwerfällt, das Spiel abzuschalten, selbst wenn man weiß, dass es das wahre Leben beeinträchtigt.

Darum befragte ich irgendwann nicht mehr meine Lehrer zu diesem allgegenwärtigen Problem, sondern die Spielenden selbst. Neue Technologien ermöglichen die Begegnung mit Gamern in ihrem natürlichen Lebensraum – Chatrooms bei *Reddit*, *Twitch*-Streams oder einfach gemeinsames Spielen und sich dabei über

Kopfhörer zu unterhalten. So konnte ich mit Gamern quasi »vor Ort« reden. Ich sprach mit Kindern und Jugendlichen aus der ganzen Welt, vom Nahen Osten bis Südkorea, aus dem ländlichen Kanada und den Großstädten der USA und vielen anderen Orten. Es ging mir darum, sie besser zu verstehen. Darum stellte ich alle möglichen Fragen zu ihren Erfahrungen, vor allem aber, warum sie überhaupt Videospiele spielten. Sehr viele erzählten mir, sie hätten dieselben Probleme, die ich einst hatte: Ärger wegen den Hausaufgaben und zu wenig Schlaf, Zoff mit den Eltern und Schwierigkeiten, die PlayStation einfach wegzulegen. Aber inzwischen scheinen diese Probleme noch verstörender zu sein. Die Technik entwickelt sich so rasant, dass viele tiefer im Sumpf stecken als ich in den frühen Nullerjahren.

Viele Gamer gestanden mir, sie hätten auf Drängen ihrer Eltern irgendwann nachgegeben und einen Kinderpsychiater oder eine Therapeutin aufgesucht. Häufig kamen sie mit einer Diagnose (zum Beispiel eine Angststörung oder eine andere Störung) und Medikamenten aus so einer Praxis. Dann gingen sie nach Hause, nahmen ihre Pillen – und spielten weiter. Meistens verstand ich den Grund dafür. Ja, sie hatten vielleicht wirklich Depressionen oder eine Angststörung, aber ihr Videospielkonsum blieb unbehandelt. Sie waren *süchtig*.

Ich war genauso gewesen – hatte die Nächte durchgezockt, meine Prüfungen verschlafen und jede Aufgabe bis auf den letzten Drücker vor mir hergeschoben. Das verstand ich. Dagegen konnte ich etwas tun. Ich hatte meine Berufung gefunden.

2018 postete ich auf *Reddit*, dass ich Psychiater sei und mich für Videospielsucht interessierte. Wenn jemand Fragen hätte, dürfe er oder sie mich kontaktieren. Kaum war der Post veröffentlicht, da strömten auch schon die Fragen und Kommentare zu Tausenden herein. Erst da wurde mir bewusst, dass wirklich viele Menschen Hilfe brauchten.

Als Nächstes setzte ich einen Online-Chat-Server auf, um Fragen zur Spielsucht zu besprechen, und die Zahl der Teilnehmenden schnellte in die Höhe. Irgendwann waren es Tausende von Anfragen nach persönlicher Behandlung, aber ich hatte gar nicht die Kapazität, sie alle zu bewältigen. Also sicherte ich mir organisatorische Unterstützung, und bald darauf wurde ich Mitgründer der Coaching-Plattform *Healthy Gamer.* Ich entwarf ein Coaching-Curriculum und bildete die ersten Coaches aus, sorgte für kompetente Moderation und heuerte eine Crew an, die meine *Twitch*-Streams in einen *YouTube*-Kanal übertrug. Und dann nahm die Sache Fahrt auf.

Inzwischen helfe ich mit meinem Team Menschen und Organisationen bei neuartigen Herausforderungen für Geist und Psyche in einer zunehmend digitalisierten Welt. Wir stellen leicht zugängliche, umfassende und erschwingliche Angebote für die psychische Gesundheit bereit, um der Internetgeneration zu einem besseren Gleichgewicht und mehr Lebensglück zu verhelfen.

Wie kann Ihnen dieses Buch helfen?

Mein *Healthy Gamer*-Programm soll Unabhängigkeit fördern. Ich ermuntere zu Beherrschung statt Beschränkung, und über dieses Konzept konnten wir in den letzten Jahren Millionen Gamern dabei helfen, besser Maß zu halten beim Spielen. Die Strategien, die ich in diesem Buch vorstelle, haben zahlreichen Eltern gezeigt, wie sie ihre Kinder dabei unterstützen können, Selbstvertrauen und Unabhängigkeit zu entwickeln. Das Programm befähigt Eltern nicht nur dazu, ihre Gamer zum Maßhalten anzuleiten, sondern dient auch der Prävention, damit Kinder gar nicht erst ein ungesundes Verhältnis zum Spielen entwickeln.

Unter »gesund« verstehe ich, dass Computer- und Videospiele

zum Vergnügen genutzt werden, nicht zur Flucht vor der Wirklichkeit. Gesund ist Spielen, wenn es Sozialkontakte fördert und nicht in die Isolation führt. Sobald Videospiele Sozialkontakte ersetzen oder ein schwaches Selbstbewusstsein kaschieren sollen, leidet die Gesundheit des Spielers.

In diesem Buch kombiniere ich mein Wissen aus erster Hand (als Spieler), meine Erfahrung bei der Unterstützung von Spielenden (und ihren Familien oder Partnern und Partnerinnen) sowie meine psychiatrische Ausbildung, um Eltern und deren Kindern zu einem gesunden, ausgeglichenen Leben zu verhelfen. Obendrein bin ich nämlich auch Vater von zwei bezaubernden Töchtern, die Videospiele lieben. Vieles in diesem Buch beruht darauf, dass ich in einer Welt mit invasiver Technologie zwei Kinder großziehe.

Mit meinem Ansatz möchte ich neues Basiswissen zur Erziehung im Technologiezeitalter bereitstellen. Ich werde einen Zeitplan für die einzelnen Schritte meines Konzepts vorschlagen, allerdings ist jede Familie einzigartig. Erwarten Sie also nicht, nach einer bestimmten Zeit »fertig« zu sein. Konzentrieren Sie sich lieber darauf, die einzelnen Bausteine des Konzepts in Ihrem Tempo zu bearbeiten, zumal die Gespräche, die Sie mit Ihrem Kind führen, niemals ein für alle Mal erledigt sein werden. Ich möchte Sie darin unterstützen, die Dynamik mit Ihrem Kind zu verändern, und das ist ein lebenslanger Prozess.

Mein Konzept für gesundes Spielverhalten besteht aus drei Elementen: In Teil 1 vermittele ich das nötige *Wissen*, das Eltern als die erste Verteidigungslinie gegen Videospielsucht benötigen – und als Vater oder Mutter, die aus Liebe zu einem Gamer dieses Buch lesen. Mir ist bewusst, dass Sie wahrscheinlich am liebsten gleich damit loslegen wollen, das Verhalten Ihres Kindes zu verändern. Doch zuerst müssen Sie verstehen, *warum* Kinder dieses Verhalten an den Tag legen. Deshalb erklären die drei Kapitel von Teil 1, wie Videospiele die Neurochemie und die Psyche von Kindern beeinflussen und mit welcher Einstellung Sie die anstehenden Probleme angehen sollten.

Teil 2 zeigt auf, wie Sie mit Ihrem Kind die Schritte besprechen können, die Sie hoffentlich miteinander gehen werden. Sie erfahren, wie Sie die Veränderungsbereitschaft Ihres Kindes einschätzen können und mit welchen Schritten sich das zentrale Ziel, nämlich mit dem Kind einen Pakt zu schließen, erreichen lässt. Dieser Pakt mit dem Kind ist die entscheidende Dynamik in meinem Konzept, auf die Sie sich auf den holprigen Abschnitten des gemeinsamen Weges immer wieder stützen können. Mit den passenden *Kommunikationstechniken* können Sie leichter mit Ihrem Kind in Kontakt treten und auf derselben Seite stehen, anstatt gegeneinander zu kämpfen. Sobald Sie im selben Team spielen, helfe ich Ihnen, einen passenden Schlachtplan aufzustellen, der auch Strategien zum Umgang mit Widerstand enthält.

Erst in Teil 3 kommen wir zur *Umsetzung*. Kapitel 7 bis 10 beschreiben, wie man beim Zocken gesunde Grenzen definiert und setzt und wie man sie mit positiven Verhaltensstrategien einhält. Ab diesem Punkt werden Sie und Ihr Kind zusammenarbeiten, um einen gesünderen, glücklicheren Weg zu beschreiten.

Spielsucht oder problematisches Videospielverhalten gehen häufig mit Neurodivergenz oder psychischen Problemen einher. Deshalb schneidet Teil 4 auch solche Themen an und liefert Informationen über die »Komorbidität« von Spielenden mit ADHS (Aufmerksamkeitsdefizitstörung mit Hyperaktivität), aus dem autistischen Spektrum, mit Depressionen oder Angststörungen oder aber mit Cannabiskonsum. Auch hier finden Sie Vorschläge, wie Sie solche Probleme mit Ihrem Gamer angehen können.

Wie lange dauert das?

Bei den meisten Familien, mit denen ich arbeite, schlägt dieses Konzept an. Sie werden sehen, dass ich einen relativ lockeren Rahmen abstecke, wann Sie was mit dem Kind bearbeiten. Rechnet man die Schritte zusammen, dauert es etwa zwei bis drei Monate, bis aus den ersten Versuchen, ein Bündnis zu schmieden, ein konkreter Plan für sinnvolle Grenzen wird. In Anhang B (siehe Seite 267 ff.) habe ich die Vorgehensweise Woche für Woche zusammengefasst, aber vieles davon wird sich fließend entwickeln.

Manchmal brauchen Eltern und Kinder mehr Zeit, um Vertrauen aufzubauen, oder es dauert länger, weil das Kind Widerstand leistet und sich abkapselt, anstatt aktiv mitzuwirken. Mitunter werden Sie die gesteckten Grenzen anpassen müssen, weil die Realität sich nicht nach Plan entwickelt. Noch häufiger stelle ich fest, dass die Eltern selbst noch ganz andere Baustellen zu bewältigen haben, was den Prozess verlangsamt. Meiner Erfahrung nach dauert es, mit immer neuen kleinen Siegen, ungefähr sechs bis zwölf Monate, bis Kinder von ihrem Gaming-Problem »genesen«.

Nach dieser ausführlichen Vorrede bitte ich dringend um Geduld und Weitsicht. Zu den Dingen, die ich damals in Indien gelernt habe, gehört, dass Veränderung nicht geschaffen wird – sie wird *kultiviert*. Bei uns im Westen geht es ständig darum, Dinge zu erschaffen – wir tragen ganze Berge ab, bauen Häuser und sind von Ergebnissen besessen.

In der östlichen Denkweise hingegen steht das Kultivieren im Mittelpunkt. Auf meinem persönlichen Lebensweg bin ich immer wieder gescheitert, und auch das ist Teil meiner Kultivierung. Betrachten Sie Erziehen als die Kultivierung Ihres Kindes. Sie pflanzen das Kind in eine förderliche Umgebung, die ein Wachstum in die gewünschte Richtung unterstützt. Dann lehnen Sie sich zurück und sehen zu, wie es gedeiht.

Wer ein unabhängiges Kind möchte, darf diesem nicht alle Arbeit abnehmen. Ihr Wachstum müssen Kinder selbst vollbringen, und genau wie bei jeder Pflanze im Garten erfolgt es schrittweise und mitunter in eine etwas abweichende Richtung.

Meiner Erfahrung nach dauert es, mit immer neuen kleinen Siegen, ungefähr sechs bis zwölf Monate, bis Kinder von ihrem Gaming-Problem »genesen«.

Im Moment sind Sie sicher verunsichert, das weiß ich. Für Eltern ist dies eine Zeit voller Ängste. Aber ich kann Ihnen eines versichern: Ganz gleich, an welchem Punkt dieses mühsamen und emotional herausfordernden Weges Sie stehen – Sie werden ihn bewältigen. Ich verspreche Ihnen, dass man jedem jungen Menschen da draußen helfen kann. Ich habe Tausende Gamer von ungesundem Spielverhalten Abstand nehmen sehen, auch junge Erwachsene. Die meisten brauchen nur ein wenig Hilfe. Dazu bin ich da. Dazu sind Sie da. Und zusammen schaffen wir das.

TEIL 1

Verstehen

Spiele und Spieler verstehen

Dieser Abschnitt befasst sich mit den grundlegenden Belohnungsmechanismen, die von Videospielen bedient werden, und damit, warum diese für Kinder so attraktiv sind. Dadurch verstehen Sie besser, warum diese Spiele süchtig machen. Es werden dabei verschiedene neurowissenschaftliche Konzepte zu Abhängigkeit, Belohnung und Verhaltensverstärkung vorgestellt, denn die Psychologie fußt auf der Neurowissenschaft. Sobald wir die wichtigsten neurowissenschaftlichen Schaltkreise kennen, sehen wir uns an, was Geist und Psyche aus den Informationen des Gehirns machen und welche psychischen Grundbedürfnisse Videospiele stillen: Leistung, Herausforderung, Identität, Gemeinschaft und Sicherheit.

Wenn Sie wissen, was das für Ihr Kind bedeutet, können wir anfangen, gesündere Alternativen bereitzustellen. Denn erst wenn die Bedürfnisse Ihres Kindes auf andere Weise befriedigt werden, wird das suchtartige Spielverhalten nachlassen.

KAPITEL 1

Warum macht Zocken süchtig?

Die Neurochemie des Gaming

Die erste Frage, die mir Eltern oft stellen, lautet: »Ist mein Kind süchtig nach Videospielen?« Das heißt, sie wissen, dass ihr Kind ein Problem hat. Die meisten haben bemerkt, dass sich das Verhalten ihres Kindes verändert hat, und zwar in einer Form, die sie beunruhigt. Manchmal leiden die Schulnoten. Die Kinder isolieren sich mehr als früher. Sie sind reizbarer. »Aber ist das wirklich eine Sucht?«, fragen mich die Eltern dann.

Diese Frage ist bisher strittig. 2018 sprach die Weltgesundheitsorganisation (WHO) von einer »Internetspielstörung«. Es gibt jedoch auch Gegenstimmen, die der Ansicht sind, dass Gaming nicht in derselben Form süchtig macht wie Alkohol oder Opiate. Diese zwei Lager können endlos streiten, wer von ihnen nun recht hat. Wenn Sie mich fragen, ist es unwichtig, ob die Psychiater sich über die Definition von »Abhängigkeit« einig sind oder nicht. Diese angeblichen Experten können das gern im Internet oder in wissenschaftlichen Studien ausfechten. Hier geht es jedoch um Sie und Ihr Kind.

Psychiater und andere angebliche Experten können ihre Definition von »Abhängigkeit« gern im Internet oder in wissenschaftlichen Studien ausfechten. Hier geht es jedoch um Sie und Ihr Kind.

Wenn das Spielverhalten bei Ihnen zu Hause zum Problem wird oder die Zukunft Ihres Kindes gefährdet, liegt wahrscheinlich ein Problem vor. Ob wir das als »Sucht« bezeichnen oder nicht, ist dabei zweitrangig. Es geht darum, dass das Kind weiterkommt und ein gesünderes Verhältnis zur Technologie aufbaut – unabhängig davon, ob bereits die Schwelle zur Sucht überschritten ist.

Und natürlich sorgen wir uns nicht nur um Kinder und Jugendliche. Manchen, die sich bei *Healthy Gamer* melden, geht es um einen Erwachsenen, der mit 23 Jahren noch unten in der Einliegerwohnung lebt. Entwickelt er sich in eine gute Richtung? Hat er Probleme in der Ausbildung oder am Arbeitsplatz? Geht er überhaupt noch zur Arbeit? Reagiert er launisch, hat er Wutausbrüche oder verhält er sich jedem gegenüber respektlos?

Vom akademischen Standpunkt aus gesehen haben alle psychischen Erkrankungen, auch Süchte, einen gemeinsamen Nenner: Sie beeinträchtigen das Leben. Unabhängig von der Substanz bedeutet Abhängigkeit eine Funktionseinschränkung. Und solche Funktionseinschränkungen habe ich bei vielen der Kinder und Heranwachsenden beobachtet, denen ich in den Jahren meiner Tätigkeit begegnet bin.

Fazit: Wenn Sie etwas für problematisch halten, ist es problematisch. Dazu brauchen Sie keinen Experten. Eltern sind die Experten für ihr Kind.

Warum das Kind sich verändert: Das sagt die Neurowissenschaft

Wer einem Kind beistehen will, sollte ein Grundverständnis dafür haben, *warum* es Videospiele liebt. Denn das Spielen an der Konsole befriedigt gewisse elementare Grundbedürfnisse, die wir anerkennen sollten. Diese Bedürfnisse sind seit ewigen Zeiten ein fester Bestandteil des jungen Gehirns und damit absolut normal. Deshalb sollten Sie wissen, welche Schaltkreise im Gehirn daran beteiligt sind, dass diese Spiele Kinder so in ihren Bann ziehen.

Belohnungsschaltkreise

Einer der ersten Begriffe, die beim Thema Abhängigkeit fallen, ist *Dopamin*. Dopamin ist ein Neurotransmitter und damit ein chemisches Signal, das die Neuronen im Gehirn dazu befähigt, miteinander zu kommunizieren.

Dopamin zählt zu den wichtigsten Neurotransmittern, doch seine Wirkung hängt davon ab, welche Neuronen beteiligt sind. In der *Substancia nigra*, einer sehr kleinen Struktur in der Mitte des Gehirns, verhilft uns Dopamin zu einer gleichmäßigen, koordinierten Muskelfunktion. Bei der Parkinson-Krankheit werden die dopaminproduzierenden Neuronen in der *Substancia nigra* zerstört, weshalb Parkinson-Patienten Schwierigkeiten haben, ihre Bewegungen zu koordinieren. Darum werden sie mit Dopamin behandelt.

In erster Linie ist Dopamin aber wegen seiner Beteiligung an der Belohnungs- und Verhaltensverstärkung bekannt, denn es ist der wichtigste Neurotransmitter für unsere Belohnungsschaltkreise, ein Nervenstrang im *Nucleus accumbens* (NAcc) des Gehirns. Stolz, Erfolg, Triumph, Lust – all das wird durch Dopamin vermittelt, das im NAcc freigesetzt wird.

Dopamin spielt auch bei der *Verhaltensmodellierung* eine Rolle, denn wann immer im NAcc eine solche Dopaminfreisetzung abläuft, haben wir ein »gutes Gefühl«, und ein Verhalten, das sich gut anfühlt, wird wiederholt.

Ein gutes Beispiel dafür ist die Nahrungsaufnahme: Historisch betrachtet sicherten kalorienreiche Lebensmittel das Überleben. Die Evolution hat dafür gesorgt, dass wir mögen, was unsere Überlebenschancen erhöht. Deshalb bedeutet ein Lustgefühl lediglich, dass das Gehirn auf etwas hinweist und vermittelt: »Mach das öfter, denn das ist gut für dich.« Da dieses Etwas gut für uns ist, verlangt es uns erneut danach. Wenn wir es das nächste Mal bekommen, erfolgt eine *zweite Dopaminausschüttung,* die sich angenehm anfühlt und das Verhalten verstärkt. Da der Verzehr kalorienreicher Speisen lustvoll ist, möchten wir ihn wiederholen – es entsteht eine positive Erwartungshaltung (Antizipation). Dopamin steuert diese drei Reaktionen – Lust, Verstärkung und Antizipation –, die uns evolutionstechnisch das Überleben sichern sollten.

Dummerweise lässt sich dieses Signal, das alle drei Funktionen reguliert, heutzutage über Videospiele kapern. In den Entwicklungsabteilungen weiß man längst, wie sich der Dopaminschalter betätigen lässt, und prompt bedient das Spiel Lust, Verstärkung und Antizipation, steuert nur leider keinen Überlebensvorteil bei.

Dopamin ist hierbei keineswegs der Feind! Auch in der modernen Welt kann Dopamin uns helfen, dazuzulernen und uns weiterzuentwickeln. Stellen Sie sich vor, Sie üben ein neues Musikstück ein. Beim ersten Spielen haben Sie noch ein bisschen zu kämpfen. Sie machen erst den einen Fehler, dann den anderen, aber wenn Sie dranbleiben, beherrschen Sie das Stück irgendwann. Die Befriedigung, die sich einstellt, wenn man es nach dem ersten Scheitern doch noch schafft, wird ebenfalls durch Dopamin vermittelt. Je schwieriger etwas ist und je mehr wir uns dafür anstrengen müssen, desto mehr Dopamin wird frei, wenn es uns endlich gelingt.

Wenn man bei einer Herausforderung ein paar Mal versagt, ehe man sie bewältigt, fühlt sich der Erfolg besonders gut an, und das entsprechende Verhalten wird verstärkt.

Spieledesigner sind ausgesprochen gut darin, auszutüfteln, wie man die Dopaminausschüttung im Gehirn maximiert. Sie wissen: Wenn ein Spiel zu einfach ist, wird es schnell langweilig, und die Leute lassen es sein. Ist das Spiel zu schwierig, geben sie auf, weil die Dopaminausschüttung nicht dem Aufwand entspricht. Deshalb wird die Schwierigkeit eines Spiels sorgsam auf optimale Dopaminausschüttung abgestimmt, was wiederum das Verhalten der Spieler verstärkt und deren Erwartungshaltung maximiert.

Neue Studien belegen diesen Zusammenhang: Videospiele machen nicht nur wegen der Belohnung abhängig, sondern weil sie einem diese Belohnung längere Zeit vorenthalten. Das ist wie beim Üben unseres Instruments. Wir wollen üben, obwohl wir wissen, dass wir dabei immer wieder scheitern, denn wenn wir endlich Erfolg haben, ist das ein unglaublich gutes Gefühl.

Der Haken daran ist das natürliche Streben des Gehirns nach Homöostase (Ausgewogenheit). Deshalb kann das Gehirn für bestimmte Dinge unempfänglich werden. Der erste Keks, den wir essen, ist sehr lecker. Der zweite ist auch noch gut. Aber sobald wir drei oder vier Kekse gefuttert haben, nehmen wir meist den Geschmack nicht mehr richtig wahr, und es ist kein echter Genuss mehr.

Genau das passiert auch bei Videospielen: Nach ein paar Stunden stellt sich eine physiologische Toleranz ein. Mit dem Prinzip der *Toleranz* sorgt das Gehirn dafür, Abläufe in einem »normalen« oder gesunden Maß zu halten. Wird dieses Maß überschritten, so moduliert es das starke äußere Signal, indem es dessen »Lautstärke« drosselt und es abschwächt. Das ist, als würde man Musik über Kopfhörer hören: Wenn uns die Lautstärke unangenehm wird, können wir den Ton leiser stellen, damit das Zuhören weiter Freude macht.

Bei Videospielen werden die Dopaminsignale verstärkt, worauf die *Dopaminrezeptoren* irgendwann dichtmachen, um das Dopaminsignal »leiser« zu stellen. Die Neuronen klappen ihre Rezeptoren sozusagen ein, bis selbst tonnenweise Dopamin nur noch eine durchschnittliche Lustreaktion auslöst.

Wenn wir das Computerspiel nun abschalten und stattdessen ein Buch lesen, erhalten wir nur normale Mengen Dopaminsignale – aber für unsere herunterregulierten Rezeptoren ist diese normale »Lautstärke« zu leise. Deshalb macht das Lesen keinen Spaß. Wenn wir zu viel spielen, ist das Gehirn also körperlich weniger dazu in der Lage, am Lesen Freude zu haben.

Bei manchen Kindern ist das sogar am Bildschirm zu beobachten: In der ersten Stunde haben sie noch richtig Spaß, aber nach ein paar Stunden bleibt der Spaß auf der Strecke, und die Kinder sind wie Zombies, die nicht mehr lachen oder reden. Wenn man nun versucht, sie zu etwas anderem zu bewegen, reagieren sie prompt gelangweilt und setzen sich vehement zur Wehr. Das liegt an der Dopamintoleranz. Wenn Kinder stundenlang Videospiele gespielt haben, dauert es eine Weile, bis sie sich wieder akklimatisiert haben und an anderen Aktivitäten Freude finden.

Die Amygdala

Wenn das Zocken noch nicht mal Spaß macht, warum fangen die jungen Menschen dennoch immer wieder damit an? Warum spielen sie weiter? Das Suchtpotenzial von Videospielen besteht nicht nur darin, dass man sich gut dabei fühlt, sondern auch darin, dass sie unangenehme Gefühle dämpfen. Alle Substanzen, die abhängig machen können, haben zwei Eigenschaften: Sie vermitteln Glücksgefühle, und sie lindern Schmerzen.

Deshalb kommen wir nun auf die *Amygdala* zu sprechen. Die

Amygdala spielt eine zentrale Rolle für das limbische System, den Teil des Gehirns, der Emotionen erzeugt. Hier ist die Amygdala für »Überlebensemotionen« wie Angst und Furcht zuständig, die aktiviert werden, wenn wir in Gefahr schweben. Diese Emotionen sind eine elementare Voraussetzung für unsere Fähigkeit, Gefahren zu erkennen und darauf zu reagieren.

Früher in der Wildnis dienten überlebenswichtige Emotionen kurzen Aktivitätsschüben (zum Beispiel nach der Sichtung eines Tigers oder einer Schlange). Heutzutage sind solche Emotionen jedoch daueraktiv – bei Erwachsenen zum Beispiel angesichts der fälligen Miete, dem Wunsch nach einer Beförderung oder Sorgen um die Rente. Kinder hingegen reagieren auf Schulstress, Mobbing und Social Media.

In der Vergangenheit legte sich die Furcht, wenn die Gefahr überstanden war, also nach der Flucht vor der Schlange oder dem Tiger. Heute hingegen bleiben die Probleme bestehen. Selbst wenn wir die Miete diesen Monat zahlen konnten, fällt sie nächsten Monat wieder an. Kinder und Jugendliche fürchten sich praktisch täglich vor Klassenarbeiten, Tests und Mobbing.

Neurowissenschaftliche Untersuchungen ergaben, dass Videospiele emotionale Schaltkreise unterdrücken. Ganz konkret blockiert Gaming die Amygdala und sorgt damit dafür, dass der Alltagsstress vorübergehend nachlässt. Das gilt natürlich für praktisch jede Freizeitbeschäftigung. Erwachsene entspannen nach einem harten Arbeitstag gern im Biergarten oder sehen ein bisschen fern, um die negativen Emotionen aus dem Alltagsstress zu unterdrücken.

Aber in jeder Aktivität, die unsere negativen Emotionen erfolgreich unterdrückt, steckt ein Abhängigkeitspotenzial. Denn wenn wir uns nicht gut oder gestresst fühlen, uns schämen oder Angst haben und plötzlich etwas tun können, was diese Gefühle vorübergehend vertreibt, ist so ein Verhalten sehr selbstverstärkend. Auf einmal treten alle Probleme in den Hintergrund, und wir denken nur noch an diese eine Sache, die sich gut anfühlt.

Genau das passiert beim Gaming. Laut Untersuchungen mit funktioneller Magnetresonanztomografie (fMRT), die die Stärke der Gehirnaktivität erfassen kann, beruhigt sich die Amygdala, wenn wir bei unangenehmen Gefühlen wie Furcht, Ärger, Frustration oder Traurigkeit zu spielen anfangen. Die eigentlichen Emotionen werden unterdrückt. Deshalb sind Videospiele eine scheinbar so »wirksame« Bewältigungsstrategie.

Ich erinnere mich sehr gut daran, wie es mir in meinen schlimmsten Zeiten am College erging. Natürlich war mir bewusst, dass ich mit jeder geschwänzten Spanischstunde weiter zurückfallen würde. Ich wusste aber auch, dass meine Noten immer noch miserabel sein würden, wenn ich dort hinginge, und dass ich in Spanisch immer schlechter wurde. Dieses Problem konnte ich nicht lösen, so viel war mir klar, und ich litt darunter. Die einzige Lösung? Den Schmerz durch Spielen ausblenden.

Meistens ging ich erst um vier oder fünf Uhr früh schlafen, denn wenn ich mich früher hinlegte, stürmten all die Sorgen, die mich umtrieben (weil ich gerade mein Leben ruinierte), auf mich ein und ließen mich nicht zur Ruhe kommen. Also spielte ich bis zur völligen Erschöpfung, damit mir augenblicklich die Augen zufielen, sobald mein Kopf das Kissen berührte. So wichtig war es mir, die negativen Gedanken in Schach zu halten. Wenn ich dann aufwachte, hatte ich den Unterricht mal wieder verpennt. Die Stunde war vorbei? Tja dann … Ich startete das Spiel, und der Teufelskreis ging wieder von vorne los. Vor den schlechten Gefühlen davonlaufen, mehr spielen, noch weiter zurückfallen und so weiter.

Ihr Kind weiß vermutlich durchaus, dass es gerade die falschen Weichen stellt oder längst auf dem falschen Dampfer ist. Aber es weiß auch, dass es, wenn es jetzt das Spiel abstellt, zu viel Zeit hat, über die versemmelte Klausur nachzudenken oder darüber, wie enttäuscht seine Eltern reagieren werden, weil es sie angelogen hat und die ganze Woche nicht beim Karatetraining war. Kinder zocken weiter, damit sie über all diese negativen Dinge nicht nachdenken müssen.

Hinzu kommt, dass bei Kindern die Fähigkeit, ohne Zocken mit unangenehmen Emotionen klarzukommen, immer weiter zurückgeht, weil die Emotionsregulierung schrittweise den Videospielen überlassen wird. Und mit der abnehmenden Selbstregulierung poppen die Emotionen, die sie beim Spielen ausblenden, an anderer Stelle umso heftiger auf. Deshalb kommt es zu Wutausbrüchen, oder die Kinder reagieren schnell frustriert. Eventuell beobachten Eltern auch noch andere ungewohnte, aber hiermit zusammenhängende Verhaltensweisen, wie Rückzug, Sarkasmus oder Zynismus.

Fazit: Wenn ein Kind spielsüchtig zu sein scheint, geht es nicht nur um den simplen Dopaminrausch. Videospiele provozieren auch eine Abhängigkeit auf der Ebene der Emotionsregulierung. Je stärker das Spielverhalten die Tätigkeit der Amygdala unterdrückt, desto mehr wird das Spielen für das Kind zur Flucht vor der Realität und den eigenen Gefühlen.

Die Frontallappen

Damit kommen wir zum dritten wichtigen Bereich im Gehirn, nämlich den *Frontallappen*, die in erster Linie die Reife steuern. Ein 15-Jähriger ist reifer als ein Fünfjähriger, und mit 25 ist er noch reifer. Aber was bedeutet »Reifung« überhaupt? Fünfjährige können ihre Emotionen noch nicht regulieren. Sie können kaum vorausplanen und haben Schwierigkeiten, eine Belohnung aufzuschieben. Teenager zeigen schon etwas mehr Verantwortung. Sie ertragen einen gewissen Belohnungsaufschub, und in der Regel können sie sich auf das konzentrieren, was gerade der Konzentration bedarf. Mit 25 hat man bereits ein hohes Maß an Impulskontrolle und kann Belohnungen hinausschieben. In diesem Alter stehen die meisten jeden Tag von selbst auf und gehen pflichtbewusst ihrer Arbeit nach.

Zuständig dafür sind unsere Frontallappen, die uns bei der Impulskontrolle und der Emotionsregulierung helfen und die Amygdala und das limbische System im Zaum halten. Natürlich funktioniert das nicht immer perfekt, wie wir alle nur zu gut wissen. Manchmal sind wir gestresst und von unseren Kindern enttäuscht. Manchmal geht der Frust mit uns durch, wir verlieren die Geduld und schreien herum. Aber meistens gelingt es uns, die Enttäuschung zu zügeln und mehr Selbstkontrolle aufzubringen. Wenn das geschieht, sind unsere Frontallappen im Einsatz.

Das Problem bei Videospielen ist, dass sie so spannend sind, dass wir uns gar nicht bewusst um Konzentration bemühen müssen. Wer aktiv spielt, lässt sich nicht ablenken, denn das Spiel ist extra so konzipiert, dass wir gar nicht wegsehen können. Das wiederum führt dazu, dass sich die Konzentrationsfähigkeit in den Frontallappen zurückbildet. Bei Gamern leidet die Fähigkeit, Gedankengänge bewusst auf ein Ziel auszurichten. Und wenn sie sich dann in der realen Welt etwas vornehmen, können sie sich nicht mehr vernünftig darauf fokussieren. Lernen erscheint geradezu unmöglich, weil das Gehirn so sehr auf fesselnde Unterhaltung gepolt ist, dass es davon abhängig geworden ist.

Kinder, die intensiv Videospiele konsumieren, verlassen sich zur Emotionsregulierung zunehmend auf ihre Spiele und hören auf, ihre Frontallappen zu fordern. Im Hinblick auf seine Wirkung auf die Frontallappen ist Zocken quasi das Gegenteil von Meditation. Wer zu viel spielt, bringt die Entwicklung der eigenen Reife zum Stillstand. Diese Beobachtung wird von Gehirnscans gestützt, denn Gamer haben im Vergleich zu Nicht-Gamern eher unterentwickelte Frontallappen. Fakt ist: Aus neurowissenschaftlicher Sicht sind Gamer tatsächlich unreifer als Nicht-Gamer.

Der Hippocampus

Der letzte Teil der Hirnarchitektur, den Eltern von Spielenden kennen sollten, ist der *Hippocampus.* Er ist eng mit der Amygdala und anderen emotionalen Schaltkreisen verknüpft und verdient besondere Aufmerksamkeit, denn man geht davon aus, dass hier unsere Erinnerungen entstehen und gespeichert werden. Darum gilt der Hippocampus als das *Lernzentrum.* Da Videospiele die Amygdala unterdrücken, blockieren sie zugleich deren Fähigkeit, den Hippocampus zu beeinflussen. Deshalb fällt es Gamern so schwer, aus ihren Fehlern zu lernen.

Wenn aus dem, was wir tun, etwas Unangenehmes erwächst, tun wir es normalerweise nicht wieder, weil negative Emotionen das Verhalten stark beeinflussen. Nehmen wir folgendes Beispiel: Sie haben ein bestimmtes Restaurant schon fünf Mal besucht und sind davon begeistert. Der sechste Besuch jedoch zieht eine üble Lebensmittelvergiftung nach sich. Selbst wenn Sie vorher wirklich gern dorthin gegangen sind, werden Sie dieses Lokal nach diesem einen verdorbenen Gericht nicht wieder besuchen. Solche Aversionen nach schmerzhaften Lernerfahrungen kenne ich aus der Arbeit mit Menschen, die Untreue in der Partnerschaft erlebt haben. Sie können 15 Jahre verheiratet sein, doch nach einem einmaligen Fehltritt – und dem starken Gefühl des Verrats – kann sich ihr Verhalten gegenüber dem Partner für immer verändern. Das kann sogar ihr Verhalten in späteren Partnerschaften beeinflussen.

Unangenehme emotionale Erfahrungen lösen im Gehirn eine Lernerfahrung aus – Fehler sind die besten Lehrmeister. Aber bei

Gamern ist dieser Lernpfad unterbrochen, weil die negativen Emotionen durch das Zocken unterdrückt werden. Wenn wir negative Emotionen abstellen, sind gewisse Lernschaltkreise inaktiv. Gamer lernen nicht aus ihren Fehlern, weil sie den – kleinen oder großen – Schmerz des Scheiterns nicht mehr spüren. Sie fallen bei der Klausur durch oder schieben Aufgaben bis zur letzten Minute vor sich her und geloben Besserung, aber am nächsten Tag hat sich an ihrem Verhalten nichts geändert. Das bedeutet nicht, dass sie in diesem Moment nicht begreifen, worum es geht, oder dass sie es nicht bedauern. Sie lügen nicht! Doch trotz des langen Gesprächs, in dem Sie sich scheinbar einig waren, ist der Inhalt wie weggeblasen. Die Lernerfahrung kommt nicht im Langzeitgedächtnis an. Oder: Zum einen Ohr rein, zum anderen wieder raus.

Ihr Kind versteht durchaus, was es anders machen müsste, aber der Teil seines Gehirns, der diese Botschaft in fetten Lettern niederschreiben müsste, ist durch das Zocken abgeschaltet. Die Fähigkeit der Amygdala, Zugang zum Hippocampus zu erhalten und dem Kind etwas beizubringen, ist torpediert.

Und damit geht es weiter wie bisher: Videospiele unterdrücken Schaltkreise, die negative Emotionen auswerten, und unterbrechen die Lernerfahrung. Gleichzeitig sorgen sie für eine vermehrte Dopaminausschüttung, und damit geht es dem Kind besser. Wenn das Kind in der Schule eine Arbeit verhaut, weil es zu viel gespielt und zu wenig geschlafen hat, aber der dopamingeflutete Teil seines Gehirns ihm zuraunt, dass das doch Spaß gemacht hat, will es am nächsten Tag wieder spielen und lernt nichts aus dieser Lektion.

Das ist es, was Außenstehende so verwirrt: Man versucht, es dem Kind begreiflich zu machen, aber das scheint sich einfach taub zu stellen. Wir erreichen es nicht. Früher konnte es aus seinen Fehlern lernen, aber jetzt sind die Schaltkreise von der Technologie außer Betrieb gesetzt – die Spieleindustrie hat ihre Entwicklung gekapert.

Und dabei macht sie bei der Neurochemie nicht Halt. Entwicklungsabteilungen kennen die psychologischen Bedürfnisse von Kindern, und sie wissen längst, wie man auch diese kapert.

KAPITEL 2

Was macht die Faszination aus?

Im Team zum Sieg

Das Gehirn von Jugendlichen hat sich im Verlauf der Menschheitsgeschichte kaum verändert, unsere Umwelt hingegen ganz erheblich, und zwar vor allem durch den technischen Fortschritt. Darum werden Kinder heute deutlich anders sozialisiert als früher. Und das ist noch nicht alles. Die Technik wirkt sich auch darauf aus, wie Kinder Spaß haben und wie ihre Identitätsentwicklung verläuft.

Ein Beispiel: Wenn vor 20 Jahren jemand in der Schule gemobbt wurde, konnte er sich entweder verbal oder körperlich zur Wehr setzen oder aber Lehrkräfte und Eltern um Hilfe bitten. Alternativ konnte er sich unberührt geben, niemandem davon erzählen und irgendwie damit klarkommen. Unabhängig davon, wie so ein Kind mit der empfundenen Demütigung umging, kam es am nächsten Tag letztlich mit dem gleichen angeknacksten, ungeliebten Selbstbild zur Schule. Es konnte sich selbst nicht entkommen.

Heute bieten Videospiele eine Fluchtmöglichkeit, und zugleich können Kinder und Jugendliche sich in diesem Umfeld einen neuen Ruf, eine neue Identität aufbauen. Hier erwartet sie eine Welt ohne Urteile, in der sie nicht heruntergemacht, beschämt oder bemitleidet werden. Gaming wird damit zum Zufluchtsort, einer imaginären Parallelwelt, in der man auf Gleichgesinnte und

Teams trifft, die Zeuge werden, wie man Gegner zermalmt, und mit ihnen die Spielerfolge an einem Ort feiert, der der eigenen Kontrolle unterliegt.

Gaming wird zum Zufluchtsort, einer imaginären Parallelwelt, in der man auf Gleichgesinnte und Teams trifft, die Zeuge werden, wie man Gegner zermalmt, und mit ihnen die Spielerfolge an einem Ort feiert, der der eigenen Kontrolle unterliegt.

Nehmen wir ein weiteres Beispiel: Alle Kids spielen in der Freistunde Fußball. Aber Fußball ist nicht unser Ding. Stellen Sie sich nun vor, die Lehrkraft sagt, wir bräuchten nicht Fußball zu spielen und dürften stattdessen gern in die Schulbibliothek gehen. Damit wird uns eine urteilsfreie Zone angeboten – ein sicherer, anderer Ort und damit ein Traum für Kinder, die keine guten Fußballer sind.

Nun glauben Sie vielleicht, ich wolle die virtuelle Welt mit einer Bibliothek gleichsetzen, doch sie ist viel mehr als das. Denn die virtuelle Welt ist der Bibliothek weit überlegen. Sie ist nicht nur ein Ort, an dem man nicht verurteilt wird (oder diesen Urteilen wenigstens nicht zuhören muss), sondern hier können wir *die Spielregeln selbst bestimmen.* Wir müssen keine Randfigur sein, sondern wir bleiben im Spiel, und dieses Spiel entwickelt sich zu unseren Gunsten. Und darin liegt der Suchtfaktor. (Das ist genau wie bei den sozialen Medien, wo *Instagram* oder *TikTok* Filter bereitstellen. Die anderen beurteilen uns zwar auch hier nach Äußerlichkeiten, aber wir können vorab das Ergebnis beeinflussen.)

Jeder Mensch will sich sicher fühlen, Teil einer Gemeinschaft sein, das Gefühl haben, er selbst sein zu dürfen. Videospiele erlauben Kindern und Jugendlichen, so zu sein, wie sie gern wären. Sie können eine selbst gewählte Identität annehmen, die ihnen nicht von Geburt an zugewiesen wurde. Online sind sie diejenigen, die sie sein möchten: ohne Akne oder Brille, ohne Über- oder Untergewicht, nicht zu schlapp, steinreich (oder falls sie im wahren Leben eher peinlich viel besitzen, werden sie deswegen nicht mehr aufgezogen), unglaublich schnell oder besonders geschickt. Nach so einer »optimierten« Version des eigenen Selbst kann man leicht süchtig werden.

Erteilt man diesem Kind Computerverbot, wird es krachend in eine Welt voller Urteile und Mobbing zurückgeworfen. Man nimmt ihm den einzigen Ort, an dem es sich sicher fühlte und mit sich im Einklang war. Sobald man dem Kind diese sichere, angenehme Welt entzieht, verdammt man es zu einem Leben mit Matheaufgaben, in dem es nur noch über *Snapchat-Storys* erfährt, dass alle anderen gerade mehr Spaß haben. Wir zwingen das Kind, in einer Welt zu leben, in der es nichts Besonderes ist, sondern lediglich Durchschnitt, und in der es sich anderen vielleicht unterlegen fühlt. Wer will schon in der Realität ein Viererschüler sein, wenn er im Online-Universum Nummer eins in der Rangliste sein kann?

Die Grundbedürfnisse eines Kindes

Alle Menschen haben dieselben körperlichen Grundbedürfnisse: Nahrung, Wasser, Luft und ein Dach über dem Kopf. Wir alle haben aber auch psychische Bedürfnisse. Es verlangt uns nach Herausforderungen und Erfolgen, Identität und einem sicheren Ort, der diese Identität bestätigt, aber auch nach Gemeinschaft.

Bei Kindern sind diese Bedürfnisse besonders ausgeprägt. Deshalb sollten wir sie uns der Reihe nach ansehen und prüfen, was Videospiele diesbezüglich zu bieten haben.

Herausforderung und Erfolg

Warum lieben Menschen das Gefühl, erfolgreich zu sein? Die Antwort liegt in unserer Evolution. Die »Heldenreise«, bei der ein Held ins Unbekannte hinauszieht, ein Hindernis überwindet und siegreich mit der Belohnung heimkehrt, ist ein uraltes menschliches Narrativ, das sich von Odysseus bis zu Frodo Beutlin erstreckt. Die Psychologie hat hierfür den Begriff *Streben nach Könnerschaft* geprägt, dem zufolge der Mensch den Antrieb hat, sich intensiv anzustrengen, um etwas Schwieriges und Wertvolles zu erreichen. Das ist ein Muster, das fest in uns verankert ist.

Dieser Wille, etwas zu meistern, ist der Hauptgrund, warum Kinder nicht aufgeben, wenn es um das Laufenlernen geht. Denken Sie daran, wie die Kleinen immer wieder scheitern, wenn sie laufen lernen oder auch nur nach etwas greifen wollen. Es gibt einen angeborenen Schaltkreis im Gehirn, der uns nicht aufgeben lässt, wenn es schwierig wird. Dieses Streben nach Könnerschaft manifestiert sich auch auf gesellschaftlicher Ebene, wenn wir Menschen Respekt und Wertschätzung erweisen, die schwierige Dinge meistern – Olympiateilnehmerinnen, Pianisten von Weltrang oder Personen, denen eine Auszeichnung verliehen wird.

Wie Videospieldesigner diesen Trieb ansprechen, ist bemerkenswert. Auf jeder Stufe ihrer Spiele warten Herausforderungen und Belohnungen auf die Gamer. Wer einen Gegner besiegt oder das nächste Level meistert, erlebt das heiß ersehnte Gefühl einer Leistung und einen gewissen Triumph. In den Spieleschmieden bemüht man sich deshalb um das ideale Gleichgewicht, damit die

Herausforderung einem das Gefühl vermittelt, etwas zu vollbringen, aber auch leicht genug zu bewältigen ist, dass die Leute nicht enttäuscht abspringen. An diesem Punkt ist die Begeisterung am höchsten, und die Entwicklungsabteilungen kennen ihn genau.

Denken Sie an die Ausführungen zur Gehirnverschaltung in Kapitel 1 zurück. Der kurze Rausch, wenn man etwas Schwieriges geschafft hat, geht auf den Neurotransmitter Dopamin zurück, der ausgeschüttet wird, wenn man nach frustrierenden Erfahrungen etwas endlich schafft. Diese Reaktion hängt mit etwas zusammen, das man als den »Triumphschaltkreis« bezeichnen könnte. Aus psychologischer Sicht ist das Triumphgefühl mehr als ein kurzer Dopaminrausch, denn jeder Sieg speist das persönliche Gefühl für Identität, Respekt und Stolz.

Ursprünglich sollte uns dieser Aspekt der menschlichen Psyche motivieren, Schwierigkeiten im Leben zu bewältigen. Er war nicht dazu gedacht, sich technisch ausnutzen zu lassen, wie es heute bei Videospielen geschieht. Das Problem dabei ist, dass Gamer, die von Videospielen abhängig sind, keine realen Probleme mehr lösen müssen, um Triumphgefühle zu empfinden. Und damit sitzen sie in der Falle: Die Fortschritte im Spiel lösen ein Triumphgefühl aus, das ihnen jegliche Motivation raubt, im echten Leben voranzukommen.

Meiner Erfahrung nach brauchen mich nicht die Kinder am meisten, die Schwierigkeiten in der Schule haben, sondern vielmehr die intelligenten Kinder aus ehrgeizigen Familien, denen die Schule zu leicht fällt. Eltern (und Lehrkräfte) gestehen sich nur ungern ein, dass Schule häufig über längere Zeit langweilig ist. Selbst unter besten Voraussetzungen und an den anspruchsvollsten Schulen gilt ein staatlich vorgegebener Lehrplan. Für Schüler und Schülerinnen, die den Stoff nicht auf Anhieb begreifen, muss das Lerntempo oft deutlich gedrosselt werden.

Computer- und Videospiele hingegen sind für die perfekte

Herausforderung konzipiert. Man schafft nicht alles auf Anhieb, aber irgendwann schafft man es eben doch. Im Vergleich zum echten Leben, in dem man trotz aller Anstrengung scheitern kann, stellen Spiele über diesen Belohnungsschaltkreis die richtige Menge Dopamin bereit.

Zugleich sind solche Spiele intellektuell berauschend. Das Spiel bewegt sich genau in meinem Tempo, ist mir aber immer einen Schritt voraus. Ich muss für niemanden das Tempo drosseln und keinen menschlichen Freund überzeugen, sich mir anzuschließen. Das Spiel ist immer für mich da, so oft und so lange ich will, und es hält immer Schritt, genau wie meine Mitspieler.

Der zweite Bonus von Videospielen ist, dass man nie zurückgelassen wird. Wer mit einem Level Probleme hat, kann es immer wieder versuchen, bis er oder sie es endlich schafft. Wenn es im echten Leben doch nur genauso wäre!

Ja, man kann in der realen Welt triumphale Erfolge erzielen, aber es besteht immer ein Risiko, und man zahlt einen hohen Preis dafür. Ein Sportler kann intensiv für Olympia trainieren und es dennoch nicht ins Team schaffen. Jahrelange Mühen für nichts. In der Realität gibt es keine Garantien. Und beim Zocken? Das Spiel ist so konzipiert, dass wir garantiert erfolgreich sind, es macht es uns aber gerade eben schwer genug, um unserem Gehirn zu suggerieren, dass dieser Sieg genauso wertvoll ist wie ein Erfolg in der echten Welt. Wie soll die Realität dagegen ankommen?

Identität und deren Bestätigung

Eng verknüpft mit dem Bedürfnis nach Sicherheit ist das menschliche Bedürfnis nach der Definition der eigenen Identität, denn die ist nicht angeboren, sondern entwickelt sich im Verlauf von Kindheit und Jugend.

Säuglinge haben noch keine Vorstellung von sich oder ihrer Umwelt. Sie haben lediglich Bedürfnisse und sind im jeweiligen Moment zufrieden oder unzufrieden. Ob sie Hunger oder eine volle Windel plagt, ist ihnen gleichgültig, entweder geht es ihnen gut oder eben nicht. Mit der Zeit, meist zwischen zwei und drei Jahren, entwickeln Kleinkinder ein Konzept von sich selbst. Sie haben bestimmte Vorlieben und zeigen, was sie mögen und was nicht. Allerdings verstehen sie noch nicht ganz, dass Mama und Papa eigenständige, von ihnen getrennte Wesen sind, Menschen mit eigenen Gedanken und Gefühlen, Hoffnungen und Ängsten. Ihnen ist einfach nicht klar, dass andere existieren. (Darum ist ein Kindheitstrauma auch so zerstörerisch. Wenn es in Ihrer Welt nur Sie gibt, wenn Sie das einzige Wesen sind, das denkt und fühlt, dann ist alles Schlechte, was Ihnen zustößt, *Ihre Schuld.* Wenn da niemand anders ist, kann auch niemand anders dafür verantwortlich sein.)

Erst im Alter von neun oder zehn Jahren wird Kindern wirklich bewusst, dass es andere Leute da draußen gibt, aber diese Leute bleiben noch relativ eindimensional. Das Kind erkennt also: »Onkel Joe mag mich und Onkel Bob nicht.« Das ist ein Fortschritt! Im Teenageralter, wenn körperlich die sexuelle Reifung beginnt, tritt das Gehirn in eine *Komplementärphase* ein, und wir fangen an, zu lernen, wie die Partnersuche abläuft. Zum ersten Mal begreifen wir, dass andere Menschen ganz bestimmte, feste Meinungen über uns haben.

Deshalb sind Jugendliche so unsicher und haben so wenig Selbstvertrauen. Jetzt verstehen sie, dass das, was sie tun oder sagen oder anziehen, tatsächlich Einfluss darauf hat, was andere von ihnen halten. Jetzt wollen sie nichts Falsches mehr sagen. Sie wollen auch nicht das Falsche anziehen. Meistens wollen sie nur noch in der Masse untergehen und bloß nicht mehr beurteilt werden.

Im Zuge des Erwachsenwerdens entwickeln wir ein Gefühl innerer Identität. Wir wissen, wer wir sind, und wenn sich jemand darüber lustig macht, trotzen wir dem Sturm, weil wir uns selbst kennen. Teenagern fehlt diese innere Zuversicht, denn ihr Gehirn ist noch nicht so weit entwickelt. Deshalb sind sie in der Zeit der Adoleszenz so empfindlich.

In dieser verletzlichen Zeit tut Mobbing besonders weh, und die alterstypische Cliquenbildung bietet einen gewissen Schutz davor. Das ist auch der Grund, warum Kindern plötzlich ihre Frisur, ihre Kleidung und die angesagten neuen Sneaker so wichtig werden. Oder sie lehnen das alles ab und fühlen sich als Außenseiter – was aber nicht bedeutet, dass es ihnen egal wäre. Jugendliche haben extrem feine Antennen für all diese sozialen Signale, die Eltern unwichtig vorkommen mögen. Rufen Sie sich aber bitte ins Gedächtnis, wie es Ihnen in diesem Alter erging. Dazugehören – oder zumindest herauszufinden, wie das möglich ist – ist für das persönliche Gefühl von Sicherheit und Überlebenstauglichkeit enorm wichtig.

Auch dieses Bedürfnis wird beim Gaming angesprochen, weil die Spielenden selbst bestimmen dürfen, wer sie sein wollen. Im wahren Leben kämpft Ihr Kind vielleicht mit Übergewicht oder neigt zu Akne oder ist sozial eher unbeholfen. Online kann dasselbe Kind auf der Rangliste ganz oben stehen, ist respektiert und gefürchtet. Das Spiel macht es uns leicht, eine Identität aufzubauen, auf die wir stolz sein können – ein Vorgang, der im echten Leben schwer ist.

Gemobbt und schikaniert wurde schon immer, aber heutzutage hat das ganz neue Ausmaße angenommen. In unserer Jugend geschah Mobbing eher im Klassenzimmer, im Schulbus oder auf dem Pausenhof. Wir konnten damals nach Hause gehen, und dann war der fiese Klassenkamerad oder der Quälgeist aus der Nachbarschaft nicht mehr da.

Heute hingegen gibt es kaum noch Zufluchtsorte. Wer uns etwas Böses will, kann uns selbst zu Hause noch verfolgen, denn die anderen sind auf *Instagram*, auf *X*, auf *Snapchat* und auf *TikTok* und können einen dort multimedial rund um die Uhr mit Hohn und Spott überziehen. Manche Kinder flüchten sich deshalb in Videospiele, denn diese Online-Welt ist ein »Safe Space«.

In der Realität kann man nicht entscheiden, wer man ist, am allerwenigsten in der Adoleszenz. Körperliche Fitness muss man sich über Monate oder gar Jahre erarbeiten. Online ist das Sixpack mit wenigen Klicks erzeugt. Online ist es unsere Entscheidung, wer wir sein möchten, wie wir aussehen wollen und was wir sagen, ohne dass uns jemand daran erinnert, wie jämmerlich unser wahres Selbst doch ist. Beim Zocken sind wir *frei*.

Wenn ein Kind immer tiefer in das Spiel und damit in seine Online-Identität abtaucht, rückt seine wahre Identität langsam in den Hintergrund. Dann wird es immer schwieriger, in der echten Welt noch mitzuhalten, und das Kind gerät bei der Entwicklung einer realen Identität, auf die es stolz sein kann, immer mehr ins Hintertreffen. Aus der Sicht des Kindes ist es daher nur logisch, noch mehr Zeit in die virtuelle Welt zu investieren. Wahrscheinlich ist ihm bereits klar, dass Erfolge in der virtuellen Welt leichter (und mit weniger Enttäuschungen) zu erzielen sind. Sein Tun ist also folgerichtig. Wenn es sich stärker in der virtuellen Welt einbringt, kann es schneller werden, wer es sein will. Damit steckt das Kind aber bald in der Sackgasse, und irgendwann bleibt ihm nur noch die virtuelle Identität.

Gemeinschaft

Videospiele vermitteln ein gewisses Gemeinschaftsgefühl, weil man dort einfach Kontakt zu anderen Gamern aufnehmen kann, und diese Chance besteht im realen Leben vielleicht so nicht. Für Kinder, die nicht so leicht Freundschaften schließen, die sich bei sozialen Kontakten unwohl fühlen oder nach einem Umzug noch keinen Anschluss gefunden haben, ist eine Online-Community enorm attraktiv. Und die Spiele, die dort heutzutage laufen, sind genau dafür konzipiert.

In meiner Schulzeit stand in unserem Keller eine Konsole, die man einfach einschaltete, dann wurde gespielt. Kein Internet, nur ich und vielleicht ein Nachbarskind, denn es gab nur zwei Controller. Größer war meine Community nicht. Dann aber erweiterte sich diese Welt, und es konnten viele Leute gleichzeitig spielen – Freunde aus dem Umfeld, aber auch fremde Menschen aus der ganzen Welt.

Etwa mit 15 Jahren ging ich ganz in dem Spiel *Starcraft* auf und traf dabei auf einen bestimmten Online-Gegner mit dem Spielnamen »Error«. Erst als wir schon eine ganze Weile täglich gegeneinander angetreten waren, erfuhr ich, dass er eigentlich Chris hieß, ungefähr in meinem Alter war und in einem Nachbarstaat wohnte.

Wir spielten über Jahre mal miteinander, mal gegeneinander und hielten über das Spielen Kontakt. Anfangs spielten wir in der Highschool-Zeit, und als meine damaligen Freunde auf verschiedene Colleges wechselten, spielte ich mit diesem Freund weiter. Zu vielen Highschool-Freunden riss der Kontakt ab, aber Chris blieb mir selbst nach dem College und bis ins Studium erhalten. Mein Freundeskreis veränderte sich, doch Chris war meine Konstante.

Er zählte zu den Freunden, die ich immer mitgenommen habe, auf allen Stationen meines Lebens. Er »erlebte«, wie ich älter wurde und mich veränderte, und auch er wurde älter und veränderte sich. Mit 21 lernte ich die Frau kennen, mit der ich heute verheiratet bin, und während der gesamten Zeit, in der sich unsere Beziehung anbahnte, blieb Chris beim Spielen mein Kumpel.

Als die Hochzeit näher rückte, wurde mir bewusst, dass Chris zu meinen engsten Freunden zählte. Doch bis zu meinem Junggesellenabschied hatten wir uns nie persönlich getroffen. Meine Frau begegnete ihm bei der Hochzeit zum ersten Mal, und obwohl sie ihn noch nie gesehen hatte, erkannte sie seine Stimme, die sie all die Jahre aus dem Lautsprecher gehört hatte. Auch sie kannte ihn!

Obwohl sich die Freundschaft mit Chris also weitgehend online abspielte, ist sie für mich eine echte Beziehung – sie ist real, auch wenn für andere vielleicht schwer nachvollziehbar ist, dass eine virtuelle Beziehung sich so echt anfühlen kann. Chris ist mein Freund, ein wahrer Freund, und das schon länger als die meisten meiner Freunde im realen Leben.

Ungefähr so dürfte auch Ihr Kind seine Online-Community erleben, und manche dieser Online-Bekanntschaften sind Menschen, die Ihre Tochter oder Ihren Sohn als die Person zu schätzen wissen, mit der sie oder er sich identifiziert – nicht die körperliche Identität, in der sie oder er im Alltag feststeckt. Und diese Menschen sind bereitwillig jeden Tag online, nehmen mit Ihrem Sohn oder Ihrer Tochter Kontakt auf und wollen mit ihnen zocken. Denken Sie bitte einen Moment darüber nach. Was muss das für eine tolle Erfahrung sein? Da draußen ist jemand, der immer Zeit für mich hat! Würde Ihnen das nicht auch gefallen?

Wenn der Sohn sich mit seinen Freunden streitet, die Tochter die Schule wechselt oder die Familie in eine neue Stadt zieht, ist der bisherige Freundeskreis auf einmal weg. Gerade nach einem Umzug steigen bei jungen Gamern Spielzeit und Spielsucht häufig an, denn für Kinder ist das ein heftiger Einschnitt. Den meisten

Menschen fällt es nicht so leicht, neue Kontakte zu knüpfen, aber für Kinder, die damit ohnehin schon Schwierigkeiten haben, ist das noch viel schlimmer. Die Online-Community hingegen ist ortsungebunden. Bei einem schwierigen Neustart stützt so ein Kind sich also noch bereitwilliger darauf und wird noch abhängiger von seinen Online-Freunden.

Und schon bald wird das richtige Leben zweitrangig, denn die Community, die sie sich online aufgebaut haben, fühlt sich für die Gamer stabiler und realer an als die sogenannte »reale« Welt um sie herum, die sich immer wieder verändert. Was Eltern nicht verstehen, ist, dass jeder Versuch, das Spielen zu unterbinden, zugleich wichtige soziale Verbindungen kappt. Sie glauben, es sei nur ein Spiel. Aber das stimmt nicht! Das sind die Kumpel des Kindes. Das ist seine Gemeinschaft. Stellen Sie sich vor, jemand würde Ihnen verbieten wollen, am Wochenende Ihre Familie und Ihre Freunde zu sehen – Sie wären sicher empört. Und genau das ist der Kern des Widerstands, deshalb wehren die Kinder sich so vehement gegen ein Spielverbot.

Wenn Eltern also das Computerspielen begrenzen wollen, können sie den Kindern nicht einfach ihre Community rauben, ohne ihnen eine andere Gemeinschaft anzubieten. Die Lösung besteht darin, dem Kind zu helfen, eine andere Unterstützung aufzubauen. Sobald es in der echten Welt Anschluss hat, ist es eher bereit, die Online-Community loszulassen. Es gibt Interaktionen in der Realität, die wir Menschen von Natur aus vorziehen. Auch Gamer wünschen sich Kontakte im echten Leben – sie brauchen nur vielleicht etwas mehr Hilfe, um sie zu knüpfen.

Genau das ist dann die Aufgabe der Eltern: Unterstützen. Sie müssen zusammen mit dem Kind andere Freundschaften fördern. Und wenn Sie das gemeinsam tun, können Sie sich auch besser mit Ihrem Sohn oder Ihrer Tochter verbünden, denn Sie spielen im selben Team. Zusammen werden Sie eine Möglichkeit finden, eine bessere Gemeinschaft aufzubauen, in der sich das Kind sicher fühlt, es mit Unterstützung durch andere neue Herausforderungen bewältigen kann und sich selbst zu schätzen lernt. Genau dafür wird Ihr Kind Sie lieben, denn so zeigen Sie Verständnis für seine Bedürfnisse.

Die Schattenseite der Anonymität

Einerseits ist das Internet ein toller Ort für Kinder, weil dort nicht geurteilt wird. Andererseits wissen wir alle, dass es schreckliche, toxische Ecken dort gibt, die ich als die »Schattenseite der Anonymität« bezeichne. Kriminelle Machenschaften laufen bevorzugt im Verborgenen ab. Und weil im Internet niemand weiß, wer wir sind, ist es ein gigantischer Schatten, in dem manche Menschen sich dazu verleitet fühlen, sich von ihrer gemeinen, grausamen Seite zu zeigen.

Im realen Leben werden Menschen von Moral, Gesetzen, gesellschaftlichen Normen oder den Konsequenzen ihres Tuns in Schach gehalten. Unser Verhalten unterliegt gewissen Einschränkungen, weil wir letztlich dafür verantwortlich gemacht werden. Wir reden uns gern ein, das läge daran, dass wir ein Gefühl für Richtig und Falsch haben, aber Studien belegen, dass es zwei Voraussetzungen gibt, unter denen Beschäftigte ihre Arbeitgeber eher bestehlen. Entscheidend ist dabei nicht die Moral – es sind die Gelegenheit, es zu tun, und die Chance, ungeschoren davonzukommen. Ich gehe nicht einfach die Straße entlang und stehle jemandem 100 Euro. Vielleicht weil ich moralisch nichts vom Stehlen halte. Vielleicht aber auch nur, weil die Person mich bemerken könnte und wegen des Diebstahls die Polizei oder meine Eltern verständigen würde.

Den Verlust sicherer Orte haben wir bereits angesprochen. Erinnern Sie sich daran, wie Sie Ihr Kind früher auf den Spielplatz begleitet haben? Eltern registrieren in der Regel, wer mit ihrem Kind in Kontakt tritt. Wenn eine Gruppe 30- bis 40-Jähriger auf dem Spielplatz oder nach der Schule mit Ihrem Kind Kontakt aufgenommen hätte – was hätten Sie getan? Normalerweise greifen Eltern hier sehr schnell ein.

Genau das geschieht im Internet, aber da sehen Sie als Eltern es nicht. Es gibt weder geografische Grenzen noch Zäune, die andere aussperren. Sie haben keine Ahnung, wer mit Ihrem Kind interagiert, und – was noch erschreckender sein mag – Sie haben keinerlei Handhabe. Natürlich ist es denkbar, dass eine Online-Bekanntschaft eines Tages als geladener Gast auf der eigenen Hochzeit auftaucht, aber es könnten auch Grooming, Stalking oder perverse Fantasien dahinterstecken.

Wenn ein Kind Videospiele spielt, besteht ein großes Risiko, dass es Dinge hört und sieht, die so brutal sind, dass ich sie hier nicht beschreiben will – absolut unter der Gürtellinie und menschenverachtend. Noch schlimmer ist, dass auch das Kind beim Zocken solche Aussagen von sich gibt.

Die Anonymität des Internets gestattet uns, Dinge zu tun, die wir in der Realität niemals tun würden. Sie ist eine Brutstätte für toxische Verhaltensweisen. Ein Freund erzählte mir, sein zehnjähriger Sohn habe am Computer ziemlich viel *Fortnite* gespielt. Er trage dabei immer Kopfhörer, wenn er mit seinen Mitspielern rede. Eines Abends setzte mein Freund sich auch Kopfhörer auf und hörte eine Weile zu. Er war fassungslos, als er einen 26-Jährigen hörte, der zu seinem Zehnjährigen sagte: »Fick dich, Alter!« Fernsehsendungen mit solcher Ausdrucksweise würden wir unsere Kinder nicht anschauen lassen, aber bei Videospielen gibt es andere, die so reden – und zwar auch ihnen gegenüber. Manchmal geht es um vulgäre, sexuelle Ausdrücke, manchmal um Rassismus, und oft ist es frauenverachtend, also misogyn. Der

Umgangston ist schroff, und es gibt keine Jugendfreigaben oder Altersklassen. Dabei müssen Sie nicht nur das Verhalten anderer im Auge behalten, sondern ein Kind, das Videospiele spielt, wird wahrscheinlich auch selbst eine Ausdrucksweise verinnerlichen und nutzen, die Sie schockieren dürfte.

Ich will Ihnen keine Angst machen, und ich verlange auch nicht, dass Sie den Stecker ziehen. Das dürfte Ihr erster Impuls sein, und Ihre Ängste sind berechtigt! Instinktiv möchten Sie das, was Ihnen Angst macht und Ihr Kind bedroht, unterbinden, und vielleicht haben Sie das sogar schon versucht. Wenn Sie dieser Angst jedoch nachgeben, werden Sie auf Widerstand, Ärger und Trotz stoßen, und die Kommunikation zwischen Ihnen und Ihrem Kind könnte abreißen. Das ist nicht das, was wir wollen. Durch rigorosen Spielabbruch entziehen Sie dem Kind seine Community, und dagegen wird es sich zur Wehr setzen.

Das Ziel besteht nicht darin, unsere Kinder von allen Gefahren dieser Welt abzuschirmen. Wir müssen ihnen vielmehr helfen, sich in diesem Haifischbecken zurechtzufinden, damit sie hoffentlich in sichere Gewässer steuern.

Anstatt das, was wir fürchten, abzustellen, müssen wir uns also darauf einlassen. Unser Ziel bei *Healthy Gamer* lautet, die Kinder auf die Welt vorzubereiten, in der sie leben – nicht, den Kopf in den Sand zu stecken. Die beste Medizin gegen das Gift des Internets ist, mehr am Leben unserer Kinder teilzuhaben und die Community zu verstehen, zu der sie gehören. Und mit diesem Verständnis können wir sie sicherer durch diese Welt lotsen.

Vorausschauende Erziehung: Jüngeren Kindern Grenzen setzen

Wenn ein Kind gerade erst mit Online-Spielen anfängt oder noch in einem Alter ist, in dem die Eltern mehr Einfluss auf sein Verhalten haben, können Sie potenziellen Problemen mit verschiedenen Strategien vorbeugen.

- Begrenzen Sie technisch die Voice-Chat-Möglichkeiten, damit die Kinder nicht einfach reden können, mit wem sie wollen. Die meisten Videospiele haben Soundeinstellungen, in denen sich diese Funktion abstellen lässt. Manche Spiele gestatten auch das individuelle Stummschalten von Spielenden, sobald das Spiel startet. Ich empfehle bei jüngeren Kindern jedoch die grundsätzliche Abschaltung des Voice Chats in den Spieleinstellungen.
- Machen Sie die Nutzung von Lautsprechern zur Regel (keine Kopfhörer), damit Sie im Vorbeigehen jederzeit hören können, was los ist. Wenn andere mithören können, ist es viel unwahrscheinlicher, dass die Kinder in unerwünschte Bereiche vorstoßen.
- Sorgen Sie dafür, dass Sie nicht nur hören, sondern auch sehen können, was passiert. Die Umgebung ist ein Schlüsselfaktor – es sollte dort gespielt werden, wo die Eltern ein Auge darauf haben können. Sobald Kinder in ihrem eigenen Zimmer spielen dürfen, steigt die Spielzeit um bis zu 50 Prozent, was viele Studien belegen. Wer eine Spielkonsole im Kinderzimmer erlaubt und damit das Spielen hinter der geschlossenen Tür ermöglicht, gibt wichtige Einflussmöglichkeiten auf.

KAPITEL 3

Warum Eltern auf Granit beißen:

Erziehen im digitalen Zeitalter

Eltern kommen sich beim Thema Computerspielabhängigkeit häufig überfordert und alleingelassen vor – aber Sie sind nicht allein!

Ihre Freunde sprechen vielleicht nicht offen darüber, aber viele haben mit ähnlichen Problemen und entsprechend starken Emotionen zu kämpfen.

Ein Teil der Überforderung rührt daher, dass Politik und Jugendschutz mit dem Tempo der technischen Entwicklung nicht Schritt halten können. Als Eltern und Bezugspersonen bräuchten wir hier mehr Hilfe, denn es gibt gute Gründe dafür, dass das Problem völlig aus dem Ruder zu laufen scheint. Verschlimmert wird die ganze Geschichte dadurch, dass Videospiele für heutige Eltern nicht etwa Neuland sind, sondern vielmehr ein völlig neuer Planet!

Die Welt, in die unsere Kinder hineinwachsen, ist eine völlig andere Welt als die, in der wir selbst groß wurden. Der Unterschied ist wie Tag und Nacht. Die Erziehungsmethoden unserer Eltern, die wir verinnerlicht haben, passen nicht mehr ins Digitalzeitalter. Unsere Eltern mussten nicht rund um die Uhr den Fernseher überwachen, denn die Zeichentrickserien, die wir liebten, kamen nur zu bestimmten Zeiten für ein paar Stunden, und meistens gab es nur einen Fernseher und nur eine Fernbedienung im Haus. Heute müssen Eltern sich Methoden aneignen, die früher nicht nötig gewesen wären.

Zum Beispiel träumen viele junge Gamer und Gamerinnen ernsthaft von einer Profikarriere, ganz gleich, wie mittelmäßig sie noch sind. Mit diesem Anreiz hatten meine Eltern nicht zu kämpfen, weil die Profispielerszene in meiner Kindheit noch nicht in dieser Form existierte. Wir haben uns damit bei *Healthy Gamer* eingehend befasst und kamen zu dem Ergebnis: Der Traum, Profispieler zu werden, ist objektiv betrachtet eine finanziell unverantwortliche Entscheidung, und die statistischen Erfolgschancen sind minimal. Fangen Sie deshalb nicht an zu streiten, sondern bitten Sie Ihr Kind um statistische Beweise, wie groß seine Chance, ein erfolgreicher Profi zu werden, wirklich ist.

Abgesehen von absurden Diskussionen über künftige Verdienstmöglichkeiten in der Gaming-Profiliga warten noch weitere Lektionen auf die heutige Elterngeneration. Zum Beispiel müssen die Eltern neue Wege finden, ihrem Kind teilweise oder ganz die Verantwortung für sein Verhalten zu übertragen – mitunter zum ersten Mal. Das bedeutet auch, die eigenen Emotionen und Schuldgefühle auszuhalten, damit sie diese unglaublich schwierige, emotional anstrengende Erziehungsphase mit klarem Kopf bewältigen können. Und dazu müssen Sie als Mutter oder Vater sich neue Fähigkeiten aneignen.

Verantwortung abgeben und Scheitern zulassen

Zu den größten Problemen im Zusammenhang mit Computerspielsucht bei Kindern und Jugendlichen gehört der Umgang mit dem Versagen – dem eigenen und dem des Gamers. Es ist ein absolut natürlicher und nachvollziehbarer Impuls, wenn wir unsere Kinder nicht scheitern sehen wollen. Eltern fühlen sich dafür zuständig, ihre Kinder davor zu bewahren. Das haben wir so gut verinnerlicht, dass wir das Gefühl haben, ihr Scheitern sei im Endeffekt auch unseres. Und das möchten wir keinesfalls erleben!

In Vorträgen für Eltern eröffne ich die Diskussion gern mit folgender Frage: »Wer hat in der Beziehung mit Ihrem Kind die Macht?« Zunächst antworten die meisten Eltern natürlich, dass *sie* die Macht hätten. Anschließend frage ich, wer dafür verantwortlich sei, Dinge rechtzeitig zu erledigen. Und die meisten Eltern antworten ebenso prompt, das sei ihr Kind.

Daraufhin stelle ich den Eltern folgende weitere Fragen: Wer erinnert das Kind an aufgeschobene Hausaufgaben? Wer erinnert es an die Taekwondo-Stunde? Wer weckt es morgens so rechtzeitig, dass es pünktlich zur Schule kommt? Wer nimmt ihm all diese Dinge ab? An diesem Punkt schauen viele Eltern betreten zu Boden, weil sie sich eingestehen müssen, dass in Wirklichkeit sie selbst dafür zuständig sind, dass alles erledigt wird, und das auch noch zur rechten Zeit. Unsere Kinder sind für gar nichts verantwortlich, *weil wir sie nicht lassen.*

Aber je mehr wir uns bemühen, ihnen Misserfolge zu ersparen – und dazu in ihr Leben eingreifen –, desto konsequenter werden sie jede Selbstverantwortung abwälzen. Das ist ein bisschen wie beim Abwasch, zumindest bei uns zu Hause: Wenn einer immer den Abwasch macht, fühlt sich kein anderer für den wachsenden Berg Geschirr zuständig.

Wenn Kinder sich im Spiel verlieren, vernachlässigen sie oft alle anderen Aufgaben. Dafür sind ja die Eltern da, die ihnen den Rücken freihalten: »Hast du deine Hausaufgaben erledigt?«, »Hast du für die Geschichtsarbeit gelernt?«, »Ist deine Präsentation für Chemie schon fertig?«

Gestatten Sie mir hier den Blickwinkel des Karmas – eines der Konzepte, die ich damals in Indien gelernt habe: Letztlich bestimmt das Karma, das wir säen, das Karma, das wir ernten.

Sehen wir uns einmal an, was hier gesät wird. Das Kind entscheidet sich immer wieder falsch, aber was hat das für Folgen? Kommt es zu spät zur Schule? Nein, denn die Eltern haben die Verantwortung dafür übernommen, dass es rechtzeitig dort ankommt. Wann immer Eltern etwas tun, was eigentlich ihr Kind tun müsste, erziehen sie es zur Abhängigkeit.

Es fällt uns schwer, ein Kind bei einem Vorhaben scheitern zu sehen, vor allem, wenn es so leicht wäre, einzugreifen und ihm zum Erfolg zu verhelfen. Natürlich wollen Eltern ihr Kind davor bewahren, das zu ernten, was es sät! Gute Eltern tun so etwas. Doch in der Welt der Computerspielsucht kann es unerwünschte Folgen haben, wenn Eltern das vermeintlich Richtige tun. Wenn wir unser Kind vor den negativen Folgen seines Tuns schützen, fördern wir dadurch sein ungesundes Spielverhalten.

Warum tun wir das? Weil manche Versäumnisse ein Kind teuer zu stehen kommen können. Diesen Preis verstehen Eltern tatsächlich besser. Eine einzelne schlechte Note ist in der Regel kein Drama, aber irgendwann merken auch Jugendliche, dass sie die Chance auf einen guten Schulabschluss im wahrsten Sinne des Wortes verspielt haben. Aber jetzt? Jetzt wissen sie das noch nicht, und sie verstehen es erst in dem Moment, wo ihre Noten unwiderruflich feststehen und sie sich damit um einen Ausbildungs- oder Studienplatz bewerben müssen.

Was würde geschehen, wenn Sie die Kinder morgens nicht mehr rechtzeitig wecken (ab der Mittelstufe, also Klasse sieben oder acht)? Am ersten Tag wären sie bestimmt begeistert, dass sie einfach länger schlafen könnten. Am Tag darauf wäre es immer noch okay. Aber am dritten Tag hätten sie schon den dritten Eintrag für Zuspätkommen. An vielen amerikanischen Highschools droht damit bereits eine Suspendierung vom Unterricht, und plötzlich steht es in der Schülerakte. Und wenn die Eltern das Kind nun konsequent weiterhin nicht wecken? Dann steht womöglich der Schulabschluss auf dem Spiel. Nicht mit den Freunden aufs College wechseln? Eine Klasse wiederholen? Womöglich als Einziger?

Sobald es ernst wird und die Kinder das begreifen, werden sie auf einmal wach und bitten womöglich sogar ihre Eltern um Hilfe. Und – Überraschung! – an diesem Punkt *wissen sie die Hilfe sogar zu schätzen*, anstatt sich dagegen zu wehren.

Wenn Eltern jedoch weiterhin alle Scherben aufkehren – oder die Betroffenen zwingen, den Besen zu schwingen, und mit Argusaugen dabei zusehen –, übernimmt der Nachwuchs niemals selbst die Verantwortung für sein Verhalten.

Wer vorankommen will, kann nicht einerseits absolute Narrenfreiheit genießen und andererseits die volle Verantwortung tragen – das funktioniert einfach nicht. Verantwortung (und Macht) müssen geteilt werden, aber dazu sind Eltern mitunter nur ungern bereit. Die Eltern, mit denen ich gearbeitet habe, hatten auch gute Gründe dafür, ihre Verantwortung nur widerstrebend abzugeben. Als Eltern können wir bessere Entscheidungen treffen, während ein Kind es leicht vermasseln kann. Bis Kinder aus ihren Fehlern lernen, kann es aus Elternsicht schon längst zu spät sein. Die Folgen sind dann bereits eingetreten. Aber wenn wir erkennen, an welcher Stelle wir etwas Macht abgeben können, kann das Kind vielleicht endlich lernen, eine gewisse Selbstverantwortung zu übernehmen.

Elterliche Emotionen

Wenn Eltern ihren Kindern gegenüber das Thema Zocken ansprechen, wählen sie meist die übliche Taktik: Sie erklären, wie wichtig die persönliche Entwicklung und das Verhalten für die Zukunft ist. Dabei zeigen sie sich ermutigend und verständnisvoll, zugewandt und unterstützend. In Wahrheit jedoch werden sie von ganz anderen Gefühlen geleitet, in der Regel einem Gemisch aus Ängsten, Frust und Schuld. Sie haben Angst vor den möglichen Folgen für das Kind, sind frustriert über den Zwist und fühlen sich schuldig, weil sie dieses Thema nicht längst geklärt haben. Wenn das Kind so weitermacht, ruiniert es sein Leben!

Doch wenn wir als Eltern aus Furcht, Frustration und Schuldgefühlen heraus agieren, projizieren wir all diese Gefühle auf das Kind. Und unsere Kinder haben emotional unglaublich feine Antennen (wie Sie sicher längst wissen). Sie erkennen die Diskrepanz zwischen dem, was wir sagen, und dem, was wir empfinden.

Angst als Erziehungsmotiv

Was passiert, wenn unser wahres Motiv Angst ist? Eine beliebte Maßnahme von Eltern bei Angst ist der Versuch, das Kind zu kontrollieren. Wenn man befürchtet, das Kind könnte bei einer Party Alkohol trinken, verbietet man ihm vielleicht einfach, zu dieser Party zu gehen. Die eigene Angst wird beherrschbar, indem man Einfluss auf die Umgebung nimmt. Aber dieser Wunsch nach Kontrolle entspringt einer negativen Emotion. Wir wissen: Solange wir die Kontrolle ausüben, brauchen wir keine Angst zu haben. Oder wir jagen den Kindern Angst ein und drohen ihnen: »Damit ruinierst du dir dein Leben!« Und dann schreiten wir rigoros ein. Mit übertriebener Kontrolle reagieren wir im Grunde jedoch nur auf unsere eigene Angst.

Doch wenn wir unser Kind kontrollieren, spielen wir nicht mehr im selben Team. Ja, wir brauchen keine Angst mehr zu haben, aber wie geht es dem Kind dabei? Es sieht nicht dieselbe Gefahr wie wir, und darum fühlt sich unsere Reaktion für unser Kind unangemessen an. Beide Parteien gehen von unterschiedlichen Annahmen aus. Die Kinder fühlen sich kontrolliert und reagieren trotzig. Die elterliche Einschränkung frustriert sie, und gleichzeitig spüren sie die elterliche Angst. Und wie gehen die jungen Gamer mit unangenehmen Emotionen um? Sie flüchten ins Spielen.

Die elterliche Angst und der Versuch, sie durch mehr Kontrolle in Schach zu halten, fördert also den Impuls, noch mehr zu spielen. Solange die Erwachsenen aus Furcht aktiv werden und nicht aus ehrlichem Verständnis und dem Willen zur Kooperation, geht der Schuss also leicht nach hinten los.

Frust als Erziehungsmotiv

Dass Eltern sich frustriert fühlen, ist absolut verständlich und normal. Eigentlich möchten sie nämlich friedlich und liebevoll mit ihren Kindern umgehen, nicht wütend und entzweiend – und dennoch kommt es täglich zu Auseinandersetzungen. Vielleicht würden Sie gern mehr Zeit mit Ihrem Kind verbringen, ihm Schachspielen oder Zeichnen beibringen oder zusammen eine Partie Tennis spielen, anstatt mit anzusehen, wie es den ganzen Nachmittag zockt. Aber Sie haben einfach keine Zeit dafür.

Und was passiert, wenn wir als Eltern müde und frustriert sind? Bei Ärger und Enttäuschung neigen wir zu Schwarzweißdenken, geben grundsätzlich den anderen die Schuld und hören nicht mehr zu. In solchen Momenten wird man schnell laut und verhängt Strafen, oder man beruft sich auf die Liebe. In jedem Fall will man, dass sich auf der Stelle etwas ändert und damit das Problem gelöst ist. Auf so viel Frust reagiert das Kind vielleicht erschrocken, oder es entschuldigt sich bei den Eltern. Und vielleicht – ganz vielleicht – gibt es sogar nach. Aber dieses Einlenken ist kein eigenständiger Impuls, etwas am eigenen Verhalten zu ändern. Und umgekehrt bleibt bei den Eltern das Gefühl zurück, dass das Kind nur zuhört, wenn man laut wird. Das vergiftet die Beziehung.

Schuld als Erziehungsmotiv

Sobald das Zocken das Leben des eigenen Kindes negativ beeinflusst, ist es schwer, sich nicht für die daraus resultierenden Probleme verantwortlich zu fühlen.

Tatsache ist jedoch, dass die Welt, in der unsere Kinder aufwachsen, sich grundlegend von der Welt unterscheidet, in der alle früheren Generationen ihre Kinder erzogen haben. Die Welt ist im Wandel, und damit verändern sich auch die Herausforderungen, vor denen wir stehen. Es gibt keinen Grund, sich deshalb schuldig zu fühlen!

Sehen wir uns zunächst an, wie Schuldgefühle sich auf unser Verhalten auswirken. Wenn ein Kind ins Straucheln gerät, will man ihm natürlich beistehen. Bei Computerspielabhängigkeit können wir versuchen, dem Kind zu helfen, aber das funktioniert nicht immer sofort. Das erzeugt Schuldgefühle bei uns. Schuld wiederum treibt uns dazu, es noch einmal zu versuchen. Einmal haben wir versagt, aber wir geben nicht auf! Wenn wir jedoch nicht mit klarem Verstand handeln, sondern von Schuld getrieben sind, können wir prompt wieder scheitern.

Auch das ist bei der Beratung von Eltern oft zu beobachten: Die Eltern versuchen wieder und wieder und wieder vergeblich, ihrem Kind zu helfen. Und angesichts von immer mehr Misserfolgen halten sie die Lage irgendwann für hoffnungslos. Wenn Sie bei etwas fünf Mal gescheitert sind, brauchen Sie kaum zu hoffen, beim sechsten Mal damit Erfolg zu haben.

Anfangs sind Schuldgefühle ein Antrieb, aber irgendwann strecken die Eltern erschöpft die Waffen. Hoffnungslosigkeit setzt ein, wenn das Gehirn uns weismacht, dass keinerlei Aussicht auf Erfolg besteht. Mit Hoffnungslosigkeit hält uns das Gehirn vom Handeln ab. Wenn Sie an diesem Punkt angekommen sind und Ihr Kind dank seiner Empathie Ihre Verzweiflung und Hoffnungslosigkeit wahrnimmt, ist alles, was Sie gegen seine Spielsucht unternehmen, zum Scheitern verurteilt.

Machen Sie sich bitte klar: All diese Reaktionen sind verständlich! Wenn Eltern Angst mit mehr Kontrolle begegnen, wenn sie frustriert und wütend reagieren und Änderungen einfordern, wenn sie sich schuldig fühlen, die Hoffnung verlieren und aufgeben, wenn sie nicht mehr zuhören und gar nicht wissen wollen, was das Kind dazu sagt – alles verständlich. Immerhin sind Eltern auch nur Menschen und haben ihre Emotionen nicht immer im Griff. Aber alles, was aus solchen Emotionen heraus erwächst, jede Grenze, die Sie ziehen, jede Strafe, die Sie verhängen, wird inkonsistent sein.

Warum? Weil Emotionen nicht ewig anhalten. Sie kommen und gehen. Wann immer wir aus Emotionen heraus beim Gaming Grenzen setzen oder unseren Kindern Verhaltensvorschriften machen, sind diese wirkungslos, weil die Energie, die wir brauchen, um diese Grenzen anschließend auch durchzusetzen, genauso schnell verfliegt wie unsere Emotionen. Und mit unserer Gefühlslage ändern sich auch die spontan aufgestellten Regeln.

Mein Ziel ist es, Ihnen den Umgang mit diesen Emotionen zu erleichtern, damit Sie mit Ihrem Kind einen Pakt schließen können. Dazu müssen Sie gegenseitiges Verständnis, eine gemeinsame Perspektive und gemeinsame Ziele entwickeln, die auf konsistenter Kooperation basieren, nicht auf der Laune oder den Gefühlen der Beteiligten. Eltern, die Frust, Angst oder Schuld empfinden, erzeugen (über den Mechanismus der Empathie) Frust, Angst und Schuld beim Kind. Und diese negativen Emotionen verstärken das Spielverhalten.

Lassen Sie sich nicht von negativen Emotionen lenken!

Wenn ich die Eltern von jungen Gamern coache, ist der souveräne Umgang mit den eigenen Emotionen ein Schlüsselelement, um in einen gesunden Dialog zu treten. Schließlich lernen Kinder und Jugendliche das Erkennen emotionaler Zustände (und den Umgang damit) von ihren Eltern.

Mit dem Eltern-Coaching-Programm reagiere ich auch auf diesen speziellen blinden Fleck. Manche Eltern wehren sich dagegen. »Ich brauche keine Hilfe«, beharren sie, »das Problem liegt bei meinem Kind.« In solchen Fällen bitte ich um konkrete Beispiele, unter welchen Umständen ihre Kinder gut klarkommen und unter welchen Umständen sie zu kämpfen haben.

Wenn in einer Familie ein Kind Schwierigkeiten hat, zeigt sich oft, dass mindestens ein Elternteil ebenfalls stark unter Druck steht. Mal gibt es finanzielle Probleme, mal zeichnet sich eine Scheidung ab, mal ist ein Familienmitglied arbeitslos.

Eltern, die mit solchen Themen zu kämpfen haben, vernachlässigen oft ihre eigenen Bedürfnisse nach Freizeit, ihre Gesundheit oder ihre Ernährung. Manche sind beruflich stark belastet und können deshalb selbst nicht gut mit Stress umgehen. Vielleicht trinken sie abends mehr als ein Glas Wein oder Bier oder sind viel zu viel mit dem Handy beschäftigt.

Um die aktuelle Situation des Kindes oder der Familie in den Griff zu bekommen, müssen sich Eltern zuallererst um sich selbst kümmern, dann kommt auch der Rest der Familie wieder auf Kurs.

Bitte nehmen Sie sich jetzt Zeit für eine ehrliche Selbsteinschätzung: Wie geht es Ihnen mit Ihrem Leben momentan? Wächst Ihnen der Stress über den Kopf? Fühlen Sie sich ausgelaugt? Wenn wir Kindern helfen wollen, suchtartiges Spielverhalten zu überwinden, geht es nicht um ein kurzes, radikales Eingreifen, ganz im Gegenteil. Echte Veränderungen ergeben sich aus vielen kleinen Schritten, die dauerhaft durchzuhalten sind. Um Ihrem Kind langfristig zu helfen, müssen Sie deshalb zuerst selbst ein gesundes Gleichgewicht finden.

Dazu verwende ich Eltern gegenüber gern den folgenden Vergleich: Wenn ich auf einem Segeltörn den Kurs nur um ein Grad ändere, lande ich nach einem Jahr Reisezeit an einem völlig anderen Ort. Genau das ist bei problematischem Computerspielverhalten oder Spielabhängigkeit unser Ziel.

Die Eltern sehen ein Riesenproblem, und diese Einschätzung ist auch richtig. Aber ein Riesenproblem bedarf nicht unbedingt einer Riesenlösung, im Gegenteil: Kleine Schritte über längere Zeit hinweg – wie die Ein-Grad-Abweichung beim Kurs eines Segelschiffes – haben auf Dauer die größte Wirkung.

Ein Riesenproblem bedarf nicht unbedingt einer Riesenlösung, im Gegenteil: Kleine Schritte über längere Zeit hinweg – wie die Ein-Grad-Abweichung beim Kurs eines Segelschiffes – haben auf Dauer die größte Wirkung.

Ihre persönliche Strategie

Das Ziel besteht darin, ruhig und gelassen zu bleiben, wann immer Sie sich mit dem Spielverhalten Ihres Kindes auseinandersetzen müssen. Deshalb empfehle ich Eltern Selbstfürsorge in Form von Dingen, die eigentlich jeder Mensch für das eigene Glück tun sollte.

- **Schlaf:** Wir alle wissen, dass wir ausreichend Schlaf brauchen, und das gilt auch hier. Nur ausgeruhte Eltern können ihren Kindern helfen, Schwierigkeiten zu überwinden, ohne dass ihnen die eigenen Emotionen dazwischenfunken.
- **Emotionale Unterstützung:** Unterstützung können Sie über verschiedene Kanäle bekommen, wie Ihre Eltern, Geschwister, Partner und Freunde, solange diese Unterstützung Ihnen wirklich hilft. Stärken Ihnen die Menschen, an die Sie sich wenden, wirklich den Rücken? Helfen die Gespräche Ihnen weiter? Falls nicht, sollten Sie vielleicht andere Freunde zu Rate ziehen.
- **Therapie:** Dieses Buch kann eine Therapie nicht ersetzen, weder für Sie noch für Ihre Kinder. Dennoch eignet es sich gut als Einstieg zum Nachdenken darüber, wie es Ihnen geht, rein persönlich und als Familie. Es ist nie verkehrt, gewisse Dinge anzugehen und sich dafür professionelle Hilfe zu holen, denn letzten Endes können Eltern ihre Kinder am besten unterstützen und ihnen vernünftige Grenzen setzen, wenn sie selbst ruhig, ausgeglichen und vernünftig sind. Sie müssen nicht perfekt sein. Sie müssen nur voll präsent sein, wenn es um das Spielverhalten Ihres Kindes geht.

Bitte merken Sie sich: Selbstfürsorge schenkt Ihnen die nötige Freiheit und die Kraft, Ihr Kind gut zu erziehen. Um Ihrem Kind zu helfen, besser mit seinen Emotionen umzugehen, müssen Sie

Ihre eigenen Emotionen in den Griff bekommen. Sie werden lernen, sich von den Wutausbrüchen Ihres Sohnes oder Ihrer Tochter nicht aus dem Konzept bringen zu lassen und nicht klein beizugeben. Und diese Haltung erreichen Sie, indem Sie sich zuerst um sich selbst kümmern.

Nachdem Sie nun die neurowissenschaftlichen Prozesse und die psychischen Grundbedürfnisse kennen, die das Zocken bei Kindern anspricht, und wissen, inwiefern Ihre eigenen Emotionen und Gewohnheiten beteiligt sind, kommen wir zum nächsten Schritt: Jetzt gehen Sie mit Ihrem Kind ins Gespräch.

TEIL 2

Reden

Mit Zockern ins Gespräch kommen

Es ist an der Zeit, aktiv zu werden, aber vielleicht nicht so, wie Sie glauben, denn wir starten nicht mit Grenzen, Verboten und Sanktionen. Zuallererst sollen Sie mit Ihrem Kind *reden* – ein echtes Gespräch führen. Um zu begreifen, was Videospiele für Ihr Kind bedeuten, müssen Sie sich in Ruhe hinsetzen und mit ihm über dieses Thema sprechen. Danach werden Sie sich mit ihm verbünden, und erst dann beginnt die Entwöhnung vom problematischen Spielverhalten.

Die Kapitel in diesem Abschnitt erleichtern Ihnen die Einschätzung, inwiefern sich das Kind seines Spielverhaltens bewusst ist. Sie lernen, wie Sie einen Pakt schließen, echte Verständigung erreichen und schließlich das Fundament für die Grenzen, die Sie wahrscheinlich am liebsten schon jetzt setzen möchten, legen.

KAPITEL 4

Der Moment der Einsicht:

Veränderungsbereitschaft ausloten

Bei den meisten Eltern, die zu mir kommen, geht es um problematisches Spielverhalten von Jugendlichen ab dem Teenageralter bis Anfang 20. Allerdings bedienen Videospiele ein breites Interessenspektrum, und so können Menschen aller Altersgruppen betroffen sein.

Grundsätzlich kann man jedoch davon ausgehen, dass mit zunehmendem Alter der Gamer die Einsicht in die Problematik wächst, und mit dieser Einsicht sind verschiedene Stadien der Veränderungsbereitschaft verbunden. Sehen wir uns einmal näher an, was in welchen Entwicklungsphasen hin zum jungen Erwachsenen dann zu erwarten ist.

Die Phase fehlender Einsicht

Bis zu einem Alter von etwa zwölf Jahren sind Kinder sich ihrer selbst noch nicht besonders bewusst. Deshalb können sie meist noch nicht erkennen, dass sie zu viel spielen. In diesem Entwicklungsstadium ist die Einsicht noch nicht vorhanden. Die Kinder wissen nur, dass man sie online spielen lässt, dass sie es gerne tun und dass sie mehr spielen möchten. Das Gehirn, speziell die Frontallappen eines Kindes in diesem Alter, ist noch nicht weit genug entwickelt, um über seine Zukunft nachzudenken.

In diesem Stadium müssen die Eltern die Zügel in die Hand nehmen – Sie sind der Chef im Haus! Noch ist das Kind so jung, dass die Eltern einen Großteil der Tagesstruktur vorgeben müssen. Sie legen die Schlafenszeit fest, bereiten das Essen zu und organisieren wahrscheinlich auch Verabredungen und Freizeitbeschäftigungen für das Kind. Deshalb können und sollten Sie bei Videospielen klare Grenzen setzen in Bezug auf die Dauer und den Ort des Spielens und die Auswahl der Spiele. Wenn ein Kind in diesem Alter sich diesen Vorgaben widersetzt, sollten Sie ihm zwar einfühlsam und wertschätzend begegnen, aber die Regeln und Grenzen auch ohne die kindliche Kooperation durchsetzen. Lassen Sie sich dabei nicht von Emotionen leiten, sondern bleiben Sie ruhig und sachlich.

An diesem Punkt kommt es darauf an, dass Sie die Grenzen festlegen und *konsequent* einhalten. Bei Kindern in diesem Alter können Sie die Grundlagen für gute Gaming-Gewohnheiten legen, und diese Linie muss innerhalb der ganzen Familie durchgezogen werden.

In Richtung Pubertät, wenn die Kinder zwölf oder 13 werden, wird die Geschichte etwas kniffliger. Sie beobachten erste körperliche Reifezeichen bei Ihrer Tochter oder Ihrem Sohn, und vielleicht äußern sich die Kinder schon verständiger zu Schule und Freundeskreis. Das größte Problem ist, dass sie glauben, alles zu wissen, aber das stimmt nicht. Sie ahnen nämlich nicht, was sie noch nicht wissen. Ihr Gehirn ist noch immer mitten in der Entwicklung und für den Sog des Spielens sehr empfänglich. Das Kind kann noch nicht verstehen, dass Spielen problematisch werden könnte (es macht weiterhin einfach Spaß!) oder es womöglich schon ist. Einsicht ist auch in diesem Entwicklungsstadium noch nicht zu erwarten.

Stadium vor Alter

Erst im Teenageralter entwickeln Kinder ein deutliches Gefühl für ihre Identität. Sie empfinden sich als klug und kompetent und behaupten, sie könnten eigene Entscheidungen treffen. Korrekt ist, dass sich ihre Wahrnehmung verändert, und man kann davon ausgehen, dass sie eine gewisse Einsicht dafür zeigen, auf welche Weise Computerspielen ihr Leben beeinflusst. Vielleicht sind sie bereits an diesem Aha-Moment, den ich als »Einsichtsfähigkeit« bezeichne. Dennoch sind und bleiben sie Pubertierende, die gegen alles aufbegehren werden, was man ihnen auferlegt. An diesem Punkt müssen Sie als Eltern auf *Kooperation* setzen, nicht auf Dagegenhalten.

Natürlich hängt die Bereitschaft der Kinder, ein Gespräch über ihr Gaming-Verhalten oder die Akzeptanz elterlicher Regeln zu führen, nicht nur vom Alter ab. Frühentwickler können längst wissen, dass ihr Spielverhalten problematisch ist. Umgekehrt gibt es auch sehr unreife Erwachsene (siehe Kasten Seite 81, »Der unreife Mann«), die sich ihr Problem nicht eingestehen wollen. Hinzu kommt, dass Ihr Sohn vielleicht mental an einem ganz anderen Punkt ist als sein bester Freund, obwohl sie in dieselbe Klasse gehen. Mein Mantra lautet daher: *Stadium vor Alter*. Und natürlich stellt sich die Frage nach *Einsichtsfähigkeit* und *Problembewusstsein*. Und schließlich: Wie hoch ist die Veränderungsbereitschaft?

An welcher Stelle sich das Kind in seinem Verständnisprozess bewegt und ob es in Bezug auf sein Spielverhalten Einsicht zeigt, ist mitunter gar nicht so leicht festzustellen. Häufig scheint es eigentlich einsichtsfähigen Kindern an Einsicht zu mangeln, weil sie sich nicht trauen, ihre Sorge anzusprechen. Der Gedankengang verläuft dann etwa so: »Wenn ich zugebe, dass es da ein Problem gibt, wird mir das Spiel weggenommen.« Sie scheuen davor zurück, auch nur ein kleines Stück nachzugeben, weil sie denken, es ginge um *alles*.

Der Weg von fehlender Einsicht zu Einsichtsfähigkeit verläuft deshalb über mehr Verständnis. Dieses Verständnis lässt sich nicht erzwingen, aber Sie können Ihr Kind dazu ermutigen. Dabei hilft eine Mischung aus Beobachtung und offenen Fragen, auf die wir in Kapitel 6 genauer eingehen.

Veränderungsbereitschaft

In der Psychologie verwenden wir zur Beschreibung der Veränderungsbereitschaft das sogenannte *Stufenmodell der Verhaltensänderung* (Transtheoretisches Modell), das mehrere Stufen umfasst: Sorglosigkeit, Bewusstwerdung, Vorbereitung, Handlung und Aufrechterhaltung. Uns kommt es in diesem Kapitel auf die ersten drei Stufen dieses Modells an.

Welche Gesprächstechnik individuell weiterhelfen kann, hängt davon ab, an welcher Stelle ihrer kognitiven Veränderungsbereitschaft eine Person gerade ist. Wenn der Gesprächsansatz und das aktuelle Stadium des Veränderungsprozesses nicht zusammenpassen, kann das Gespräch im schlimmsten Fall sogar schaden.

Das möchte ich an einem Beispiel näher erläutern: Ein Manager, den ich beraten habe – nennen wir ihn Dave –, hatte einen Sohn – nennen wir ihn Sean –, der ein problematisches Gaming-Verhalten an den Tag legte. Beruflich hatte sich Dave als Problemlöser einen Namen gemacht. Zu Hause war er ein liebevoller, unterstützender Vater, der jedoch der Meinung war, dass er aufgrund seines Alters und seiner Lebenserfahrung ganz genau wüsste, was mit Sean los wäre, und auch die passenden Lösungen hätte.

Dave wollte die Sache also direkt mit Sean klären und teilte diesem klipp und klar mit, was er seiner Meinung nach tun müsse: seine Spielzeit auf maximal eine Stunde pro Tag beschränken, mindestens zwei Tage pro Woche gar nicht spielen und sich um einen

Job als Ferienbetreuer bewerben, weil Dave davon überzeugt war, dass Sean mehr Zeit im Freien verbringen müsse.

Sean zeigte sich für all diese Vorgaben empfänglich. Er war ein netter Junge, der seinen Vater liebte und die Spannung zwischen ihnen gern verringern wollte. Also war er mit Daves Plan einverstanden. Das bedeutete allerdings noch lange nicht, dass er ihn auch umsetzen konnte. Sean versuchte das sogar, aber nachdem er sich einige Zeit auf eine Stunde Spielen pro Tag beschränkt hatte, begann seine Bildschirmzeit wieder anzusteigen. Zu den zwei spielfreien Tagen kam es nie, und für den Job im Sommerlager füllte Sean zwar die Bewerbung aus, kümmerte sich dann aber nicht mehr darum und verpasste so die Chance zu einem Vorstellungsgespräch. Dave wiederum machte immer neue Vorschläge und stellte zusätzliche Regeln für Seans Spielverhalten auf, ohne dass sie damit weiterkamen. So blieben die häuslichen Spannungen nicht nur bestehen, sondern wurden immer größer.

Das Problem war, dass Dave seinen Sohn nicht auf dessen *kognitivem Niveau* abholte. Sean war durchaus bereit, den Forderungen seines Vaters nachzukommen, aber er war kognitiv noch nicht so weit, sich einzugestehen, dass er ein großes Problem hatte. Deshalb blieben seine Bemühungen halbherzig. Seans Motivation entsprang dem Wunsch, seinen Vater zufriedenzustellen, nicht der ehrlichen Einsicht, dass er sich verändern müsse. Sein kurzfristiger Gehorsam war bewundernswert, aber leider zum Scheitern verurteilt, weil Sean nicht die Verantwortung für sein Handeln übernahm.

All die Vorschriften und die Willensstärke von Dave waren kein Ersatz für Seans Einsicht und seine Bereitschaft, anzuerkennen, dass es ein Problem gab und dass er dieses Problem angehen musste. Nur wenn die beiden, Vater und Sohn, das Problem aus der gleichen Warte betrachteten und ein Team bildeten, könnten sie Seans Begeisterung fürs Zocken überwinden.

Auf den folgenden Seiten möchte ich Ihnen zeigen, wie man derartige Hürden meistert. Wozu ist Ihr Kind derzeit bereit? Wie können Sie es da abholen, wo es steht, anstatt es zu dem Punkt zu schleifen, an dem Sie es haben möchten? Sie können den schönsten Plan bis ins Detail austüfteln, aber wenn Sie Ihr Kind ans Ziel zerren müssen, anstatt ihm entgegenzukommen, wird er niemals funktionieren.

In Kapitel 10 und in Anhang A (siehe Seite 263 ff.) sehen wir uns genauer an, wie man ein Kind über die Stufen der Veränderung lotst und einen konkreten Zeitplan mit weiterführenden Gesprächstechniken entwickelt. Vorläufig möchte ich lediglich, dass Sie die verschiedenen Stufen des Modells verstehen und erkennen.

Sie können den schönsten Plan bis ins Detail austüfteln, aber wenn Sie Ihr Kind ans Ziel zerren müssen, anstatt ihm entgegenzukommen, wird er niemals funktionieren.

Das Stadium der Sorglosigkeit

Auf dieser kognitiven Stufe fehlt dem Kind jegliches Problembewusstsein in Bezug auf sein Gaming-Verhalten. Das ist der anfangs skizzierte Zustand der fehlenden Einsicht. Ihr Kind ist noch nicht so weit, eine Veränderung auch nur in Erwägung zu ziehen. Das liegt vielleicht an mangelndem Bewusstsein, aber häufiger ist bei der angeblichen Verwunderung über die elterliche Sichtweise ein Abwehrmechanismus am Werk.

»Abwehrmechanismus« klingt nach bewusster Leugnung – man streitet die Existenz des Problems ab –, aber es gibt auch Kinder, die versuchen, intellektuell zu argumentieren: »Nein, Mama, ich habe kein Problem, weil …«, oder: »Ich habe alles im Griff«, oder: »Problematisch wird es höchstens, wenn …« Sie rechtfertigen sich und geben sich rational, aber ihre Argumentation bleibt lückenhaft.

In der Sorglosigkeitsphase ist die beste Strategie für Sie als Eltern: offene Fragen stellen, damit das Kind sein eigenes Verhalten *ohne Vorverurteilung* betrachten kann und ins Nachdenken kommt. Sobald wir urteilen, werden die Abwehrmechanismen beim jungen Gamer aktiv. Laden Sie ihn also dazu ein, sein Verhalten zu überdenken, samt Vor- und Nachteilen.

Eine offene Frage zielt genau darauf ab. Sie stellt nicht schon gleich fest, dass es ein Problem gibt, sondern gibt dem Kind einen Impuls zum Nachdenken.

»Was denkst du über dein Spielen? Was ist so toll am Zocken? Was für negative Aspekte siehst du dabei?«

Eine offene Frage ist nicht dasselbe wie eine rhetorische Frage wie zum Beispiel: »Meinst du nicht, dass du eine Menge Probleme bekommst, wenn du jeden Tag fünf Stunden oder mehr spielst?« Rhetorische Fragen bringen uns vielleicht einen Punkt in der Diskussion, kitzeln aber keine neuen Informationen hervor. Offene Fragen hingegen dienen dazu, etwas in Erfahrung zu bringen, statt recht zu behalten. Wer seinem Sohn oder seiner Tochter eine Frage stellt, sollte also darauf achten, dass sie auf ehrlicher Neugier beruht. Nicht wir sind hier die Experten, sondern unsere Gamer. Und wir wollen gerade nur dazulernen.

Das Stadium der Bewusstwerdung

Dieses Entwicklungsstadium zeichnet sich durch Ambivalenz oder ein gewisses Maß an innerem Konflikt aus. Das Kind weiß, dass es an seinem Spielverhalten etwas ändern sollte, aber etwas hält es davon ab. Es gesteht sich zwar ein, dass Gaming Probleme nach sich zieht, doch es ist ihm zu mühsam, das Thema anzugehen. Ihm ist durchaus bewusst, dass sein Verhalten Vorteile und Nachteile hat, aber insgesamt findet es jede Veränderung übertrieben. An diesem Punkt stand Sean kognitiv.

Wie Dave verwechseln viele Eltern Ambivalenz mit Veränderungsbereitschaft und machen dann einen weitverbreiteten Fehler: Sie preschen vor! Sobald das Kind etwas sagt wie: »Hm, das könnte schon ein Problem sein«, gehen die Eltern in den Veränderungsmodus über:

> *»Gut. Dann lass das Zocken sein.«*

> *»Ich bin so froh, dass du das endlich einsiehst.«*

> *»Natürlich nehme ich dir das Spiel jetzt weg, weil ich dich schützen will. Das verstehst du doch, oder?«*

Vielleicht waren Sie schon an diesem Punkt und wissen daher, dass diese Reaktion nicht zum Erfolg führt. Denn nun traut sich das Kind nicht mehr, seine Bedenken zu äußern, und dürfte Ihnen obendrein noch mehr Trotz entgegenbringen. In der Phase der Bewusstwerdung geht es darum, sich auf die Seite des Kindes zu schlagen und dabei sogar ein bisschen zu übertreiben: »Ich verstehe, dass du wegen des Spiels gewisse Probleme in der Schule bekommst. Aber es macht auch unheimlich Spaß, oder?« Sobald dem Kind sein Problem bewusst wird, ist reflektierendes Zuhören der Eltern angezeigt, um ihm seine eigenen Überzeugungen zu spiegeln.

Solange Sie solche Äußerungen von sich geben, macht Ihr Kind nicht automatisch dicht, weil Sie keinen Druck aufbauen und es sich nicht dagegen wehren muss.

Bei einem solchen Gesprächsverlauf bewegt sich ein Gamer oft von selbst in die richtige Richtung: »Ja, es macht viel Spaß. *Aber die Schule ist mir auch wichtig.*« Bei diesem Szenario erfolgt eine wichtige Schlussfolgerung, ohne dass die Eltern dem Kind diese vorkauen. Bei Sätzen wie »Die Schule ist mir wichtig« sind Eltern aber oft so beglückt, dass sie sofort auf das Kind einreden, dann solle es das Spielen doch sein lassen. Bitte beschränken Sie sich lieber erneut aufs Spiegeln: »Oh. Das hört sich schwierig an. Einerseits ist dir die Schule wichtig, andererseits macht Spielen richtig Spaß. Wie sollten wir denn deiner Meinung nach damit umgehen?«

Das Vorbereitungsstadium

Sobald Ihr Kind einräumt, dass Spielen es von anderen Dingen im Leben abhält oder dass seine schulischen Leistungen und der Familienfrieden darunter leiden, erreichen Sie eine neue Stufe der Veränderungsbereitschaft. Aber die Zeit zum Handeln ist noch nicht gekommen. Wer die Vorbereitungsphase überspringt, wird bei der konsequenten Umsetzung nur unbefriedigende Ergebnisse erzielen. Es wird Probleme geben.

Jetzt ist es Zeit, das Kind an der Lösung zu beteiligen. Stellen Sie verschiedene Möglichkeiten zur Wahl, und *lassen Sie das Kind entscheiden, welche es ausprobieren möchte.*

Diese Strategie wende ich auch an, wenn ich mit Menschen mit einem Alkoholproblem arbeite. Wenn jemand die Bereitschaft zeigt, nüchtern zu werden, frage ich nach dem nächsten Schritt.

Welche Lösung könnte funktionieren? Medikamente? Psychotherapie? Sich den Anonymen Alkoholikern anschließen? Wenn ich an dieser Stelle eine aus meiner Sicht vernünftige Lösung vorschlage, weiß ich als Arzt, dass diese Vorgehensweise, rein wissenschaftlich betrachtet, schlechter funktionieren wird. Die Betroffenen wissen innerlich genau, was sich für sie besser anfühlt. Deshalb sollten Sie Ihrem Kind eine Art »Speisekarte« vorsetzen und es selbst bestellen lassen. Das könnte so aussehen:

> *Das Kind darf selbst überlegen und entscheiden, wann es spielen darf: »Glaubst du, es ist besser, wenn du nach den Hausaufgaben spielst, oder hättest du lieber einen festen Zeitraum?«*
>
> *Das Kind darf selbst entscheiden, wie oft es spielen darf: »Möchtest du lieber jeden Tag eine bestimmte Spielzeit oder an bestimmten Wochentagen?«*
>
> *Anstelle von Zocken gesunde Alternativen anbieten: »Welche Aktivitäten möchtest du regelmäßig einplanen? Schach, Judo, Schlagzeugunterricht?«*
>
> *Inhalte über die Spielzeit stellen: »Wenn wir deine Spielzeit so lassen wie bisher, auf welche von deinen Spielen könntest du verzichten?«*

Solche Auswahlmöglichkeiten stärken beim Kind das Gefühl, selbst beteiligt zu sein, und geben dem Kind eine gewisse Entscheidungsgewalt über das Ergebnis. Das führt zu Akzeptanz, und um das Verhalten von Kindern zu ändern, ist Akzeptanz das A und O.

Der unreife Mann

Rein rechtlich gilt man in den meisten Ländern ab 18 Jahren als volljährig. In der Praxis wohnen jedoch viele 18- und 19-Jährige noch zu Hause, und offene Fragen sowie Auswahlmöglichkeiten sind auch bei ihnen noch Erfolg versprechende Strategien, um ihr Handeln zu verändern.

Haben die jungen Gamer jedoch erst einmal die 20 überschritten, so haben sie volles Mitspracherecht bei der Frage, was sich in Bezug auf ihre Gaming-Gewohnheiten ändern sollte, und sie müssen selbst die treibende Kraft werden. Aus der Familie oder der Partnerschaft heraus kann man erwachsene Gamer nicht zwingen, etwas zu tun, was sie nicht wollen.

Ich spreche hier vom »unreifen Mann«. Natürlich gibt es auch unreife Frauen, aber die Gamer, mit denen ich wegen ihrer Videospielabhängigkeit arbeite, sind zu 70 Prozent männlich. So ein unreifer Mann ist mitunter schon 23, wohnt aber immer noch in der Einliegerwohnung der Eltern und geht keiner geregelten Arbeit nach. Vom Alter her ist er erwachsen, aber er verhält sich nicht so. Der unreife Mann ist in seinem Entwicklungsprozess stehen geblieben: er sieht erwachsen aus, verhält sich aber wie ein Teenager.

Diese Situation ist schwierig, aber nicht unlösbar. Mein Leitprinzip für jede Altersgruppe lautet: Das Schlimmste, was du für jemanden tun kannst, ist alles, was dieser Jemand selbst tun kann. Das gilt altersunabhängig!

Wenn Sie einem Kind etwas abnehmen, was es selbst tun könnte, ist das ein Problem. Wenn Sie als Frau mit Ihrem Freund zusammenleben, er den ganzen Tag daddelt und deshalb seine Wäsche nicht selber wäscht und Sie das deshalb für ihn tun – dann ist das ein Problem.

Wenn der große Sohn noch zu Hause wohnt und Mama jede Mahlzeit zubereitet, weil sie das schon immer so gemacht hat, wird es Zeit für eine Ansage, und die sollte deutlich ausfallen.

Zunächst einmal sollten Sie die Rundumversorgung schlichtweg einstellen. Aber nicht alles auf einmal. Beginnen Sie mit einer Kleinigkeit, um mehr Unabhängigkeit einzufordern. Es geht darum, dass Sie das, was der andere selbst tun sollte, nicht mehr für ihn erledigen. Vielleicht waschen Sie seine Wäsche nicht mehr. Irgendwann kochen Sie auch nicht mehr für ihn mit. Und vor allem müssen Sie aufhören, ihm hinterherzuräumen. Er kann das selbst. Bringen Sie ihn dazu!

Natürlich wird der unreife Mann (oder die unreife Frau) erst mal frustriert reagieren. Deshalb ist es wichtig, schrittweise vorzugehen. Aber was junge Erwachsene selbst tun können, sollten sie auch selbst übernehmen. Wer ihnen all diese Dinge abnimmt, ermuntert sie dazu, unreif zu bleiben.

Und wenn Sie den jungen Gamern alle Grundbedürfnisse erfüllen, gestatten Sie ihnen nicht nur, in der Hilflosigkeit zu verharren, sondern verschärfen auch das Spielproblem. Indem Sie sich um die Wäsche kümmern, die Mahlzeiten auf den Tisch stellen, das Putzen übernehmen und ihn womöglich auch mietfrei bei sich wohnen lassen, befreien Sie einen unreifen Erwachsenen von dem Druck, sich selbst um den Haushalt zu kümmern und sich einen Job zu suchen, und bieten ihm eine bequeme, realitätsferne Blase, in der er so viel spielen kann, wie er will.

Und wenn Sie nun aufhören, alle Bedürfnisse dieses erwachsenen Menschen zu erfüllen, was passiert dann? Nun, dann muss er aufhören zu spielen (zumindest vorübergehend), wenn er etwas essen möchte oder frische Wäsche braucht. Das ist ein erster Fortschritt: eine Stunde weniger Spielen pro Tag, nur damit etwas zu essen auf den Tisch kommt und saubere Strümpfe bereitliegen.

Auch die finanzielle Unterstützung können Sie kappen (falls vorhanden). Sie müssen weder Spiele bezahlen noch den Kühlschrank füllen oder das WiFi bereitstellen. Irgendwann müssen Spielabhängige dann aufhören zu spielen und zur Arbeit gehen, damit sie ihr Hobby finanzieren oder ihre Miete zahlen können. Helfen Sie unreifen Erwachsenen Schritt für Schritt dabei, Verantwortung für ihr Leben zu übernehmen. Wenn sie damit anfangen, gehen sie dank dieser Einsicht hinaus in eine Welt, in der sie eine Zukunft für sich sehen und auf eigenen Beinen stehen können.

Licht! Kamera! Und Action!

Nach endlosen Auseinandersetzungen über den problematischen Spielkonsum fühlt es sich unglaublich an, endlich an einem Punkt zu stehen, an dem das Kind eine gewisse Einsicht zeigt und damit einverstanden ist, etwas zu ändern. Freuen Sie sich über diesen ersten »Sieg«, aber denken Sie daran, jetzt nichts zu überstürzen. Der Prozess muss langsam und stetig verlaufen.

Unser Ziel ist nicht der schnelle Erfolg, sondern eine kontinuierliche Entwicklung. Am wichtigsten ist, dass Sie und Ihr Kind diesen Weg gemeinsam gehen. Sie sind ein Team, und die größten Erfolgsaussichten bestehen, wenn Sie zusammenhalten. Jetzt kommt der Zeitpunkt, um sich zu verbünden und Ihre Pläne gemeinsam in die Tat umzusetzen.

KAPITEL 5

Einen Pakt schließen

Kooperation statt Konfrontation

Die Welt ist ein gefährlicher Ort. Gute Erziehung bedeutet jedoch nicht, das Kind vor allen Gefahren zu bewahren. Schließlich kann es schon gefährlich sein, sich auf der Straße zu bewegen, und dennoch ist es nicht Aufgabe der Eltern, ein Kind immer im Haus zu behalten. Wir müssen ihm vielmehr beibringen, wie man sich sicher im Straßenverkehr bewegt, Gefahren rechtzeitig erkennt und ihnen ausweicht. Kinder müssen lernen, auf sich selbst aufzupassen, denn die Eltern können nicht immer da sein.

In den bisherigen Kapiteln habe ich immer wieder betont, dass das Internet als solches und insbesondere Online-Spiele es Kindern erleichtern, Kontakte zu knüpfen. Manchmal bauen unsere Kinder online Beziehungen zu Menschen auf, über die wir (und sie) kaum etwas wissen. Da wir diesen Leuten nicht persönlich gegenüberstehen, können wir kaum einschätzen, was an ihnen authentisch ist und ob sie einen guten oder einen schlechten Einfluss auf unser Kind haben. Vielleicht hören wir gelegentlich eine Stimme aus dem Lautsprecher, aber im Prinzip wissen wir nichts über diese Spielpartner.

Das Internet können Sie nicht ändern, und Sie können es auch nicht von Ihrem Kind fernhalten. Also können Sie ihm nur beibringen, sich im Internet selbst anständig zu verhalten und gleichzeitig aufzupassen, mit wem es sich abgibt. Wenn Ihnen das gelingt, machen Sie bei der Erziehung alles richtig.

Je mehr Sie sich auf Ihr Kind und dessen Online-Community einlassen, desto besser stehen Ihre Chancen, sein Spielverhalten zu beeinflussen und es vor schlechten Einflüssen zu schützen. Aber dazu müssen Sie im selben Team spielen und ein stabiles Bündnis schmieden.

Die Dynamik verlagern

In Teil 1 habe ich erklärt, dass viele Kinder Videospiele nutzen, um unangenehme Emotionen zu unterdrücken. Deshalb ist das therapeutische Bündnis so wichtig. Wenn es uns gelingt, einem Kind in Ruhe zuzuhören und offen mit ihm zu sprechen, kommt es mit unangenehmen Gefühlen zu uns, anstatt sich beim Spielen abzureagieren oder dem Konflikt auszuweichen.

Lassen wir uns hingegen auf Konfrontationen und Rechthaberei ein, flieht das Kind lieber zu seinen Internetfreunden. Das führt zu noch mehr Abschottung, und Sie bleiben außen vor. Gerade wenn Sie Bedenken wegen unguter Internetbekanntschaften hegen, sollten Sie Ihr Kind nicht noch aktiv zu diesen hintreiben. Wir Erwachsenen müssen herausfinden, wie wir einen Gegenpol zu schlechten Einflüssen bilden können, indem wir selbst eine gute, starke Beziehung zu unserem Kind aufbauen.

Die entscheidende Frage lautet also: *Wie baue ich wieder eine gute Beziehung zu meinem Kind auf?*

Über das Thema Zocken können Sie momentan garantiert nicht miteinander reden, ohne dass es zum Streit kommt. Sie sagen etwas, das Kind wehrt sich nach Kräften und behauptet das Gegenteil. Argument, Gegenargument. So ein Streit lässt sich nicht gewinnen. Und selbst wenn wir gewinnen, verlieren wir.

Manche Eltern, die dieses Buch lesen, fangen gerade erst an, sich wegen der vielen Zeit, die ihr Kind mit Zocken verbringt, Gedanken zu machen. Andere machen sich bereits ernsthafte Sorgen über die angespannte Beziehung zu ihrem Kind bei diesem Thema. Und wieder andere wissen, dass sie ein massives Problem haben. Bestimmt haben Sie schon auf eigene Faust versucht, dagegen einzuschreiten, und sind auf erstaunlich starken Widerstand gestoßen. Sie wollten etwas ändern, aber das Kind hat sich widersetzt.

Ganz gleich, an welchem Punkt der Auseinandersetzung Sie momentan stehen – es handelt sich um eine Dynamik, aus der Sie aussteigen müssen. Setzen Sie nicht mehr auf Konfrontation. Sie wollen das Kind zu etwas bewegen, das es nicht tun will. Wann immer Sie also zu einem Gespräch ansetzen, wird es in Deckung gehen und sich angegriffen fühlen. Die automatisch mit dieser Dynamik verbundene Anspannung aktiviert im Gehirn das Überlebenszentrum (die Amygdala) und damit den Bereich, der Furcht auslöst, damit wir uns vor der Gefahr schützen. Wenn Ihr Kind glaubt, dass Sie ihm das Videospielen verbieten wollen, reagiert es mit Furcht: Es geht in die Defensive und leistet Widerstand, um sich zu schützen.

Bei aktivierter Amygdala denken wir nur in Schwarz oder Weiß und sehen nicht mehr das Grau dazwischen, denn genau darauf ist unser Gehirn nun einmal programmiert. Wovor haben sich die frühen Menschen einst gefürchtet? In erster Linie vor gefährlichen Tieren: Säbelzahntiger, Krokodil, Schlange. In solchen Situationen ist ein Gehirn, das Zwischentöne einbezieht, eher hinderlich. Wir wollen nicht lange über Nuancen nachdenken: »Ich frage mich, ob dieser Säbelzahntiger nicht ziemlich harmlos ist«, »Vielleicht hat der Leopard schon gefressen und ist gar nicht hungrig.« Das Gehirn will den Organismus beschützen und verlangt deshalb eine unmittelbare Handlung. Die adrenalingetriebene Stressreaktion setzt ein, und jedes Abwägen ist überflüssig.

Wenn also dieser Teil des kindlichen Gehirns aktiviert ist und es im Furchtmodus festhängt, kann es das, was Sie sagen, unmöglich aufnehmen. Sie können sich noch so viel Mühe geben, wichtige Informationen und jede Menge Liebe zu vermitteln, es klappt einfach nicht. Alles stößt auf taube Ohren, denn das Gehirn des Kindes hat buchstäblich »abgeschaltet« und wehrt sich gegen alles, was Sie sagen. Ob Sie recht haben, ist unwichtig. Sie sind schwarz, das Kind ist weiß, dazwischen gibt es nichts.

Je häufiger Sie jedoch auf neue Weise mit Ihrem Kind reden – mit dem Ziel, es besser zu verstehen, ohne die Drohung, ihm das Spiel wegzunehmen, und ohne Beschwerden über seine Noten –, desto weniger muss es in Abwehrhaltung verfallen und dichtmachen. Es geht nicht um das bessere Argument, sondern um Verständnis und nicht nur darum, dass das Kind Ihre Sicht versteht, sondern auch darum, dass Sie Ihr Kind ernst nehmen. Wir sagen Kindern gern, was sie falsch machen, und erwarten dann eine Änderung. Aber damit die Änderung wirklich eintritt, muss ein Kind mitreden dürfen.

Sobald wir dem Kind glaubhaft signalisieren, dass wir bereit sind, seinen Standpunkt zu verstehen, hat alles, was wir danach sagen, viel mehr Gewicht.

Entwaffnen

Wenn ich mich mit meinem Kind verbünden will, muss ich zunächst seine Furcht entkräften. Jugendliche, die befürchten, es ginge ums Spielen, werden bei jedem Schritt aufbegehren. *Entwaffnen Sie die Furcht.* Dafür ist es wichtig, den Gamer durch Verständnis ins Boot zu holen. Aussagen wie »Ich mache mir Sorgen, weil du so viel spielst«, »Mir gefällt nicht, wie viel du spielst« oder »Du ruinierst dir deine Zukunft« triggern nur die Furcht.

Um die Furcht des Kindes vor einem schlimmen Verlust (Gamingverbot) zu entwaffnen, eignen sich Einstiege wie diese besser:

> *»Ich möchte mich gern ein bisschen darüber unterhalten, wie viel du spielst, weil ich das besser verstehen möchte.«*

> *»Wenn ich mir so ein Spiel anschaue, sehe ich etwas, das ein netter Zeitvertreib ist. Ich weiß, dass du früher an vielen Dingen Spaß hattest, und jetzt bin ich ziemlich verwirrt, weil du so viel spielst. Früher habe ich dich anders erlebt.«*

Dieser Ansatz funktioniert, weil wir aus der allwissenden Elternrolle aussteigen. Wir geben zu, dass wir etwas nicht wissen, und bitten unser Kind um Hilfe, damit wir es verstehen. Das ist etwas ganz anderes als der übliche autoritäre Standpunkt: »Dein Verhalten macht mir Sorgen, und deshalb solltest du das und das tun.«

Mit diesem Wissen im Hinterkopf lautet Ihr erstes Ziel: Führen Sie mit dem Kind ein Gespräch über Videospiele (und hören Sie gut zu!), *ohne dass es darin um die Änderung seines Spielverhaltens geht.* Das Kind muss über das Zocken sprechen können, ohne innerlich in Panik zu sein, weil man ihm am Ende bestimmt die Konsole oder gar den Computer abnimmt. Es muss sich sicher fühlen.

In den meisten Familien arten solche Gespräche zu Machtkämpfen oder auch einem Wettstreit aus, und die Trophäe besteht in der zugestandenen Spielzeit. Wenn man Kinder wirklich mit ins Boot holen will, muss diese Trophäe jedoch erst einmal komplett vom Tisch. Sie müssen in der Lage sein, mit dem Kind zu reden, ohne dass es denkt, dass alles, was es jetzt sagt, seine Spielzeit beeinflussen wird.

> Wenn man Kinder wirklich mit ins Boot holen will, muss diese Trophäe erst einmal komplett vom Tisch. Sie müssen in der Lage sein, mit dem Kind zu reden, ohne dass es denkt, dass alles, was es jetzt sagt, seine Spielzeit beeinflussen wird.

Um eine nicht wertende Konversation in Gang zu bringen, können wir diesen Punkt offen ansprechen: »Nichts von dem, was du mir jetzt erzählst, wird Einfluss darauf haben, wie viel du spielen darfst. Wir können irgendwann darüber sprechen, und ich wäre mir dann gern mit dir einig, wenn es darum geht, neue Grenzen festzusetzen. Aber was wir heute bereden, hat damit nichts zu tun. Hier und heute will ich dich nur besser verstehen, sonst nichts.«

Natürlich wollen wir unsere Kinder gut erziehen – schließlich möchten wir ihnen zu Erfolg verhelfen. Als Eltern sollen wir dem Kind aber auch Spaß gönnen und es das tun lassen, was ihm wichtig ist. Sprechen Sie das aus! Selbst wenn unsere Kinder es uns nicht auf Anhieb abnehmen, hören sie trotzdem zu und speichern solche Worte für später ab.

In diesem ersten Gespräch sollten Sie betonen, dass Sie das Spielen besser verstehen möchten. Sie wollen mehr darüber erfahren, was das Kind darin sieht und warum es ihm so viel Freude macht. Sprechen Sie ruhig an, dass Sie sein Verhalten bisher verurteilt und sich nicht ernsthaft bemüht haben, Ihr Kind zu verstehen. Wenn Sie das authentisch rüberbringen, wird es dem Kind viel bedeuten. Uns vorab für bisherige Fehler zu entschuldigen, ist unglaublich wichtig, um eine Beziehung zu reparieren. Sie müssen sich nicht dazu zwingen, aber ziehen Sie es zumindest in Erwägung.

Vielleicht klingt das viel verlangt, aber es ist gar nicht so schwer, alle erforderlichen Punkte einzubeziehen. Hier kommt ein Beispiel:

> *»Ich mache mir schon eine Weile Gedanken wegen deines Spielens, das hast du sicher schon gemerkt. Bisher habe ich aus Sorge um dich viele Verbote und Strafen ausgesprochen, und ich war dabei ziemlich hart. Ich habe mich aber nicht bemüht, wirklich zu begreifen, warum du zockst und was du daran so magst. Oder wie es ist, heute jung zu sein. Das tut mir leid, und ich würde gern dazulernen. Dass du so viel spielst, macht mir immer noch Sorgen, aber ich glaube, wir beide müssen einander erst mal wieder besser verstehen, um weiterzukommen. Wenn wir jetzt darüber reden, habe ich nicht vor, die bisherigen Grenzen für dein Spielen zu verändern. Was hältst du davon, wenn du mir hilfst, die Gaming-Welt besser zu verstehen?«*

Was wir hier tun, ist sehr wichtig, und dabei geht es nicht nur um die Wortwahl. In diesem Moment demonstrieren wir auch richtiges Verhalten. Spontane Reaktionen – abends um halb elf ohne Vorwarnung das WiFi abschalten, weil wir die Nase voll haben, oder dem Kind den Controller wegnehmen, wenn es ungehorsam ist – provozieren auch beim Kind impulsives Verhalten. Es reagiert dann genauso irrational wie wir.

Wenn wir ein Gespräch so anfangen wie in meinem Beispiel, werden wir auf mehrfache Weise zum Vorbild:

- Wir versuchen, den Standpunkt des anderen zu verstehen.
- Wir entschuldigen uns für eigene Fehler und übernehmen die Verantwortung dafür.
- Wir legen den Grundstein, auf dem künftige Grenzen aufbauen können, die dann tatsächlich einzuhalten sind.

Eine neue Verbindung aufbauen

Wenn Sie in der Lage sind, ein nicht wertendes Gespräch über Gaming zu führen und das Kind dazu bewegen können, Ihnen zu erklären, was ihm dabei so wichtig ist, können Sie einen Schritt weitergehen und fragen, ob Sie ein bisschen mitspielen dürfen. Auch wenn das überhaupt nicht Ihr Ding ist (und auch nicht werden soll), kann das Nebeneinandersitzen und Teilhaben an der Welt, die Ihrem Kind so viel bedeutet, Sie zusammenschweißen.

Wenn Ihr Sohn Klavier spielt oder die Tochter im Verein schwimmt, gehen Sie bestimmt zum Konzert oder fahren zum Schwimmwettkampf, weil Sie unterstützen, dass Ihre Kinder sich für etwas anstrengen, das ihnen Freude macht. Jetzt ist es an der Zeit, sich auch beim Gaming so fair zu zeigen. Geben Sie diesem Hobby eine Chance – nicht, weil Sie es mit den anderen, sozial akzeptableren Aktivitäten gleichsetzen, sondern *weil Ihr Kind es tut*. Es bemüht sich intensiv um etwas, das es liebt, und Sie suchen einen Anknüpfungspunkt. Deshalb sollten Sie es dort abholen, wo es gerade steht.

Es kann gut sein, dass Ihr Kind ganz und gar nicht davon begeistert ist, Sie online einzubeziehen. Dieses Zögern könnte darauf beruhen, dass es Angst hat, dass Sie dort auf Dinge stoßen, die Ihnen nicht gefallen werden, wie sexualisierte Inhalte und ein rüder Umgangston.

Darüber können Sie gern vorab sprechen. Fragen Sie Ihr Kind, ob es in seinen Spielwelten Themen oder eine Ausdrucksweise gibt, die Ihnen seiner Meinung nach unangenehm wären (oder bei denen es ihm peinlich wäre, wenn so etwas in Ihrer Gegenwart zu sehen oder zu hören ist). Sichern Sie ihm zu, dass Sie sich neutral verhalten werden, solange seine Sicherheit nicht gefährdet ist. Sie sind zum Lernen gekommen, nicht zum Urteilen.

Neues Vertrauen aufzubauen, wird Zeit kosten, und zwar nicht nur Tage, sondern möglicherweise Wochen. Bleiben Sie dran! Ich schlage vor, etwa eine Stunde pro Woche dafür zu investieren. Sie müssen das gemeinsame Spiel nicht fest einplanen, aber bemühen Sie sich darum, dafür präsent und verfügbar zu bleiben. Ihr Gamer wird sich mit dieser neuen Ehrlichkeit und Offenheit eher wohlfühlen, wenn Sie sich gesprächsbereit zeigen und vor allem zuhörbereit.

Denken Sie immer daran: Ein Bündnis entsteht nicht in einem Vakuum. Man kann die Hand nicht nur ein einziges Mal ausstrecken. Wenn der erste Versuch, mehr Verständnis für das Spielverhalten des Kindes aufzubringen, gut gelaufen ist, ist das fantastisch. Aber damit ist der Kontakt noch lange nicht gefestigt. Sie müssen sich wieder und wieder in dieser Form darum bemühen. Wichtig ist, dass Sie *regelmäßig ins Gespräch kommen*, und wie immer macht Übung den Meister.

KAPITEL 6

Grundkurs Kommunikation:

Zielführende Gesprächskultur

Ein tragfähiges Bündnis zu schmieden und Vertrauen aufzubauen, dauert seine Zeit. Deshalb wiederhole ich an dieser Stelle: Ich empfehle Ihnen, sich einmal in der Woche eine Stunde Zeit zu nehmen, um mit Ihrem Kind offen und ruhig über das Zocken zu sprechen, bis Sie merken, dass sich Vertrauen einstellt und dass es wächst. Wenn Sie sich diese Zeit nicht nehmen können oder wenn Sie merken, dass die Gespräche nicht so laufen wie erhofft – weil sie vielleicht für alle Beteiligten schmerzhaft sind oder alle dabei in alte Kommunikationsmuster zurückfallen –, kann Ihnen ein Grundkurs zu Gesprächen ohne Sieger helfen. In diesem Kapitel möchte ich auf einige Strategien eingehen, die meiner Erfahrung nach funktionieren.

Die vier Techniken der guten Kommunikation

Im Medizinstudium heißt es: »Erst die Diagnose, dann die passende Behandlung.« Um besser mit unseren Kindern zu kommunizieren, müssen wir also verstehen, wo die Ursache liegt. Das ist gar nicht so schwer, denn für solche Gespräche müssen Sie lediglich vier Techniken verinnerlichen:

1. Offene Fragen stellen
2. Aktiv zuhören
3. Sich verwirrt zeigen
4. Die Metaebene einbeziehen

Gesprächstechnik Nummer 1: Offene Fragen stellen

Die Bedeutung offener Fragen habe ich bereits angeschnitten, als es darum ging, herauszufinden, ob das Kind überhaupt schon ein gewisses Problembewusstsein hat und Einsicht zeigt. In diesem Abschnitt möchte ich erklären, wie eine gute offene Frage aussieht, damit Sie in dieser Kommunikationstechnik sicherer werden.

Offene Fragen lassen sich nicht mit »Ja« oder »Nein« beantworten und sind auch keine Fangfragen. Eine echte offene Frage könnte sein: »Was gefällt dir am Spielen?« Sie werden feststellen, dass diese schlichte Formulierung sehr gut aufgebaut ist, denn sie impliziert keine Strafe und löst damit keine Furcht beim Kind aus (die dazu führen würde, dass das Kind sofort dichtmacht). Die mit Grenzsetzungen (Konsole wegnehmen, Internet kappen) verbundene Furcht schließt jedes fruchtbare Gespräch von vorneherein aus.

Sie werden auch feststellen, dass diese Frage dem Kind die Macht gibt, zur Abwechslung mal *uns* etwas zu erklären. Überlegen Sie sich, was dabei passiert: Wir Eltern geben uns große Mühe, unseren Kindern beizubringen, was richtig ist und was falsch. Allerdings stellen wir verwundert fest, dass die Kinder sich immer mehr gegen diesen Versuch sträuben, je älter sie werden. Wenn wir ihnen jedoch helfen, etwas *selbst* herauszubekommen, macht es plötzlich klick. Dazu dienen offene Fragen.

Offene Fragen erzeugen eine gewisse *Distanz*, durch die der andere sich bei der Antwort sicher fühlen kann. Bei der Suchtbehandlung setzt man in der Psychiatrie oft auf Distanz, um harte Themen anzusprechen. Ich frage also nicht direkt: »Rauchst du Gras?«, sondern ich stelle eine viel indirektere Frage, die gerade Jugendlichen eine gewisse Distanz anbietet, zum Beispiel: »Raucht an deiner Schule jemand Gras?« Auf diese Weise eröffnen Sie ein Gespräch ohne Anschuldigungen, und das gilt auch für das Thema Gaming.

Hinzu kommt, dass gute offene Fragen *nicht werten*. Wenn im Gespräch schon zu Beginn mitschwingt, dass das Kind Ihrer Meinung nach zu viel spielt, ist das eine Wertung. Es geht jedoch an diesem Punkt darum, dass Sie Hilfe brauchen, um zu verstehen, was das Kind am Zocken so fasziniert. Hier finden Sie ein paar gute offene »Eisbrecher« für den Einstieg ins Gespräch:

> *»Was magst du an Spielen?«*

> *»Was ist ein Gamer?«*

> *»Wie ist das eigentlich, wenn es heutzutage überall Videospiele gibt?«*

> *»Was für Spiele spielen denn deine Freunde?«*

Und für die schwierigeren Punkte:

> *»Hat jemand von deinen Freunden Probleme, weil er oder sie zu viel spielt? Wie ist das für diese Person?«*

> *»Wenn du merkst, dass dir das Zocken über den Kopf wächst, würdest du uns das sagen? Was könnten wir tun, damit dir das leichter fiele?«*

> *»Was an unserem Verhalten macht es dir schwer, mit uns zu reden?«*

Wer so fragt, bekommt vielleicht Antworten wie: »Ich spiele, weil es Spaß macht. Und jetzt bin ich noch jung. Wenn ich 20 bin oder so, muss ich arbeiten gehen, aber jetzt kann ich noch einfach Spaß haben.«

Widerstehen Sie der Versuchung, dabei in die Luft zu gehen. An dieser Stelle darauf zu bestehen, dass das Kind schon jetzt zu alt ist, um nur das zu machen, was ihm Spaß macht, hilft nicht weiter. In diesem Stadium wäre es sinnvoll, das Argument aufzugreifen und dann weiterzureden. Eine denkbare Antwort wäre: »Das kann ich nachvollziehen. Du bist jetzt 15, und natürlich will ich auch, dass du deinen Spaß hast. Erzähl mal, was ist denn das Besondere an deinen Spielen?«

Eine solche Reaktion verändert die Dynamik. Sie sagen dem Kind nicht, dass es unrecht hat oder dass es schlecht oder dumm ist. Mit offenen Fragen bringen Sie es dazu, sich zu öffnen, anstatt sich zu verschließen.

Hier kommen noch ein paar offene Fragen, die Sie im Laufe solcher Gespräche stellen können. Packen Sie nicht alle davon in ein einziges Gespräch, sondern lassen Sie sich ruhig mehrere Wochen Zeit dafür. Der Gesprächsverlauf muss sich organisch entwickeln und vertiefen dürfen, und im Lernprozess hin zu einer besseren Kommunikation mit Ihrem Kind gibt es keine Abkürzungen.

Allgemeine Fragen

Diese Fragen fördern die Einsicht des Kindes in das eigene Zocken:

»Was gefällt dir an Videospielen?«

»Was macht ein Spiel cool?«

»Wann macht dir ein Spiel am meisten Spaß?«

»Macht es die ganze Zeit Spaß, oder ändert sich das auch mal?«

»Möchtest du mir von deinen größten Siegen erzählen?«

Das Gesamtbild

Diese Fragen helfen Ihnen, die Werte Ihres Kindes zu verstehen:

»Wofür kannst du dich begeistern?«

»Was glaubst du, wie dein Leben sich entwickelt?«

»Was ist dir im Leben wichtig?«

Selbstachtung

Diese Fragen zielen tiefer auf das Selbstbild ab:

»Würdest du dich als Gamer bezeichnen?
Was bedeutet das? Was ist ein Gamer?«

»Wie denkst du über dich?«

»Machen dir gewisse Dinge zu schaffen?«

Online-Community

Diese Fragen vermitteln Ihnen ein besseres Verständnis davon, wer noch in dieser Online-Welt aktiv ist:

»Mit wem spielst du, wenn du online bist?«

»Redet ihr auch miteinander, wenn ihr nicht zockt?«

»Kannst du mir mehr über die anderen erzählen? Was machen sie sonst so? Gehen sie zur Schule? Arbeiten sie?«

»Haben sie eine Familie?«

»Sind sie in deinem Alter?«

»Wofür interessieren sie sich noch?«

Schnittstellen zwischen Zocken und dem realen Leben

Diese Fragen helfen einem Kind, seinen Platz in der Welt zu überdenken:

»Wie kommen Gamer mit der Gesellschaft klar?«

»Welcher Bezug besteht zwischen Gaming und dem echten Leben?«

»Was denkst du über die Schule oder außerschulische Aktivitäten?«

»Was fällt dir gerade schwer?«

»Was macht das so schwer?«

»Welche Unterstützung bräuchtest du für solche Herausforderungen?«

»Was denkst du darüber, wie viel du zockst?«

Zocken und Beziehungen

Diese Fragen erleichtern es einem Kind, offener über sein soziales Netz zu sprechen:

> *»Spielen deine Freunde?«*

> *»Wie ist das eigentlich, wenn die meisten Freunde gerne Videospiele spielen?«*

> *»Was hält deine Freundin / dein Freund von deinem Zocken?«*

> *»Zeigt jemand aus deinem Freundeskreis problematisches Spielverhalten? Woran erkennst du das?«*

Wenn Sie es schaffen, über solche Fragen mit Ihrem Kind ins Gespräch zu kommen, können Sie vielleicht sogar noch etwas weiter gehen und direkter nach den Vor- und Nachteilen seines Online-Lebens und seiner dortigen Bekanntschaften fragen, zum Beispiel so: »Sagen deine Online-Freunde manchmal Dinge, bei denen dir unwohl ist?«, »Machst du dir manchmal Gedanken wegen der Leute, mit denen du dich online abgibst, oder wegen Dingen, die sie sagen?«

Man kann noch gezielter nachfragen und Punkte vertiefen, aber hüten Sie sich vor Bewertungen. Denken Sie immer daran: Hier geht es um die Verbindung zu Ihrem Kind. Sie wollen mehr über diesen Teil seines Lebens herausfinden und es nicht belehren, wie es dieses Leben zu führen hat.

Gesprächstechnik Nummer 2: Aktiv zuhören

Um sich gemeinsam in die richtige Richtung zu bewegen, müssen Sie nicht nur lernen, wie man gute Fragen stellt, sondern das Kind auch dazu einladen, eigene Erklärungen zu geben, ohne Angst vor Verurteilung zu haben. Dabei hilft aktives Zuhören. Wenn man zu viele offene Fragen nacheinander stellt, fühlt sich das für den Gamer an wie ein Verhör. Diesem Eindruck können Sie durch »aktive Bestätigung« entgegenwirken, damit das Kind sich sicher fühlt und sich weiter öffnet.

Aktives Zuhören ist eine einfache Gesprächstechnik, die wir Menschen aber leider oft kaum beherrschen: Wenn das Kind etwas zu uns sagt, wiederholen wir seine Aussagen. Das klingt schräg, ich weiß, denn es entspricht nicht unserem normalen Gesprächsverhalten. Wenn man sich mit jemandem unterhält, sagt der eine etwas, und der andere antwortet etwas darauf. Zum Beispiel äußert zuerst die eine Person ihre Meinung und dann die andere ihre: »Meine Lieblingsfarbe ist Rot.« – »Wirklich? Meine Lieblingsfarbe ist Blau.«

Wenn es um etwas Substanzielleres geht, schließt sich häufig ein Streit an. Argument und Gegenargument. Advocatus Diaboli. Umgekehrte Psychologie. Wie auch immer man es nennt, psychologisch sind wir so gestrickt, aber für aktives Zuhören müssen wir diese Gewohnheit durchbrechen. Deshalb ist aktives Zuhören auch so anstrengend, weil es nicht das ist, worauf wir programmiert sind. Wenn jemand uns gegenüber eine negative Emotion äußert, wollen die meisten Menschen das angesprochene Problem lösen oder ihr Gegenüber trösten. Und wenn es um das eigene Kind geht, ist dieser Drang geradezu übermächtig. Stellen Sie sich vor, Ihre Tochter käme an und würde sagen: »Mama, ich bin so hässlich. Keiner mag mich. Ich werde immer allein sein.« Ihre spontane Reaktion wäre vermutlich die Versicherung: »Nein, mein Schatz, du siehst toll aus. Alle mögen dich, und du bist so liebenswert. Ich habe dich furchtbar lieb.«

Ein solcher Impuls ist einerseits nicht verkehrt, sondern schlichtweg eine liebevolle Reaktion. Aber auch damit holen Sie das Kind nicht an dem Punkt ab, an dem es steht. Was Sie in Wahrheit gerade vermitteln, ist, dass die Selbsteinschätzung des Kindes (hässlich oder nicht liebenswert zu sein) *falsch* ist, und das ist eine massive Abwertung. Wir müssen unseren Kindern helfen, ihre Emotionen und Urteile zu validieren, das heißt, sie auf ihre Richtigkeit hin zu prüfen. Deshalb dürfen wir ihre Urteile auch nicht einfach negieren, selbst wenn wir anderer Meinung sind.

Welche andere Reaktion wäre in dem Beispiel mit der Tochter, die sich hässlich und nicht liebenswert vorkommt, denkbar? Mit aktivem Zuhören könnte der Dialog so verlaufen:

> **Tochter:** »Mama, ich bin so hässlich. Keiner mag mich. Ich werde immer allein sein.«
> **Standardantwort:** »Nein, du bist nicht hässlich. Alle mögen dich. Du bleibst nicht alleine.«

Das ist Trösten, aber keine Validierung.

> **Aktives Zuhören:** »Ich höre, dass du dich unattraktiv findest, dass du Angst hast, immer allein zu sein, und dass die anderen dich nicht mögen. Du musst dich ja furchtbar ausgeschlossen fühlen.«

Häufig erfolgt dann eine Reaktion. Auch hier könnten Sie eine offene Frage anhängen, sollten aber keine Warum-Frage stellen: »Wie kommt es, dass du dich so ausgeschlossen und abgelehnt fühlst?«

Es geht darum, das zu spiegeln, was Sie hören. Und wenn Sie

auf dieser Schiene bleiben und nach dem aktiven Zuhören eine weitere offene Frage stellen können, bekommen Sie das Mädchen vielleicht zum Reden: »Ich möchte verstehen, warum du dir so hässlich und nicht liebenswert vorkommst. Kannst du mir helfen, das zu verstehen?«

Wie könnte so ein Gespräch über Gaming ablaufen? Vielleicht schließt es sich an eine offene Frage an:

Mutter: »Was gefällt dir an Videospielen?«

Das Mädchen geht vielleicht (noch) nicht ins Detail, sondern hält sich bedeckt:

Tochter: »Die Spiele machen mir Spaß, und ich könnte den ganzen Tag zocken.«

Instinktiv würden Sie in diesem Moment vermutlich korrigieren oder werten, zum Beispiel so:

Mutter: »Also, ich finde, dass das sehr schlecht für dich ist.«

Was passiert an dieser Stelle? Die Tochter sagt, was sie denkt, die Mutter hält dagegen, und prompt ist wieder die gegensätzliche Dynamik aktiv, die schon länger jedes sinnvolle Gespräch boykottiert.

Mit aktivem Zuhören könnte die Reaktion so aussehen:

Tochter: »Die Spiele machen mir Spaß, und ich könnte den ganzen Tag zocken.«
Mutter: »Hm, das klingt, als würdest du nur noch Videospiele machen wollen.«

Dagegen kann die Tochter keine Einwände erheben, denn Sie wiederholen nur, was sie gerade gesagt hat. Bleiben Sie dabei.

> **Tochter:** »Ich spiele so gerne, weil mir die Schule zu langweilig ist.«
> **Mutter:** »Das klingt, als wäre die Schule richtig langweilig für dich. Und Computerspiele findest du anspruchsvoller, ist das richtig?«

Hier kommt noch ein Beispiel:

> **Kind:** »Nichts macht so viel Spaß wie Gaming.«
> **Eltern:** »Das hört sich so an, als fändest du ziemlich viele Sachen außer Gaming furchtbar langweilig.«

Sie haben vielleicht das Gefühl, mehr sagen zu müssen, aber das müssen Sie nicht unbedingt. Wenn Sie so weitermachen und einfach nur zuhören und dem Kind spiegeln, was Sie hören, beginnt ein subtiler Prozess. Ihr Kind fühlt sich tatsächlich gehört. Es fühlt sich verstanden, und es hat den Eindruck, Ihnen wichtig zu sein. Das nennt man »emotionale Validierung«. Je mehr sich jemand in dieser Form angenommen fühlt, desto mehr entspannt sich das Furchtzentrum in der Amygdala. Es gibt nichts, wovor es Angst haben müsste. Die Eltern kämpfen nicht gegen ihr Kind und drohen nicht. Es gibt keine unversöhnlichen zwei Seiten mehr. Sie spielen im selben Team, denn sie haben ihr Gegenüber verstanden. Je öfter Sie so vorgehen, desto stärker fühlt sich ein Kind gehört, und desto eher wird es irgendwann auch zuhören, wenn Sie etwas sagen.

Gesprächstechnik Nummer 3: Sich verwirrt zeigen

Wenn Sie ein paar Wochen mit offenen Fragen und aktivem Zuhören gearbeitet haben, können Sie zum nächsten Schritt übergehen und sich verwirrt zeigen. Als Eltern wissen wir, dass Kinder und Jugendliche häufig unlogische oder schlicht falsche Dinge von sich geben. Die Versuchung, ihnen das gleich unter die Nase zu reiben, ist groß. Natürlich wollen wir sie korrigieren. Wir wollen ihnen erklären, dass das, was sie sagen, unlogisch ist, und dass sie sich irren. Aber das klappt nicht, denn damit provozieren wir nur Widerstand und Streitereien (wie Sie sicher wissen).

Um einem derartigen Abbruch der Kommunikation entgegenzuwirken, sollten Sie sich stattdessen einfach verwirrt zeigen. Weisen Sie auf den Widerspruch in seiner Argumentation hin, ohne das Kind dabei anzugreifen.

Diese Gesprächstechnik setze ich gern ein, wenn ich mit Suchtkranken arbeite. Bei Alkoholabhängigkeit leite ich das Gespräch folgendermaßen ein:

Ich: »Menschen aus Ihrem Umfeld scheinen sich wegen Ihres Alkoholkonsums Sorgen zu machen.«
Patient: »Nein, da gibt es wirklich kein Problem.«

Anstatt nun zu streiten, drücke ich meine Verwirrung aus und stelle eine weitere Frage, die keinerlei Wertung oder Gegenrede enthält.

Ich: »Okay, dann helfen Sie mir auf die Sprünge. Was führt Sie zu mir?«
Patient: »Bei mir zu Hause gibt es Probleme. Meine Frau ist sauer auf mich. Und bei der Arbeit ist es auch schwierig.«

Ich: »Was ist schwierig bei der Arbeit?«
Patient: »Mein Chef meint, ich hätte ein Alkoholproblem.«

An dieser Stelle zeige ich mich wieder verwirrt.

Ich: »Ich bin etwas verwirrt. Wenn Sie kein Problem haben, warum denken dann diese anderen Menschen in Ihrem Leben, dass Sie eins haben? Und wenn Sie kein Problem haben, was machen wir dann hier?«

An diesem Punkt führt das Äußern meiner Verwirrung dazu, dass mein Patient mehr Einzelheiten preisgibt, weitere Beispiele, was andere Menschen bei ihm beobachtet haben. Damit haben wir ein paar konkrete Ansatzpunkte.

Übertragen wir diese Vorgehensweise auf das Gaming: Wenn Ihr Kind eine Ausrede oder Erklärung von sich gibt, die unlogisch oder schlicht falsch ist, konfrontieren Sie es nicht damit. Geben Sie ihm erst einmal eine Chance, das zu erklären. Reagieren Sie auf derartige falsche oder unsinnige Aussagen mit: »Ich bin jetzt etwas durcheinander.« Auf Druck produzieren junge Gamer oft Antworten, die nicht hieb- und stichfest sind. In so einem Fall können Sie zeigen, dass Sie das nicht begreifen.

Sich verwirrt zeigen und nachfragen, damit man es besser versteht, sind Techniken, die ich unter »Abwehrhaltung entwaffnen« einordne. Ihr Gamer sieht, dass Sie immer noch keine Strafe verhängen und ihm nichts wegnehmen, sondern sich nur bemühen, ihn besser zu verstehen.

Sohn: »Alles, was ich will, ist zocken.«
Vater: »Okay, ich verstehe, dass du im Moment nur deine Videospiele machen willst. Wie ist es danach, nach deinem Schulabschluss? Was hast du dann vor?«

Damit hören Sie aktiv zu und zeigen Offenheit für die Überlegungen des Kindes.

> **Sohn:** »Danach studiere ich.«
> **Vater:** »Auf welche Uni willst du gehen? Wie schätzt du deine Chancen auf einen Studienplatz ein?«
> **Sohn:** »Ach, da mache ich mir keine Gedanken. Das läuft schon. Das kriege ich hin.«

Das ist eine beliebte Abwehrreaktion. Jugendliche geben nicht zu, dass ihre Argumentation unlogisch ist, obwohl sie wissen, dass sie Quatsch reden. An dieser Stelle können Sie sich ein wenig verwirrt zeigen. Das ist kein Angriff, sondern das Ringen um mehr Klarheit.

> **Vater:** »Das läuft schon? Ich mache mir Gedanken darüber, aber du scheinst völlig unbesorgt zu sein. Vielleicht übersehe ich ja etwas. Kannst du es mir erklären?«

Wichtig ist dabei: Sie dürfen nicht als Ankläger auftreten. Antworten Sie, als wären Sie ernsthaft verwirrt. Vielleicht hat das Kind ja wirklich einen Plan, den Sie lediglich noch nicht kennen.

> **Sohn:** »Darüber denke ich später schon noch nach.«

Ebenfalls wichtig: Bohren Sie nicht zu sehr nach. Wenn Sie in dieser Form Ihrer Verwirrung Luft machen, reicht das oft schon aus.

> **Vater:** »Was meinst du mit ›Das wird schon‹? Wie willst du es machen?«

Wenn das Kind darauf keine Antwort weiß, reicht das an dieser Stelle aus. Denken Sie daran, dass diese Gesprächstechnik dazu dient, den Sohn aus seiner Abwehrhaltung herauszulocken. Sie versuchen nur, ihn ins Gespräch zu ziehen. Denn solange er nicht mit Ihnen redet, wird er Ihnen auch nicht zuhören.

Wenn Sie aber Verwirrung ausdrücken, versuchen Sie ernsthaft, seinen Standpunkt nachzuvollziehen und seine Erklärung zu begreifen. Damit fordern Sie ihn auf, die Löcher in seiner Argumentation selbst zu prüfen.

Gesprächstechnik Nummer 4: Die Metaebene einbeziehen

Mit Kindern über ihre Spielgewohnheiten zu sprechen, ist schwierig. Schließlich ist ihnen häufig klar, dass es ein Problem geben könnte oder dass es nicht gut läuft, aber das wollen sie ungern zugeben. Der Gamer gibt sich große Mühe, nicht darüber nachzudenken oder darüber zu sprechen. Wenn man ihn nun dazu zwingen will, sein Problem zuzugeben, wird er heftigen Widerstand leisten.

Das ist das Irritierende daran, denn als Eltern wissen wir, dass das Problem existiert, und wir sind verblüfft und besorgt, weil unsere Kinder das offenbar nicht sehen. Warum? Weil sie sich gewaltig anstrengen, es zu leugnen. Entweder blockt das Kind daher jedes Gespräch über sein Gaming-Verhalten ab, oder die Gespräche drehen sich im Kreis.

Wie können Sie nun heikle Fragen ansprechen, ohne dass das Kind sich in sein Schneckenhaus zurückzieht? Treten Sie einen Schritt zurück und betrachten Sie nicht den Elefanten im Raum, sondern die Metaebene. Auf der Metaebene geht es nicht um einzelne Begebenheiten oder Worte. Die Metaebene befasst sich mit dem Kommunikationsmuster statt den Inhalten.

> *»Hey, merkst du, wie schwer es uns fällt, über Gaming zu sprechen?«*

> *»Weißt du eigentlich, dass du jedes Mal aus dem Zimmer gehst, wenn ich das Thema Videospiele anschneide?«*

Auf die Metaebene zu gehen, ist auch eine große Chance, um die Aufmerksamkeit wieder auf sich selbst zu lenken.

> *»Hast du gemerkt, dass ich bei jedem Gespräch am Ende darüber rede, dass du dir meiner Meinung nach mit dem Gaming das Leben ruinierst?«*

An so eine Beobachtung kann sich eine gute offene Frage anschließen:

> *»Wie ist das für dich, wenn ich immer wieder über dein Zocken rede?«*

Sie werden feststellen, dass es wirklich viel bringt, wahrzunehmen und auszusprechen, wie festgefahren die Beziehung ist. Daraus können sich neue Anknüpfungspunkte ergeben, weil Sie das eigentliche Thema umschiffen. Sie stochern nicht weiter darin herum, sondern wollen nur herausfinden, warum es so schwierig ist.

Wenn sich zwischen Eltern und Jugendlichen so viel Spannung aufgebaut hat, dass eine schnelle Lösung ausgeschlossen erscheint, sind wir oft versucht, das Reizthema auszublenden. Auf der Metaebene versuchen wir jedoch gar nicht, den Streitpunkt zu lösen, sondern wir überlegen erst mal nur, wie wir etwas Abstand gewinnen und die angespannte Situation von außen betrachten können.

Damit ist keine Wertung verbunden! Wir sind nicht auf der Suche nach dem Schalter für die perfekte Lösung, im Sinne von »Hey, du solltest nicht sauer auf mich sein, und ich sollte auch nicht sauer auf dich sein!« Wir akzeptieren die Situation vielmehr so, wie sie ist, und machen sie uns bewusst.

Unabhängig vom Inhalt des Gesprächs nehmen wir eine höhere Warte ein und kommentieren das Konversationsmuster. Das kann sich zunächst wie ein Rückschritt im Ringen um Verbundenheit und Vertrauen anfühlen, aber die Metaebene erlaubt uns, den Widerstand abzubauen. Denn ein Gespräch bricht manchmal ab, wenn beide Beteiligten glauben, recht zu haben. Dadurch gerät die Kommunikation ins Stocken, und keiner lernt mehr dazu.

Die Metaebene macht es möglich, schwierige Themen aus sicherem Abstand zu beleuchten. Sie ermöglicht auch einen Blick auf das Kommunikationsmuster und das Arbeiten daran, anstatt einen bestimmten Punkt, der immer wieder zum Streit führt, einfach nur auszublenden.

Und sie ermöglicht es uns – und damit zugleich dem Kind –, einen wunden Punkt zu zeigen. Wir sind ins Stolpern geraten, alle beide. Keiner von uns kommt mit der Situation gut klar, und es tut gut, das einzugestehen. Das bringt uns wieder voran. Wir müssen lernen, wie wir gemeinsam weiterkommen, auch wenn wir gerade beide nicht recht wissen, was wir tun sollen.

Verwundbarkeit hat an diesem Punkt Vorbildcharakter: Keiner von uns kennt alle Antworten, und wir hängen gemeinsam in der Sache drin. Im Augenblick stecken wir fest, aber wir werden Lösungen finden – und das machen wir zusammen.

Tiefer schürfen

Nehmen wir an, Sie arbeiten schon ein paar Wochen mit offenen Fragen und bemühen sich um aktives Zuhören. Vielleicht konnten Sie inzwischen schon mehrfach ein ehrliches Gespräch mit Ihrem Gamer führen. Das bedeutet, dass das Kind allmählich wieder Vertrauen fasst. Es vertraut darauf, dass ein Gespräch über Videospiele nicht automatisch zum Konflikt ausartet und Einschränkungen oder Strafen nach sich zieht. Deshalb beginnt es sich zu öffnen. Das kann ein paar Wochen oder auch einige Monate dauern. Wenn es länger dauert, als Sie erwartet haben, lassen Sie sich davon nicht entmutigen. Bleiben Sie dran und suchen Sie immer wieder das Gespräch mit Ihrem Kind. Wenn Sie weiterhin die Bereitschaft demonstrieren, dazuzulernen und zuzuhören, wird sich Ihr Kind irgendwann öffnen.

Sobald das geschieht, können Sie vorsichtig den nächsten Schritt gehen und tiefer schürfen. Jetzt ist es Zeit für die schwierigeren Fragen, denen Sie nachgehen wollen, zum Beispiel zu den Nachteilen von Video- und Computerspielen:

> *»Gibt es gewisse Nachteile, die du beim Gaming siehst?«*

> *»Was macht es so schwer, mit diesen Nachteilen umzugehen?«*

Vorsichtiges Nachhaken kann doppelt positiv sein: Erstens finden Sie heraus, was Ihrem Kind wirklich wichtig ist, und man weiß seit Langem, dass die Behandlung von Abhängigkeit oder problematischem Verhalten bei Kindern und Jugendlichen viel größere Erfolgsaussichten hat, wenn wir einbeziehen können, was ihnen wichtig ist.

Und zweitens verraten Ihnen die Antworten auf diese tiefergehenden Fragen, welche Aspekte am Spielen dem Kind am wichtigsten sind. Das ist entscheidend, denn wenn Sie am Ende so weit sind, dass Sie dem Zocken Grenzen setzen, können Sie da anfangen, wo es dem Gamer am *wenigsten* weh tut, und sich dann zu den Dingen vorarbeiten, auf die Ihr Kind nur schwer verzichten kann.

Nach mehreren tiefer gehenden Gesprächen sollten Sie über Ihr Kind Folgendes wissen:

- Was ist ihm wichtig? Welche Ziele, welche Werte?
- Welcher Aspekt des Spielens macht ihm Freude?
- Welchen Einfluss hat das Spielen auf seine Freundschaften?
- Welcher Teil am Spielen macht ihm am wenigsten Freude?
- Und natürlich: Welche Bedenken hat es möglicherweise selbst, was das Spielen angeht?

Bis Sie all diese Punkte durchschauen, sollten Sie noch keine neuen Grenzen setzen. Mit überstürzten Einschränkungen, ohne dass Sie Ihr Kind und das, was ihm wichtig ist, verstehen, werden Sie scheitern. Und selbst wenn Sie »siegen«, wird die Beziehung zu Ihrem Kind darunter leiden. Wenn Sie jedoch gelernt haben, sich als Mitspieler im Team Ihres Kindes zu sehen, und besser mit ihm kommunizieren können, haben Sie weitaus größere Chancen, sein Spielverhalten nachhaltig zu verändern.

Bessere Alternativen anbieten

Videospiele halten intellektuelle und »sportliche« Herausforderungen bereit, die Jugendliche im Alltag sonst vielleicht wenig erleben. Viele Kinder, die intensiv ins Spielen eintauchen, sind wirklich klug – sie lernen schnell und langweilen sich deshalb angesichts des durchschnittlichen Lerntempos ihrer Klasse. Zudem vermittelt Spielen ein Gefühl von Selbstbestimmung und Macht. Im Spiel haben die Gamer die Kontrolle, und weil die meisten Jugendlichen das im Alltag nur selten erleben, ist dieses Gefühl verlockend. Sie haben im echten Leben nicht die Wahl, ob sie zur Schule gehen oder wo sie wohnen wollen. Im Videospiel hingegen steuern sie nicht nur die Figur, sondern letztlich diese komplette Welt. Was können Eltern dem entgegensetzen?

Ich möchte erneut an meine Arbeit mit Alkoholabhängigen anknüpfen. Bei solchen Therapien muss ich ein anderes Interesse bei den Abhängigen hervorkitzeln, das ihnen hilft, ihr Verhalten in den Griff zu bekommen. Substanzen mit Suchtpotenzial vermitteln angenehme Gefühle und dämpfen Schmerz. Wie bringen wir eine Person dazu, etwas aufzugeben, das entspannt und einen alles Schlechte vergessen lässt? Das ist nicht leicht! Zur Überwindung von Abhängigkeit braucht man jedoch nicht Willenskraft, sondern vor allem einen sehr guten Grund, aufzuhören.

Bei meinen Patienten reicht es nicht, zu sagen: »Wenn du so weitermachst, droht dir eine Bauchspeicheldrüsenentzündung, und dann liegst du im Krankenhaus. Oder du bekommst Leberkrebs. Ohne Transplantation wirst du daran sterben.« Angst zu schüren, hilft nur selten.

Stattdessen ist es erforderlich, die Situation anhand eines Bausteins zu beleuchten, der ihnen sehr wichtig ist. »Deine Ehe zerbricht gerade. Möchtest du etwas dagegen tun?« Oder: »Deine Kinder haben Angst vor dir. Möchtest du, dass sie sich in deiner Nähe irgendwann wieder gut aufgehoben fühlen?« Wenn wir ein Ziel finden, das den Betroffenen wirklich wichtig ist, haben wir einen Hebel, um gegen die Abhängigkeit vorzugehen.

Ein Gamer erzählte mir mal, er hätte mit acht Jahren am Spielen Gefallen gefunden. Ich fragte ihn, ob er sich an noch etwas anderes aus dieser Zeit erinnerte. Ihm fiel ein, wie er im Matheunterricht Arbeitsblätter gelöst hatte, es ging um Addition. Wenn er das Blatt fertig hatte, gab er es bei der Lehrerin ab und fragte: »Und jetzt?« Und die Lehrerin sagte: »Das war's für heute.« Er solle sich wieder hinsetzen und warten, bis die anderen fertig wären, dann würden sie in einer Viertelstunde die Antworten durchgehen. Am nächsten Tag teilte die Lehrerin das nächste Arbeitsblatt aus. Wieder war er nach zehn Minuten fertig, gab ab und fragte, was er jetzt tun solle. Die Lehrerin antwortete genauso: »Wir machen immer noch Addition, also setz dich brav wieder hin und warte.«

Dass so ein Kind sich im Unterricht langweilt, ist wenig überraschend. Als ich mit ihm darüber sprach, machte es bei mir wirklich klick. Der Unterricht orientierte sich am Tempo der Schwächsten, was für ein begabtes Kind furchtbar frustrierend sein kann.

Videospiele hingegen schreiten im Tempo der Spielenden fort. Wenn man das erste Level gemeistert hat, muss man nicht eine ganze Woche warten, um die nächste Stufe anzugehen. Level zwei steht schon bereit. Und das ist unglaublich befriedigend! Wenn man hingegen bei einer Aufgabe immer wieder versagt, ist das nicht schlimm. Man probiert es einfach noch einmal. Es gibt kein »Sitzenbleiben«. Damit erfüllen Videospiele ein wichtiges Bedürfnis, denn Kinder können sich auf dem Niveau einbringen, auf dem sie gerade sind.

Die Eltern müssen ihnen helfen, zu verstehen, warum sie mit dem Spielen aufhören sollten. Das Kind muss begreifen, wie hoch der Preis für sein Spielverhalten ist. Sie müssen ihm aber auch vermitteln, wie es sich in seinem Leben etwas aufbauen kann, was größer und lohnender ist als das, was es aus dem Spiel bekommt. Sie müssen das Kind dabei unterstützen, etwas zu finden, das es in der Form herausfordert, die es braucht.

Als Eltern liefern wir gern die »richtigen« Vorschläge: Eine Ausbildung! Ein guter Schnitt im Abi! Tolle Hobbys! Ehrenamtliches Engagement! Aber der Entschluss, mit dem Spielen aufzuhören, kann nicht von uns kommen. Das Kind muss ihn selbst fassen.

Weil es die wahren Folgen seines Verhaltens noch nicht überblickt, zeigt es sich vielleicht gehorsam und lenkt ein (wie Sean gegenüber seinem Vater), doch das bedeutet nicht, dass es wirklich auf unserer Seite steht. Es gehorcht uns, aber es ist noch nicht unser Verbündeter.

Wir können dem Kind nicht den Grund vorgeben, warum es weniger spielt, denn das wäre dann unser Beweggrund, nicht seiner. Wenn wir ihm jedoch helfen, diesen Grund *selbst* zu finden, stehen die Chancen sehr gut, dass es zu einem gesunden Spielverhalten findet.

Ich hatte einen Patienten im zweiten Highschool-Jahr (also in der zehnten Klasse), für den die Schule einfach nicht anspruchsvoll genug war. Wofür er sich begeistern konnte, war moderne Technologie, vor allem Künstliche Intelligenz, die zu dieser Zeit gerade erst aufkam. Deshalb schlugen seine Eltern und ich ihm ein Praktikum in einem Start-up-Unternehmen in der Nähe seines Wohnorts vor. Diese Idee sagte ihm sofort zu, er bekam das Praktikum und ging sehr gern hin. Dort war er von unglaublich schlauen Leuten umgeben, die ihm die Chance gaben, zu zeigen, wie schlau auch er war. Endlich fühlte er sich gefordert. Diese Idee entwickelten wir jedoch nicht aus dem Nichts heraus, sondern wir fragten ihn, was *er total spannend fände*, und ebneten ihm *seinen* Weg.

Wenn Ihr Kind sich in der Schule langweilt – wie können Sie es für etwas begeistern, das seinen Intellekt anspricht? Woran hat es Interesse?

Wenn Ihr Kind sich in der Schule langweilt – wie können Sie es für etwas begeistern, das seinen Intellekt anspricht? Woran hat es Interesse?

Sehr oft interessieren sich Jugendliche, die beim Gaming tolle Leistungen erzielen, für nichts anderes mehr. Wenn Sie also die Antwort bekommen, *»Etwas anderes fällt mir nicht ein«*, verlieren Sie nicht den Mut und tappen Sie nicht in die Falle, selbst mögliche Alternativen vorzuschlagen. Nutzen Sie an dieser Stelle erneut offene Fragen: Fragen Sie, wie es so ist, wenn einen außer Gaming nichts anderes mehr interessiert. Hören Sie genau zu, was Ihr Kind sagt, denn das könnte ein wichtiger Moment der Einsicht sein, was in dessen Leben los ist.

Bei Gesprächen über fehlende anderweitige Interessen dürfen Sie die Betroffenen ruhig ermuntern, daran zu denken, wie es sich angefühlt hat, als sie noch andere Hobbys hatten. Was hat ihnen früher Spaß gemacht, und woran lag das damals? Welche Gefühle hat dieses Hobby früher ausgelöst? Vielleicht lässt sich auf diese Weise ein Gefühl ermitteln, das Ihrem Kind gegenwärtig fehlt, und Sie kommen gemeinsam auf Ideen, wie man es wiederfinden könnte.

Diese Frage können Sie auch aus einem anderen Blickwinkel oder mit anderen Worten angehen. Denken Sie ruhig um die Ecke.

»Was findest du cool?«

»Was begeistert dich?«

»Was läuft deiner Meinung nach heutzutage falsch in der Welt?«

Solche Fragen funktionieren bei Teenagern besonders gut, weil diese Altersgruppe darauf erpicht ist, alles aufzuzeigen, was in der Welt falschläuft. Üblicherweise haben sie eine deutliche Meinung zu Regierung, Konzernen, Umweltfragen und natürlich zu Ihrer Form der Erziehung. Auf die Frage, was sich in der Welt ändern müsste, werden Sie also vermutlich einiges zu hören bekommen, und das ist fantastisch! Denn auf einmal ist Ihr Kind nicht mehr auf eine künstliche Online-Welt fixiert, sondern setzt sich mit der realen Welt auseinander.

Der nächste Schritt ist die Frage, ob es gegen das genannte Problem vielleicht etwas tun könnte. Wie könnte sich das Kind seiner Ansicht nach einbringen? Diese Frage ist wichtig, weil jetzt das Kind am Hebel ist (was mit der »Einander den Ball zuspielen«-Taktik zu tun hat, die wir gleich noch besprechen).

Geben Sie keine Antworten vor, sondern bleiben Sie bei dem, was gerade gesagt wurde. Dann können Sie zusammen herausfinden, wie und wo das Kind sich engagieren könnte. Falls es so gar keine eigene Idee hat, können Sie *fragen,* ob Sie einen Vorschlag machen dürfen. Mit dieser Strategie vermitteln Sie, dass Kinder und Jugendliche in der echten Welt keineswegs machtlos und ohne Einfluss sind. Auch in der Realität können sie etwas verändern. Je mehr Gespräche dieser Art Sie führen, desto stärker wird der Sog aus der virtuellen in die reale Welt.

Ihr Einsatz!

Wenn wir uns nach Kräften darum bemüht haben, unser Kind davon zu überzeugen, dass wir auf seiner Seite sind, muss es *uns* auch einmal zuhören. Dabei sollten wir jedoch nichts überstürzen. Wir müssen erst sicher sein, dass das Kind sich gehört und gesehen fühlt, ehe wir unsere Meinung kundtun. Ein gutes Zeichen, dass es sich angenommen fühlt, ist, dass es sich uns wieder anvertraut. Gab es in der Zeit, seit Sie daran arbeiten, wiederholt – wenn auch nicht immer kontinuierlich, das bricht immer mal wieder ab – vernünftige Gespräche? Wenn ja, ist das positiv.

Sobald Sie beide für die nächste Phase bereit sind, sollten Sie Ihrem Kind dafür danken, dass es bisher so gut mitgemacht hat. Es hat sich Ihnen geöffnet und Ihnen anvertraut, was ihm wichtig ist. Fragen Sie nun, ob es bereit ist, sich ein paar Dinge anzuhören, die *Ihnen* wichtig sind. Wenn wir den ersten Teil dieses Weges bewältigt haben, zeigen Kinder und Jugendliche an diesem Punkt normalerweise die Bereitschaft, sich unseren Standpunkt anzuhören.

Ganz wichtig ist, dass wir die Botschaft rüberbringen, dass wir so zusammenarbeiten wollen und dass die Bedürfnisse des Kindes nicht auf der Strecke bleiben, um Lösungen zu finden, die den Dauerstreit ums Zocken beenden. Erinnern Sie Ihr Kind zuallererst daran, dass Sie als Elternteil sehr viel Verantwortung tragen. Und ganz oben auf der Liste steht, das Kind auf das Leben vorzubereiten.

Versuchen Sie, Ihre Verantwortung so gut wie möglich auf die Werte des Kindes abzustimmen. Wenn Sie also inzwischen wissen, dass Ihre Tochter sich wegen ihres Erfolgs im Spiel respektiert fühlt, flechten Sie diese Information in das ein, was Sie über Ihre elterlichen Ziele sagen wollen. Das kann sich dann beispielsweise so anhören: »Der Respekt deiner Freunde ist dir offenbar wichtig. Das kenne ich gut, und ich glaube, es gibt noch eine Menge anderer Dinge, die dich diesem Ziel näherbringen können und zu denen ich dich ermutigen möchte.«

Danach können Sie weitere *Werte* nennen, die Ihnen wichtig sind. Reden Sie ein wenig darüber, was für Sie zählt – vielleicht Gemeinschaftssinn, starke Familienbande oder ein gewisses Maß an persönlichem Erfolg. Fordern Sie Ihr Kind auf, Fragen zu stellen, damit es lernt, auch Sie etwas besser zu verstehen. Hören Sie zwischendurch auf zu reden und fragen Sie das Kind, was es darüber denkt.

Insgesamt geht es an diesem Punkt um folgende Ziele:

- Dem Gamer erklären, dass es gewisse Dinge gibt, die unabdingbar sind. Im Idealfall stimmen Sie beide überein und können diese Liste gemeinsam erstellen.

- Den Gamer daran erinnern, dass es nicht darum geht, ihm (oder ihr) Dinge wegzunehmen. So haben Sie vielleicht früher gehandelt, aber nur weil Sie *ein bestimmtes Ziel erreichen* wollten.
- Klarstellen, dass es Ihnen am liebsten wäre, wenn Sie zusammen auf ein gemeinsames Ziel hinarbeiten würden, und dass es nicht um einseitig ausgesprochene Auflagen geht.
- Deutlich die Hoffnung aussprechen, dass Sie und Ihr Kind gemeinsam Wege erarbeiten, wie es bei *minimalen* Anforderungen seine wichtigsten Pflichten als Kind, Jugendlicher oder Erwachsener erfüllen kann. Es ist eine große Hilfe, wenn Ihr Gamer verbal zustimmt, dass dies wichtig ist.

Ein solcher Dialog könnte folgendermaßen ablaufen:

> **Eltern:** »Danke. Ich weiß es sehr zu schätzen, dass wir jetzt schon einen Monat miteinander reden. Ich habe mich bemüht, von dir zu lernen, und ich habe den Eindruck, dass ich jetzt viel mehr über Gaming weiß. So wie ich es verstanden habe, spielst du deine Spiele vor allem aus den Gründen X, Y und Z. Stimmt das so?«
> **Eltern:** »Jetzt würde ich dir gern ein paar von meinen Gedanken verraten. Möchtest du sie hören? Darf ich dir sagen, was ich denke?«

Warten Sie auf das Ja. Wenn Sie bisher geduldig auf ein Bündnis hingearbeitet haben, dürfte es dem Kind schwerfallen, Ihnen diese Bitte abzuschlagen. Jetzt sind Sie am Zug.

> **Eltern:** »Das sind die Werte, die ich besonders wichtig finde: X, Y und Z. Ich weiß, dass du gern Zeit mit deinen Freunden online verbringst. Gute soziale Kon-

takte haben für mich auch einen hohen Stellenwert. Ich befürchte jedoch, dass ständiges Zocken mit den Freunden nicht ganz dasselbe ist wie gute soziale Kontakte.«

Eltern: »Du hast mir erzählt, dass du X, Y oder Z (zum Beispiel in den Wald gehen, im Park spielen, zum Schachclub gehen) eher ungern machst. Ich bin am Überlegen, was wir tun könnten, damit du mit anderen Leuten leichter klarkommst und dir gleichzeitig deine gegenwärtigen Gaming-Freundschaften erhalten kannst.«

Einander den Ball zuspielen

Als Endergebnis all dieser Gespräche, bei denen Sie zugehört und Wertschätzung gezeigt und der Gamer auch Ihnen zugehört hat, sollten Sie mindestens *ein* gemeinsames Ziel finden. Vielleicht ist es etwas ganz Simples wie: »Wir wollen beide, dass der Streit um die Spielzeit aufhört.« Vielleicht sind Sie sich auch einig, dass neue Kontakte zu Freunden im echten Leben ein lohnendes Ziel wären. Unabhängig von den Zielen muss Ihr Gamer das Gefühl haben, einen wesentlichen Anteil am Prozess zu haben. Am besten funktioniert das mit selbst entwickelten Lösungsansätzen. Diese Strategie ist sogar sehr effektiv – ich spreche davon, dem Kind »den Ball zuzuspielen«.

Die meisten Eltern sind so gut darin, Probleme zu lösen, dass ihre Kinder ihre Ziele quasi von selbst erreichen. Wenn das Kind Klavier spielen möchte, sucht man ihm eine passende Klavierlehrerin, meldet es an und bringt es zum Unterricht. Dasselbe Prinzip gilt für fast alle außerschulischen Aktivitäten. Im Jugendalter und besonders, wenn es um intensives Gaming geht, müssen Sie dem Wunsch nach Unabhängigkeit (nach der Jugendliche sich sehnen und die Gaming ihnen scheinbar vermittelt) nachkommen und diese im realen Leben fördern. Dazu müssen Sie jedoch aufhören, alle Probleme Ihres Gamers zu lösen!

Unser Ziel besteht darin, den jungen Gamern zu Unabhängigkeit zu verhelfen, damit sie ihre Spielgewohnheiten selbst regulieren können. Dabei spielt es eine große Rolle, die eigenen Lösungen der Kinder zuzulassen.

Das fällt Eltern oft nicht leicht. Bei schlechten Schulleistungen springen oft die Eltern ein und wollen dem Kind zum Erfolg verhelfen. Bei mir zu Hause lief das beispielsweise so (und das nicht nur einmal): Ich sagte meinen Eltern, ich müsse kurzfristig ein Projekt für Kunst abgeben (auch wenn die Aufgabe eigentlich schon zwei Wochen alt war), und schilderte ihnen entsetzt, was ich dafür alles noch bräuchte. Aus Beschützerinstinkt ließen meine Eltern kurz vor Geschäftsschluss alles stehen und liegen und rasten mit mir los, um das nötige Material zu besorgen. Abends halfen sie mir noch, die Aufgabe fertigzustellen, und morgens wachten wir alle erschöpft auf. Vielleicht kennen Sie dieses Szenario aus eigener Erfahrung.

Denken Sie bitte darüber nach. Welche Denk- und Verhaltensweisen haben meine Eltern durch ihr gut gemeintes Verhalten bei mir bestärkt?

- Meine Fehler oder das Aufschieben von Aufgaben bleiben folgenlos.
- Es ist akzeptabel, den Eltern etwas in letzter Sekunde zu erzählen.
- Sie lassen alles stehen und liegen, um meine Probleme zu lösen.

Spielen Sie besser Ihrem Kind den Ball zu, indem Sie ein paar Fragen stellen.

Vater: »Seit wann hast du diese Aufgabe?«
Sohn: »Seit zwei Wochen.«
Vater: »Ich wüsste gern, warum du mir nicht früher davon erzählt hast.«
Sohn: »Habe ich vergessen.«
Vater: »Wie viel Zeit solltest du mir sinnvollerweise einräumen, um zu besorgen, was du für diese Aufgabe brauchst?
Und was kannst du tun, um dich an dieses Zeitfenster nächstes Mal besser zu erinnern? Wie sieht dein Zeitplan für die nächste größere Hausaufgabe aus?
Und wie sorgst du dafür, dass du ihn künftig einhältst?«

Diese Strategie eignet sich auch bei der Kontrolle der Hausaufgaben. Viele Eltern überprüfen abends die Hausaufgaben und stellen ihre eigenen Bedürfnisse und Aufgaben zurück, um das dann zu tun, wenn das Kind die Aufgaben fertig hat – egal, wie spät es dann schon ist. Geben Sie dem Kind diese wichtige Verantwortung zurück.

»Ich komme um fünf Uhr nach Hause. Um sechs fange ich an zu kochen. Abendessen gibt es um sieben, und bis die Küche aufgeräumt ist, ist es halb neun. Mir ist wichtig, dass ich einen Blick auf deine Hausaufgaben werfen kann, denn darauf haben wir uns schließlich geeinigt. Wann soll ich das tun? Wir haben vereinbart, dass du spielen darfst, sobald du alle deine Aufgaben fertig hast und ich sie gesehen habe. Wenn ich sie also jeden Tag um Viertel nach fünf anschaue, könntest du ab halb sechs spielen. Wenn du bis dahin nicht fertig bist, geht es erst ab halb neun. Alles klar?«

Entscheidend ist, dass Sie nicht dafür verantwortlich sind, dass bei Ihrem Kind »alles glattläuft«. Lassen Sie sich auf Verhandlungen und Kulanz gar nicht erst ein. Spielen Sie lieber den Ball zurück!

> *»Samstagvormittag habe ich keine Zeit, um deine Hausaufgaben durchzusehen. Wenn du am Samstag spielen willst – wie kannst du dafür sorgen, dass deine Aufgaben am Freitag rechtzeitig fertig sind?«*

Sobald Sie sich mit Ihrem Kind auf ein gemeinsames Ziel oder eine Fähigkeit geeinigt haben, auf die Sie beide hinarbeiten möchten, können Sie die Verantwortung wieder abgeben. Spielen Sie ihm den Ball zu! Verlangen Sie, dass das Kind selbst herausfindet, wie es das hinbekommt. Und signalisieren Sie ihm, dass Sie für seine Vorschläge offen sind, sobald es sich eine Strategie überlegt hat.

> *»Wie möchtest du realistisch einen guten Notendurchschnitt halten? Bitte denk darüber nach und erklär mir dann die einzelnen Schritte so, dass ich sie nachvollziehen kann.«*

Das klingt viel verlangt, aber im Grunde zapfen Sie damit genau eine Fähigkeit an, über die Gamer verfügen: Wenn Sie einem Gamer eine Struktur vorgeben, kann dieser innerhalb dieser Struktur hervorragende Lösungen finden. In einem Videospiel gibt es klare Regeln, und die Spielenden müssen kreativ werden, um Lösungen auszutüfteln. Verhelfen Sie Ihrem Kind zum Erfolg, indem Sie sein »Gamer-Gehirn« ansprechen. Gegen die Spielregeln kann es nicht rebellieren, denn die sind fest programmiert. Aber wenn die Gamer innerhalb der vorgegebenen Struktur Handlungsspielraum erhalten, können sie die Ausgangsbasis so verändern, dass sie am Ende bekommen, was sie wollen. Dem Kind den Ball zuzuspielen, fördert die Unabhängigkeit und vermittelt ihm das gute Gefühl, selbst eine akzeptable Lösung entwickeln zu dürfen.

Vertrauen Sie mir! Der Ansatz: »Hier ist das Ziel. Finde selbst heraus, wie du das erreichst«, ist meist viel effektiver als der Versuch, dem Kind eine bestimmte Lösung aufzuzwingen. So lernt es, dass es selbst die erforderlichen Fähigkeiten hat, um ein Problem zu lösen. Das müssen nicht die Eltern übernehmen. Ihr Gamer wird sich anhören, was Sie sagen – »Du musst es nicht auf meine Weise machen. Hauptsache, es wird gemacht« –, und sich dann selbst dafür verantwortlich fühlen.

Das Kind lernt, dass es selbst die erforderlichen Fähigkeiten hat, um ein Problem zu lösen. Das müssen nicht die Eltern übernehmen.

Nach meiner Erfahrung fällt es den meisten Eltern schwer, die Kontrolle über die Lösungssuche abzugeben. Das verstehe ich. Man wünscht sich verzweifelt, dass das Kind sein Verhalten endlich ändert, und vermutlich hat man eine klare Vorstellung von der schnellsten Lösung. Beißen Sie sich auf die Zunge! Behalten Sie Ihre großartigen Vorschläge für sich. Das ist schwer, aber extrem wichtig. Geduld ist schließlich eine Tugend. Ihr Kind wird sich nicht verändern, nur weil Sie es dazu auffordern. Dauerhafte Veränderung ist viel wahrscheinlicher, wenn das Kind seine eigene Lösung entwickeln kann.

Erwarten Sie keinen prompten Plan zum Erreichen des gemeinsamen Ziels. Vernünftiger ist die Frage nach einem erwartbaren Zeitraum: »Wann möchtest du noch einmal über die Lösungen sprechen, die du dir überlegst?« Dabei sollte Ihnen bewusst sein, dass das Nachdenken und das Festlegen der zeitlichen Schritte länger dauern kann als ein paar Stunden. Lassen Sie Ihrem Gamer ein paar Tage Zeit zum Nachdenken, warten Sie aber auch nicht zu lange. Wenn Sie sich auf ein Ziel verständigt haben, sollte innerhalb einer Woche eine klare erste Strategie vorliegen.

Während Sie auf die Lösungsvorschläge Ihres Kindes warten, sollten Sie die gute und wichtige Arbeit, die Sie bisher geleistet haben, unbedingt fortsetzen. Die Strategien, die Sie in diesem Kapitel gelernt haben – offene Fragen stellen und aktives Zuhören –, werden Ihnen in der folgenden Phase der Kurskorrektur gute Dienste leisten. Denn nun geht es um die Grundlagen für vernünftige Grenzen, die auch eingehalten werden können.

KAPITEL 7

Das Fundament für Grenzen

Tragfähige Alltagsstrukturen

Inzwischen wissen Sie erheblich mehr, nicht nur über die Videospiele, sondern auch darüber, was sie mit dem Gehirn von Kindern und Jugendlichen anstellen und wie sie viele ihrer Bedürfnisse erfüllen. Auch über sich selbst haben Sie mehr herausgefunden, nämlich, warum es so schwer ist, dem Kind zu helfen, und was Sie trotzdem tun können. Sie wissen jetzt, wie Sie über das Zocken ins Gespräch kommen können, und haben erste Schritte gemacht, um mit Ihrem Kind im selben Team zu spielen. So können Sie Ihrem Gamer besser zuhören, und umgekehrt versteht er inzwischen hoffentlich auch Ihren Standpunkt etwas besser.

Doch irgendwann sind der Worte genug gewechselt. Alle Eltern stellen mir irgendwann dieselben zentralen Fragen: *Wie bekomme ich mein Kind vom Bildschirm weg?* Und: *Wann soll ich die Regeln festlegen?*

Wir haben es fast geschafft! In Teil 3 geht es ganz konkret darum, wie man Regeln aufstellt und aufrechterhält. Zuvor jedoch fehlt noch ein kleiner Baustein für ein solides Fundament, auf dem Sie anschließend aufbauen können.

Struktur schaffen

Ein Leben ohne Strukturen ist der perfekte Nährboden für Videospielabhängigkeit.

Dafür gibt es gute Gründe: Gamer neigen dazu, viel aufzuschieben. Ohne eine gewisse feste Struktur füllt das Spielen schnell ihre ganze Zeit aus. Einige Personen, mit denen ich arbeite, sind schon über 20. Bereits am College haben sie zu viel gespielt, aber nach ihrem Abschluss wurde es noch schlimmer. Ohne die Strukturen des Schulalltags fehlte jeder Ankerpunkt für einen normalen Lebensrhythmus. Plötzlich konnten sie 50, 70 oder gar 100 Stunden pro Woche spielen.

Zu den wichtigsten Dingen, die wir unseren Kindern mit auf den Weg geben können, gehört ein Sinn für Struktur, sowohl die Tagesstruktur als auch eine gewisse Struktur im Leben. Mir ist bewusst, dass dies der eben von mir geforderten Unabhängigkeit widerspricht, und mit zunehmendem Alter des Gamers sollte man hier tatsächlich weniger eingreifen. Wer 17-Jährige fragt, ob sie ihre Matheaufgaben erledigt haben, sollte sich mit einem Ja zufriedengeben. Sie sind keine sieben mehr, sondern 17, und das geht mit mehr Eigenverantwortung und Selbstbestimmung für ihre Lernzeit einher. Zu Recht! Wenn 17-Jährige jedoch Probleme haben, ihre Zeit und Energie vernünftig aufzuteilen, müssen wir solche Jugendliche diesbezüglich doch wieder eher wie Siebenjährige behandeln und noch einmal mit ihnen daran arbeiten, sich sinnvolle Strukturen zu geben.

Natürlich ist es nicht leicht, Strukturen festzulegen. Kinder sind schlau und sehr geschickt. Eine Familie, mit der ich gearbeitet habe, glaubte, sie hätten das ausufernde Spielverhalten des Sohnes eingedämmt, nachdem sie dem Zocken klare äußere Grenzen gesetzt hatten. Sie stellten die PlayStation-Konsole ins Wohnzimmer, um tagsüber ein Auge darauf zu haben, und abends schlossen sie das Kabel im Schrank ein und legten den Schlüssel bei sich auf den Nachttisch.

Das Ergebnis können Sie vielleicht erahnen: Der Sohn suchte sich YouTube-Videos, in denen erklärt wurde, wie man Schlösser knackt. Dann schlich er sich Nacht für Nacht nach unten, öffnete unbemerkt das Schrankschloss und stöpselte seine geliebte PlayStation ein. Auf diese Weise saß er oft bis fünf Uhr früh im Wohnzimmer und zockte. Danach zog er das Kabel wieder ab, schloss es ein und ging schlafen. Verständlicherweise bekamen seine Eltern ihn morgens kaum rechtzeitig zur Schule wach, weil er nur noch zwei bis drei Stunden pro Nacht schlief.

Einmal jedoch konnte seine Schwester nicht schlafen und ging im Dunkeln nach unten, um ein Glas Wasser zu trinken. Dort fand sie ihren Bruder an der Konsole vor und verpetzte ihn bei den Eltern. Nichts war gelöst, ganz und gar nichts! Hier lag das Problem darin, dass die Strukturen, die die Eltern dem Jungen vorgegeben hatten, lediglich eine von außen auferlegte Grenze waren. Sie hatten sich nie mit ihm verbündet. Deshalb ist es so wichtig, erst eine gemeinsame Basis zu bauen, ehe wir Grenzen auch nur ansprechen können.

Ohne diese Basis bleiben Sie Gegner in einem Kampf, in dem Sie gegen Ihr Kind zu Felde ziehen. Und in diesem Machtkampf wird das Kind versuchen, jede elterliche Einschränkung zu umgehen.

Das zweite Problem an diesem Versuch der Grenzziehung ist, dass die Grenze lediglich dazu dient, den Zugang zum Spiel zu verhindern oder einzuschränken. Mehr nicht. Es ist besser, Strukturen nicht als Disziplinierungsmaßnahme zu betrachten, sondern als Planungsinstrument.

Schauen wir uns an, wie wir planen und die ganze Familie auf Erfolg polen könnten – angefangen bei uns selbst.

Zuerst selbst eine Struktur entwickeln

Betrachten Sie zuerst Ihre eigene Lebensstruktur. Wenn Ihr Leben unstrukturiert ist, können Sie auch dem Familienleben keine Struktur geben. Sie können von Ihrem Kind zum Beispiel nur verlangen, dass es jeden Tag mit den Hausaufgaben fertig ist, wenn Sie nach Hause kommen, wenn Sie auch wirklich jeden Tag ungefähr um dieselbe Zeit zur Stelle sind. Wenn unser eigener Tagesablauf unvorhersehbar ist, können wir den Tagesablauf des Kindes nicht damit verknüpfen und von ihm erwarten, dass es sich daran hält. Ein strukturloser Haushalt zählt zu den größten Risikofaktoren für unkontrolliertes Gaming.

Wer die Führung übernehmen will, muss auch zuverlässig vorangehen. Das verstehen Eltern sehr schnell. Wenn wir möchten, dass unsere Kinder eine feste Schlafenszeit haben, regelmäßig essen und bestimmte Zeiten für die Familie reservieren, müssen wir ihnen das alles konsequent vorleben. Beziehen Sie beim Grenzensetzen also die bestehenden Strukturen ein. Dazu müssen Sie sich die zeitlichen Abläufe in der Familie zunächst einmal bewusst machen.

Stellen Sie sich dafür die folgenden Fragen:

Wie strukturiert ist Ihr Tagesablauf?

Wie ist die Familie selbst strukturiert?

Stehen Sie normalerweise alle zur selben Zeit auf?

Kommen Sie alle zu einer bestimmten Tageszeit zusammen, oder besteht die Familie sozusagen aus lauter Einzelgängern, die sich nur gelegentlich begegnen?

Nehmen Sie bestimmte Mahlzeiten zusammen ein, wenn ja, welche?

Sie müssen nicht perfekt sein, und ein wenig Flexibilität ist auch wichtig. Die Interessen und Erwartungen aller in Bezug auf einen festen Familienzeitplan unter einen Hut zu bekommen, ist jedoch ein fantastischer Einstieg in mehr Struktur in Ihrer aller Leben. Anstatt dem Kind nun vorzuschreiben, dass es zu einem bestimmten Zeitpunkt aufhört zu spielen und mit den Hausaufgaben loslegt, können Sie darauf achten, dass dieser »bestimmte Zeitpunkt« zum Familienleben passt und dass Sie dann auch wirklich da sind.

Strukturierter Zugang zum Spiel

Wir alle wissen, dass wir nicht noch abends im Bett fernsehen oder am Notebook arbeiten sollen, weil das blaue Licht des Bildschirms den Schlafrhythmus stört. Doch hat es den Anschein, als könnten Kinder heutzutage jederzeit heimlich am Computer zocken, während sie so tun, als schrieben sie einen Schulaufsatz. Seit der Unterricht wegen der Corona-Pandemie zeitweise online stattfand, ist das noch schlimmer geworden. Deshalb sollten Sie Ihr Kind dazu anhalten, Arbeitsumgebung und Spielumgebung zu trennen.

Um den Zugang zum Gaming räumlich zu strukturieren, sollten Sie Folgendes einbeziehen:

Wo spielt der Gamer bisher?

Hat er eine eigene Konsole in seinem Zimmer?

Steht die PlayStation im Wohnzimmer?

Falls Sie vereinbart haben, dass um elf Uhr abends Schluss mit Zocken ist, die PlayStation und der Fernseher aber immer noch im Zimmer des Kindes stehen – was passiert, wenn Sie im Bett sind?

Was machen Sie, wenn das Kind für die Hausaufgaben an den Computer muss?

Erst jetzt können Sie etwas ändern. Studien zufolge sinkt die Spielzeit allein dadurch um 33 bis 50 Prozent, dass man das Gaming aus dem eigenen Zimmer in den Gemeinschaftsbereich verlagert. Wenn es sich so organisieren lässt, dass das Kind die Hausaufgaben auf einem bestimmten PC oder Tablet und seine Spiele an einem anderen Computer ausführt, lässt sich heimliches Spielen, während es angeblich seine Aufgaben macht, effektiv unterbinden.

Und selbst wenn sich Arbeit und Unterhaltung nicht in dieser Form trennen lassen, können Sie unterschiedliche Log-ins festlegen, mit denen sich die Spielzeit überwachen lässt. Oder man arrangiert es so, dass die Hausaufgaben an einem anderen Ort als das Zocken stattfinden, zum Beispiel nach dem Unterricht in der Schulbibliothek oder in der Hausaufgabenbetreuung. Das Kind kommt erst nach Hause, wenn die Aufgaben erledigt sind.

Worauf es dabei ankommt, ist eine mentale und körperliche Herauslösung aus der Welt des Spiels. Erfahrungsgemäß klappt das auch bei College-Studierenden gut. Ich empfehle ihnen, nicht in ihrem Wohnheimzimmer oder Apartment zu lernen, sondern sich dafür in die Unibibliothek zu setzen. Sie sollen erst nach Hause gehen und zocken, wenn sie ihre Lernarbeit fertig haben.

Wenn der Zugang zu einer Bibliothek oder einem Lernraum nicht möglich ist, lässt sich das Kind vielleicht überzeugen, die Hausaufgaben zu Hause in einem Raum zu machen, in dem es normalerweise nicht spielt. Wenn es fertig ist, darf es mitsamt seinem Notebook an den normalen Spielort zurückkehren.

Natürlich finden Kinder heraus, wie sich technische und räumliche Barrieren umgehen lassen. Deshalb ist mir das Verbünden so wichtig – damit unser kluger Nachwuchs mit uns zusammenarbeitet, nicht gegen uns. Gleichzeitig sollte uns bewusst sein, dass das Gehirn und damit auch die Impulskontrolle von Kindern noch nicht voll entwickelt ist. Deshalb müssen wir ihnen die Strukturen geben, die ihnen zum Erfolg verhelfen.

Strukturierter Zugang zu Inhalten

Es gibt ein paar wichtige Dinge, die Sie tun können, wenn es darum geht, *welche Spiele* die Kinder spielen:

- Ermuntern Sie das Kind zur Teilnahme an Multiplayer-Games an Konsolen. Mit Freunden zusammenzuspielen, die körperlich anwesend sind, kann gesünder sein, als im Internet mit anonymen Gegnern zu spielen.
- Nutzen Sie Kindersicherungsfunktionen, um bestimmte Anwendungen oder Spiele zu begrenzen oder zu blockieren. Am Smartphone oder am Computer lässt sich die Bildschirmzeit über Apps begrenzen, oder Sie stellen »Zwangspausen« während der Schulzeit und für die Schlafenszeit ein. Dadurch erfassen die Kinder besser, wie viel Zeit sie wirklich für ein bestimmtes Spiel oder eine App aufwenden.
- Mit Kindersicherungsfunktionen lässt sich auch der Zugang zu bestimmten Spielarten oder unangemessener Sprache einschränken. Das ist besonders bei jüngeren Kindern nützlich.

Solche Beschränkungen eignen sich gut zur Integration in ein Bündnis mit Ihrem Gamer. Im Idealfall entwickeln Sie einen gemeinsamen Plan, und die technischen Sicherheitsvorkehrungen sind nur ergänzende Leitplanken, nicht der Ersatz für echte Einsicht.

Strukturierter zeitlicher Zugang

Es lohnt sich, den Zugang zu Videospielen zeitlich zu strukturieren. Zum Beispiel neigen Gamer zu dem Impuls »Nur noch eine Runde!« und kleben dann bis nach Mitternacht am Bildschirm, wenn man sie gewähren lässt. Schätzungen zufolge ist ein Drittel der Jugendlichen an der Highschool – also die 14- bis 18-Jährigen – unter der Woche regelmäßig bis nach Mitternacht wach. Die meisten Eltern gehen früher zu Bett und können die späten Spielzeiten daher nicht mehr überwachen (die Firewall-Einstellungen sind dabei eine große Hilfe!). Wenn Sie den Internetzugang zu bestimmten Zeiten einschränken, können Sie auch das Multiplayer-Gaming reduzieren, das leicht aus dem Ruder läuft.

Im Idealfall kommt das Kind nach Hause, macht seine Hausaufgaben und erledigt seine sonstigen Pflichten und spielt erst, wenn alles geschafft ist. Aber das ist nicht immer der Fall. Wie wir wissen, fällt es Kindern und Jugendlichen furchtbar schwer, ein Spiel abzubrechen, wenn sie erst einmal angefangen haben. Wenn man das Zocken erst gestattet, nachdem alles Wichtige fertig ist, zeigt sich bald, wie trickreich unser Nachwuchs ist. Da wird hochmotiviert alles hinter sich gebracht, was erforderlich ist, damit man schneller die Konsole anschalten und möglichst lange spielen kann, ehe die Eltern darauf bestehen, das Gerät wieder abzuschalten. Sie werden staunen, wie fix Matheaufgaben und Aufräumen erledigt sind, wenn dadurch eine Extrastunde Spielzeit herausspringt.

Falls Ihr Kind sich jedoch dagegen wehrt, seine Aufgaben zuerst zu erledigen – zum Beispiel, weil es zu Hause erst mal entspannen und alle Pflichten später erfüllen will –, müssen Sie zunächst prüfen, ob das Kind so einen Plan auch einhalten kann, ehe Sie sich darauf einlassen.

Kann es wirklich pünktlich um 17 Uhr das Spiel abschalten und den Kaninchenstall saubermachen oder den Aufsatz schreiben? Wenn nicht, muss der Plan angepasst werden. Ihr Kind kann nach der Schule gern erst mal Pause machen, aber nicht vor dem Bildschirm. In diesem Fall sollten Sie einen möglichst späten Spielbeginn vereinbaren. Bieten Sie Anreize, damit das Kind die vereinbarten Aufgaben erfüllt, bevor es Zugang zu seinen Spielen bekommt. Das Gaming kann eine Belohnung darstellen, wenn alles Erforderliche vom Tisch ist.

Ergänzend sollten wir in unsere Planung einbeziehen, dass das Kind womöglich *anderswo* unbegrenzt zocken kann. Wir können nicht kontrollieren, was andere Eltern erlauben und was andere Familien tolerieren. Wir können jedoch einschränken, wann und wie lange das Kind woanders sein darf, wenn wir befürchten, dass dort zwar liebevolle, aber etwas nachsichtigere Eltern am Ruder sind.

Freizeit draußen verbringen

Wir wissen, dass Kinder vor allem zocken, um ihre Stimmung zu regulieren und ihre Ängste zu besänftigen. Solange sie ihr Spiel haben, müssen sie sich nicht auf eine bestimmte Weise verhalten, und das dämpft unangenehme Gefühle wie Traurigkeit oder Angst. Wir wissen auch, dass Videospiele umso mehr Einfluss auf ihr Gehirn haben, je *mehr* die Kinder spielen. Körperliche Distanz von der Konsole trägt dazu bei, diese Kolonisierung rückgängig zu machen. Deshalb geht es in diesem Abschnitt darum, das Kind aus dem Haus zu locken.

Studien zufolge steigt das Kortisol, unser wichtigstes Stresshormon, bereits an, wenn wir nur im selben Zimmer mit unserem Smartphone sind. Selbst wenn es stummgeschaltet auf einem Tisch außer Reichweite liegt, sind wir gestresster, als wenn es sich in einem anderen Raum befindet. Das heißt, ein Teil unseres Gehirns hat das Gerät auf dem Schirm, auch wenn wir es gar nicht benutzen. Derartige mentale Arbeit ermüdet nachweislich das Gehirn, und bei mentaler Erschöpfung können wir uns schlechter auf die Schule und die Arbeit konzentrieren, weil Konzentration eine gewisse Menge an Willenskraft erfordert. Fazit: Elektronische Geräte zehren unablässig an unserer Willenskraft.

Es reicht also nicht, die Konsole lediglich auszuschalten. Das Kind muss das Haus verlassen und sich körperlich von der Technik »abnabeln«. Es gehört nach draußen, wovon es in mehrfacher Hinsicht profitiert. Im Studium habe ich gelernt, dass die Wadenmuskulatur als »zweites Herz« des Menschen gilt. Wann immer wir die Waden anspannen, pumpen sie automatisch Blut in den Körper zurück. Gehen verbessert auf diese Weise auch die Gehirndurchblutung und erleichtert damit den Abtransport von Abfallprodukten aus dem Gehirn, die uns zu ungesunden Bewältigungsstrategien wie Drogenmissbrauch und Gaming verleiten.

Natürliches Sonnenlicht hat unglaublich positive Wirkungen: Zunächst einmal steuert es unseren circadianen Rhythmus – wer tagsüber Sonne bekommt, ist nachts angenehm müde. Außerdem produziert die Haut bei Kontakt mit Sonnenlicht Vitamin D, das eine schützende Wirkung gegen Depressionen entfaltet und obendrein unser Energieniveau erhöht.

Es gibt faszinierende Untersuchungen dazu, welchen Einfluss mehr Zeit in der Natur auf den Menschen hat. Zum Beispiel weiß man heute, dass Pflanzen sogenannte Aerosole ausscheiden.

Wenn wir eine Pflanze riechen, reduzieren diese chemischen Stoffe unsere Angst und verbessern die Stimmung. Wenn unsere Kinder also im Freien die Natur erleben, gehen gewisse problematische Aspekte, die sie durch Gaming unterdrücken, von selbst zurück: Weniger Depressionen und weniger Angst verringern das Bedürfnis, zu spielen. Unterschätzen Sie also nie die Macht der Natur!

Versuchen Sie, Ihr Kind täglich ins Freie zu bugsieren. Am besten arbeiten Sie sich dazu in kleinen Schritten vor, bis es mindestens fünf Stunden in der Woche sind (und irgendwann viel mehr!). Diese Vorgehensweise reduziert durch positive Rückkopplung die Spielzeit nach und nach immer weiter.

Vor einiger Zeit haben wir in unserer *Healthy-Gamer*-Community eine neue Challenge ausgerufen, die »Touch-Grass-Challenge«. Dabei haben wir Online-Gamer dazu aufgefordert, mehr Zeit im Freien zu verbringen. Es war eine einmonatige Aktion, bei der sie Punkte sammeln konnten, indem sie Fotos davon teilten, wie sie draußen etwas machten, ob im Park meditieren, schwimmen gehen oder Brombeeren pflücken. Es nahmen über 10 000 Menschen aus insgesamt 118 Ländern daran teil.

Wir untersuchten genau, was sie in der Natur taten, aber auch wie es ihnen bei diesen Aktivitäten ging, und wollten von ihnen wissen, ob sie an diesen Dingen Spaß hätten. Die breite Mehrheit bejahte dies.

Wir fragten sie auch danach, ob sie neben der Aktion noch mit ihren Gaming-Kumpels zocken konnten. Auch dies wurde bejaht, was beweist, dass eine Reduzierung der Spielzeit ihren Online-Freundschaften nicht schadete.

Und zuletzt fragten wir, ob die Gamer während dieser vermehrten Zeit im Freien eigentlich lieber drinnen gezockt hätten. Diese Frage wurde mehrheitlich klar verneint, was ein toller Beleg für den Erfolg der Challenge war.

Insgesamt ging dabei das schädliche Spielverhalten zurück, in manchen Fällen sogar deutlich. Die Teilnehmenden zockten weiterhin, aber sie waren besser in der Lage, damit aufzuhören, ehe das Spielverhalten problematisch wurde.

Kinder scheinen furchtbar gern in einem abgedunkelten Zimmer zu zocken. Wie können Sie ein Kind nun dazu bringen, im wahrsten Sinne des Wortes »die Jalousien zu öffnen«?

Gehen Sie anfangs mit ihm raus. Setzen Sie mehr Familienaktivitäten im Freien an – eine kleine Wanderung mit dem Hund, eine Runde Federball im Garten oder eine Fahrradtour zum Eiscafé. Falls derartige Optionen nicht in Frage kommen, können Sie vielleicht wenigstens den Schreibtisch des Kindes ans Fenster rücken oder einen gemütlichen Platz im Wintergarten einrichten, damit es mal wieder Bäume und Grün sieht.

Schon eine halbe Stunde, die die Familie täglich zusammen draußen verbringt, kann auf Dauer einen Riesenunterschied machen. Denken Sie immer daran: Wenn Sie den Kurs des Schiffes um nur ein Grad verändern, landen Sie zehn Stunden oder zehn Tage später an einem vollkommen anderen Ort.

TEIL 3

Handeln

Das neue Wissen umsetzen

Endlich ist es so weit! Jetzt geht es daran, neue Grenzen festzulegen und einzuführen. Doch ich möchte Sie warnen: Sobald Sie damit anfangen, werden Sie auf Widerstand stoßen. Deshalb gehen wir auch in Teil 3 schrittweise vor. In Kapitel 8 befassen wir uns zunächst mit dem Grundgerüst eines guten Plans zum Grenzenziehen.

Kapitel 9 hilft dann dabei, einen Plan zu schmieden und ihn gemeinsam mit Ihrem Gamer durchzuziehen, indem Sie einen Punkt finden, über den Sie sich einig sind, auch wenn momentan keiner von Ihnen so richtig glücklich damit ist. Aber eine Übereinkunft, wie Sie gemeinsam weiterkommen wollen, ist ein Schritt von elementarer Bedeutung. Das bedeutet, dass es in die richtige Richtung geht.

Um diesen Plan zu verabschieden und dann auch umzusetzen, müssen Sie Ihr Kind jedoch unbedingt einbeziehen. Sie müssen berücksichtigen, was ihm wichtig ist, worauf es Wert legt, denn es muss ein *gemeinsamer* Plan werden. Wenn Sie sich im jetzigen Stadium noch nicht auf eine Vorgehensweise einigen können, kann Kapitel 10 Ihnen helfen, mit dem unausweichlichen Widerstand besser umzugehen und die klassischen Fallstricke bei der Durchsetzung der Grenzen zu meistern, von denen ich so oft höre.

Selbst wenn Sie bis hierhin alles richtig gemacht haben, ist der Widerstand des Kindes praktisch vorprogrammiert, sobald Sie beim Gaming neue Grenzen setzen wollen. Wer also erst Kapitel 10 lesen will, um sich schon mal für alle Probleme zu rüsten, nur zu! Oder Sie lesen einfach weiter und markieren das Kapitel mit einem Post-it, sobald Sie so weit sind. Denn es wird Widerstand geben, immer und immer wieder, aber mit der Zeit werden Sie ihn immer besser verstehen und besser damit klarkommen.

Unser zentrales Anliegen in Teil 3 besteht darin, das Kind dazu zu bewegen, uns zuzuhören. Wir können stundenlang gute Strategien für sinnvolle Grenzen entwickeln, doch wenn unsere Kinder auf Durchzug schalten, kann der beste Plan der Welt nichts helfen. Am besten gehen Sie also anhand der folgenden Schritte vor und lernen dabei, Ihr Kind einzubeziehen. So wird es allmählich einfacher, Grenzen zu ziehen und sie auch durchzusetzen.

KAPITEL 8

Die Bausteine für einen erfolgreichen Plan

Grenzen zu setzen, ist eines der wichtigsten Instrumente in unserer Werkzeugkiste, um Kindern zu einem gesünderen Umgang mit Computerspielen zu verhelfen. Dabei sollten wir jedoch nie vergessen, dass Grenzen nicht das eigentliche Ziel sind, sondern *Meilensteine*. Im *Healthy-Gamer*-Konzept kommt es darauf an, dass diese Meilensteine von Beginn an sauber definiert sind, damit Sie hinterher nicht wieder einknicken oder mit dem Kind ständig neu darüber diskutieren müssen. Dazu müssen Sie verstehen, aus welchen Bausteinen sich ein solider Plan zusammensetzt und wie man bei dessen Erstellung mit Erwartungen umgehen sollte – den eigenen und denen des Kindes.

Klein anfangen

Wie viele Grenzen haben Sie in den letzten Wochen, Monaten oder gar Jahren zu Hause schon gezogen? Und wie viele davon haben sich am Ende als unhaltbar erwiesen oder sind am Widerstand des Kindes gescheitert?

Wenn einmal erklärte Grenzen nicht durchsetzbar sind oder wenn wir zu schnell wieder davon abrücken, weil die Entwicklung insgesamt »in die richtige Richtung« geht, lernen Kinder, dass Grenzen unscharf sind und problemlos übertreten oder irgendwann völlig ignoriert werden können. So eine Dynamik untergräbt sowohl die Beziehung als auch das Ziel (dass Ihr Gamer weniger spielt).

Grenzen sind nicht das Ziel, sondern Meilensteine. Diese Meilensteine müssen von Beginn an sauber definiert sein, damit Sie hinterher nicht wieder einknicken oder mit dem Kind ständig neu darüber diskutieren müssen.

Häufig besteht das Problem darin, dass unsere Ziele zu ehrgeizig sind. Sie sind oft schon keine Ziele mehr, sondern irrationale Wunschlisten. Deshalb lautet mein Rat: Klein anfangen und auf den Erfolgen aufbauen. Äußern Sie keine Maximalforderungen (»Lauter Einser in der Schule, pünktlich ins Bett, jeden Abend mit der Familie essen«), sondern überlegen Sie, was im nächsten Halbjahr wirklich realistisch ist.

Denken Sie an eine Diät: Niemand nimmt von jetzt auf gleich 20 Kilo ab. Ein gesunder Gewichtsverlust verläuft langsam und stetig – ein halbes Kilo pro Woche reicht völlig. Veränderungen mit gesunden, nachhaltigen Ergebnissen brauchen ihre Zeit und fallen deshalb weniger auf.

In Bezug auf realistische Grenzen empfehle ich die 25-Prozent-Regel. Wenn Sie anstreben, dass die ganze Familie jeden Abend zusammen isst, ist das ein großes Ziel – besonders, wenn Sie momentan *keinen* Abend alle zusammen am Tisch sitzen. Ein Sprung von null auf sieben klingt ziemlich unrealistisch. Wie wäre es also mit der Hälfte, also jeden zweiten Tag? Und dann nehmen Sie davon noch einmal die Hälfte, dann sind es aufgerundet noch zwei Tage in der Woche.

Dass alle zweimal pro Woche abends zusammen essen, sind 25 Prozent des angestrebten (und zu hoch gesetzten) Ziels. Bei all den außerschulischen Aktivitäten des Kindes und dem vollen Zeitplan der Eltern sind vielleicht schon zwei Abende nicht so einfach zu realisieren, bis die Familie sich damit arrangiert hat und es zur Gewohnheit wird. Das ist ein Grund mehr, klein anzufangen und diesen Wunsch womöglich auf einmal die Woche herunterzuschrauben – mit dem Plan im Hinterkopf, im nächsten Monat zwei Abende anzupeilen. Ich weiß, das zieht sich, aber es ist die sicherste Methode, um am Ende wirklich regelmäßig mit allen an einem Tisch zu sitzen. Und wenn Sie ein solches realistischeres Ziel erreichen, gibt Ihnen das den nötigen Rückenwind, allmählich auf mehrere gemeinsame Abende hinzuarbeiten, von denen am Ende alle profitieren.

Auch bei ungesundem Spielverhalten ist die 25-Prozent-Regel unser bester Freund. Sagen wir mal, Ihre Tochter zockt momentan an jedem Wochentag vier Stunden. Sie möchten diese Zeit aber auf maximal eine Stunde pro Tag begrenzen. Damit liegen Sie und Ihre Tochter weit auseinander. Für den Anfang könnten Sie sich auf 25 Prozent weniger Spielzeit einigen – als erste definierte Grenze. Die Tochter darf ab jetzt also drei Stunden am Tag spielen. Aus ihrer Sicht ist das ein großes Zugeständnis, aus elterlicher Sicht reicht es nicht aus. Aber es ist ein Anfang! Mit der Zeit – nach dem ersten Fortschritt – kann man solche Grenzen enger ziehen und dem eigentlichen Ziel näher kommen.

Den eigenen Zeitplan einbeziehen

Grenzen durchzusetzen, erfordert dauerhaften Einsatz und Monate, vielleicht sogar ein Jahr unseres Lebens. Ihr Plan sollte also nicht nur vorübergehend oder unter idealen Voraussetzungen funktionieren. Beziehen Sie deshalb bitte auch ein, wie Sie unter starkem Stress reagieren, und überlegen Sie, wie Sie die angedachten Grenzen unter solchen Umständen durchsetzen können.

Die Spielgewohnheiten Ihres Kindes im Auge zu behalten, ist wahrscheinlich nur ein Punkt auf der langen Liste Ihrer Aufgaben. In der Regel gibt es weitere familiäre und berufliche Verpflichtungen, Geschwisterkinder, Hausarbeit und das tägliche Kochen. Alleinerziehende oder Eltern, die beide beruflich stark eingespannt sind, haben es noch schwerer.

Deshalb müssen Sie die neuen Regeln für das Gaming Ihres Kindes so festlegen, dass sie auch zu Ihrem eigenen Zeitplan passen. Achen Sie darauf, dass es möglichst viele Berührungspunkte (in Form von kleinen Interaktionen zwischen Ihnen und Ihrem Gamer im Tagesverlauf) gibt, damit Ihr Kind sich auch wirklich an Ihre Übereinkunft hält. Und je stärker Sie auf Kontrolle setzen, desto mehr Berührungspunkte zum Kind brauchen Sie, um diese Überwachung durchzuziehen.

Wenn zum Beispiel die Hausaufgaben immer bis 17 Uhr fertig sein sollen, müssen Sie auch regelmäßig um diese Zeit präsent sein, damit Sie diese Vorgabe überwachen können. Wenn Sie um fünf jedoch oft noch im Büro sind, um diese Zeit häufig virtuelle Meetings haben oder Sie auf dem Weg zum Sport sind, passt diese Regel nicht zum Familienalltag.

Wenn Sie trotzdem diese Regel durchsetzen wollen, zum Beispiel damit alles vor dem Abendessen erledigt ist oder weil Sie wissen, dass das Kind sonst alles aufschiebt, später aber keine Energie mehr hat, könnten vielleicht andere Personen wie Großeltern oder die Babysitterin der jüngeren Geschwister bei der Kontrolle einspringen. Grundsätzlich empfehle ich jedoch, bei den Veränderungen, die Sie sehen wollen, selbst dranzubleiben. Dazu müssen Sie vielleicht Ihre eigenen Gewohnheiten anpassen – oder die Regel »alles fertig bis fünf« gehört noch mal auf den Prüfstand.

Wie ist das nun mit Grenzen für spätes Spielen? Wer vor dem Kind ins Bett geht, muss sich überlegen, wie es die Grenzen danach einhalten soll. Sofern die Spielkonsole im Kinderzimmer steht, ist es nahezu unmöglich, das nächtliche Zocken zu unterbinden. Unter Umständen hilft eine Überwachungssoftware am Router, die den Internetzugang einschränkt, ob über IP-Adressen oder über die zulässige Bandbreite.

Gehen Sie dabei jedoch achtsam vor. Wer sich entscheidet, die vereinbarten Grenzen technisch durchzusetzen, muss dem Kind das vorab mitteilen. Ansonsten wird es das natürlich merken und zur Gegenwehr übergehen. Jugendliche lernen nicht nur, Schlösser zu knacken, um mitten in der Nacht an ihre Konsole zu kommen. Wenn die Eltern den Router umprogrammieren, ohne ihren Gamer einzubeziehen, provozieren sie damit eskalierendes gegenseitiges Austricksen. Eine solche Atmosphäre ist zu Hause nicht wünschenswert, und obendrein könnten Sie in der Technikschlacht leicht den Kürzeren ziehen. Wenn die nächtliche zeitliche Grenze also unrealistisch ist oder Sie sich diesen Kampf einfach nicht antun wollen, sollten Sie damit gar nicht erst anfangen. Beginnen Sie lieber kleinschrittig, zum Beispiel mit Grenzen, die sich tagsüber durchsetzen lassen.

Fazit: Grenzen und Regeln lassen sich nur kontrollieren, wenn der eigene Zeitplan es zulässt. Eine Grenze, die Sie nicht durchsetzen können, lehrt das Kind, Ihre Worte zu ignorieren. Überprüfen Sie also zuerst Ihre Ressourcen. Was können Sie realistisch durchsetzen? Und dann stecken Sie die Grenze entsprechend ab.

Es geht darum, dass das Kind lernt, dass Sie wirklich ernst meinen, was Sie sagen. Wenn unsere Kinder das begreifen, hören sie uns besser zu. Am besten funktioniert das, indem Sie ein gut überlegtes Limit auswählen, das Sie hundertprozentig durchhalten können.

Grenzen und Regeln lassen sich nur kontrollieren, wenn der eigene Zeitplan es zulässt. Eine Grenze, die Sie nicht durchsetzen können, lehrt das Kind, Ihre Worte zu ignorieren. Überprüfen Sie also zuerst Ihre Ressourcen. Was können Sie realistisch durchsetzen? Und dann stecken Sie die Grenze entsprechend ab.

Die Hebel definieren

Worüber wir bisher gesprochen haben, sind letztlich die Hebel, die Sie einsetzen können, um Grenzen vorzugeben, festzuzurren und dann durchzusetzen. Ein vernünftiger, gut abgerundeter Plan bietet dafür viele Hebel.

Der erste ist die Bekanntgabe der neuen Regel oder Grenze. Dabei gibt es kein Richtig oder Falsch. Wichtig ist nur, dass Sie wissen, was Sie verlangen. Dabei sollten Sie folgende Elemente berücksichtigen:

- Welche Spiele sind erlaubt?
- Wollen Sie eine maximale Spielzeit pro Tag oder pro Woche festlegen?

- Darf am Wochenende gezockt werden bis in die Puppen?
- Was gilt bei Freunden, besonders wenn die Regeln dort ganz anders sind?
- Wollen Sie Uhrzeiten abstecken, vor oder nach denen nicht gespielt wird?
- Wollen Sie die Begleitumstände festlegen, zum Beispiel vor oder nach bestimmten Aufgaben?
- Oder sind die Grenzen nicht von Uhrzeit oder Umständen abhängig, sondern gelten nur bei Erfüllung bestimmter Bedingungen? (Beispiel: »Du kannst spielen, so viel du willst, aber du musst sicherstellen, dass du in Physik und Chemie mindestens eine Zwei bekommst.«)

Außerdem müssen Sie überlegen, welche Konsequenzen es hat, wenn eine einmal festgelegte Grenze nicht eingehalten wird. Werden Sie konkret, denn »Dann ist Schluss mit Computerspielen« ist keine sinnvolle Konsequenz. Denken Sie bei Sanktionen in eine andere Richtung:

- Gar nicht spielen, aber für wie lange?
- Vielleicht gibt es als Sanktion keine neuen Spiele oder keine neue Technik mehr.
- Keine Online-Spiele. Alleine spielen ist noch gestattet, aber nicht die Teilnahme an der vertrauten Community.
- Kein Spielen mehr im eigenen Zimmer. Es gibt nur ein System, und das kommt ins Wohnzimmer, wo alle das Gaming mitbekommen.

Leistungsindikatoren festlegen

Der Begriff »Leistungsindikatoren« klingt hochgestochen, doch es geht dabei im Grunde um ganz konkrete Erfolge, die zeigen, dass die Grenzen und Ziele erreicht wurden.

Denken Sie zurück an die Zeit, als die Kinder noch klein waren und Sie sich bemühten, sie morgens rechtzeitig zur Schule zu schicken. »Schuhe an, Jacke an, Turnbeutel nicht vergessen, Abmarsch!« Und prompt hing der Haussegen schief. Kinderärzte raten gern dazu, hier einen kleinen Trick anzuwenden. Jüngere Kinder lieben es, die Wahl zu haben (oder zumindest das Gefühl, sie zu haben). Anstatt dem Kind diverse Anweisungen zu geben, sollten wir es fragen, ob es lieber erst die Schuhe anziehen will oder erst die Jacke. Letztlich braucht es natürlich beides, aber das Kind darf bestimmen, womit es anfangen will. Es kann die Reihenfolge festlegen, und das vermittelt ihm eine gewisse Autonomie. Doch am Ende muss es alles Nötige erledigen, um zur Tür hinauszugehen, und allen Beteiligten geht es gut damit.

Diese Vorgehensweise lässt sich auch für das gewünschte Verhalten bei Gamern einsetzen. Arbeiten Sie zusammen, nicht gegeneinander. Entwickeln Sie gemeinsam einen Aktionsplan, in dem nicht nur die Eckpunkte festgelegt sind, sondern auch die Reihenfolge, in der Sie diese gemeinsam angehen: »Welche Schulnoten solltest du deiner Meinung nach mindestens halten?«, oder: »Es ist wichtig, dass du Sport machst, andere Leute triffst, etwas mit der Familie machst und gewisse Pflichten übernimmst. Womit möchtest du anfangen?«

Das sind Beispiele für Kennzahlen, an denen sich ablesen lässt, ob Ihr Plan gut oder schlecht läuft.

Vielleicht soll Ihr Gamer:

- gute schulische Leistungen erbringen
- seinen Anteil an der Hausarbeit erledigen
- einen vereinbarten Tagesrhythmus einhalten
- an Familienaktivitäten teilnehmen
- jeden Tag Sport machen
- unter Leute gehen
- sich insgesamt angemessen benehmen
- finanzielle Verantwortung übernehmen

Je nach Konstellation fängt man vielleicht mit nur einem Ziel an. Bei größerem Ehrgeiz könnten Sie in mehreren dieser Kategorien ein Ziel festlegen.

Denken Sie dabei an die 25-Prozent-Regel. Wenn Ihr Gamer zuletzt im Kindergartenalter Fußball gespielt hat, ist ein Zehn-Kilometer-Lauf am nächsten Wochenende keine realistische Option. Stellen Sie fest, wo er steht, überlegen Sie, wo er hinsoll, und vereinbaren Sie dann ein Ziel im Bereich der 25-Prozent-Marke. In Bezug auf Computerspiele konzentrieren sich die meisten Eltern, die wir beraten, auf das angestrebte Endziel. Erfolg versprechender ist es, sich auf das zu konzentrieren, was ein realistischer Einstieg ist.

Meilensteine festlegen

Eine Einigung auf konkrete messbare Ergebnisse kann Ihnen helfen, Meilensteine festzulegen. Solche Meilensteine sind *geplante Bestandteile* des Plans, auf die man sich vorab einigt, damit beide Parteien wissen, was sie erwarten dürfen. Sie haben große Bedeutung für das Gelingen Ihres Plans. Zum Beispiel können Sie konkrete Belohnungen in Aussicht stellen, mit denen das Kind rechnen kann, solange es auf dem richtigen Weg ist.

Wie Sie wissen, steigt der Widerstand des Kindes proportional zum Mangel an Struktur. Wenn das Kind der Meinung ist, es hätte die Konsequenzen nicht kommen sehen, werden Sie das lautstark zu hören bekommen! Wenn es sich hingegen auf etwas freuen kann, wird sich der ganze Prozess weniger unfair oder gemein anfühlen, und das Kind kann sein Verhalten besser regulieren. Wenn Sie also eine Grenze festlegen, sollten Sie immer Meilensteine einbauen, an denen diese Grenze neu überprüft wird. Der Widerstand wird geringer sein, wenn Ihr Gamer weiß, dass die neuen Grenzen nach einem bestimmten Zeitraum überprüft werden (je früher, desto besser, zumindest aus seiner Sicht), und wenn Sie sich an diese Zusage halten.

Das ist ähnlich wie bei Mahlzeiten: Wenn Sie bestimmen, dass Ihr Kind nie wieder Nachtisch bekommt, ist das kaum durchsetzbar. Wenn Sie aber festlegen, dass es eine Woche keine Süßigkeiten bekommt und dass Sie nach einem bestimmten Ereignis noch einmal darüber reden (wenn es zum Beispiel sieben Tage lang sein Gemüse gegessen hat), dürfte das Kind deutlich kooperativer sein.

Meilenstein 1: Wöchentliche Besprechungen

Nachdem wir uns auf konkrete »Leistungsindikatoren« geeinigt haben (und auf die Konsequenzen bei Nichteinhaltung), brauchen wir einen regelmäßigen Besprechungstermin – wie bei der Beurteilung von Teammitgliedern. Dieser Termin ergänzt das kurze abendliche Abchecken, ob die anstehenden Aufgaben erledigt wurden, und ermöglicht es, jede Woche konkret darüber zu reden, wie sich die Vereinbarung insgesamt bewährt.

Als wir anfingen, das Bündnis mit unserem Kind zu schmieden, ging es bei unseren wöchentlichen Gesprächen vor allem ums Dazulernen. Sobald wir neue Grenzen einführen, dienen die Wochenbesprechungen der Überprüfung, ob der Plan funktioniert.

Sind wir auf dem richtigen Weg? Ist das Kind frustriert? Wenn ja, worüber? Sind wir mit seinen Fortschritten zufrieden? Inwiefern wäre ein Nachjustieren sinnvoll, um weiterzukommen?

Bleiben Sie bei der bisherigen Gesprächskultur. Besprechen Sie zunächst, wie es läuft, und bemühen Sie sich mit offenen Fragen und aktivem Zuhören um Verständnis.

Die wöchentlichen Besprechungen können Sie anfangs mit den folgenden Fragen einleiten:

- Wie ist es diese Woche gelaufen?
- Was war schwer für dich?
- Was hat dir diese Woche gefallen?
- Wie war deine Spielerfahrung?
- Was denkst du über deine Aufgaben, deine schulischen Leistungen?

Nachdem Ihr Gamer darauf geantwortet hat, können Sie ihm spiegeln, was Sie gehört haben. Und hören Sie gut zu! Es geht um die Perspektive Ihres Gegenübers, nicht um Richtig oder Falsch. Tappen Sie nicht in die Falle, Ihr Kind von Ihrer Wahrnehmung überzeugen zu wollen.

Teilen Sie vielmehr sachlich Ihren Eindruck mit, wie es gerade läuft, und bitten Sie umgekehrt um Rückmeldung, was das Kind gehört oder verstanden hat. Wenn Sie sich bisher beim aktiven Zuhören gut geschlagen haben, sollte es sich diese Technik inzwischen abgeschaut haben. Sie könnten bei den Gesprächen:

- Erzählen, wie Sie die Woche erlebt haben.
- Sagen, worauf Sie stolz waren und was Ihnen schwergefallen ist.
- Loben, was Ihrer Meinung nach gut gelaufen ist.
- Erwähnen, was Ihrer Meinung nach besser werden muss.

Denken Sie daran, dass Sie zwar grundsätzlich am Plan festhalten sollten, dass jedoch nicht alles in Stein gemeißelt ist. Sie lernen beide ständig dazu. Also kann es nötig sein, die Planung auf die Dauer anzupassen. Eventuell brauchen Sie in der Familie mehr Flexibilität, oder vielleicht sollte das Kind sogar wieder mehr spielen dürfen. Oder Sie brauchen mehr Stringenz, weil die angestrebten Ziele mit den bisherigen Regeln nicht erreichbar sind. Solche Anpassungen müssen aber immer klar kommuniziert werden, damit der Gamer sie nicht als unfaire Härte oder zu große Nachsicht missversteht. Sagen Sie, was Sie denken und wie Sie darauf kommen, und ändern Sie dann etwas.

Meilenstein 2: Belohnungen

Die zweite Sorte Meilensteine, die wir einpreisen sollten, sind Belohnungen. Was darf Ihr Kind erwarten, wenn es seine Sache einen ganzen Monat gut macht, also die wöchentlichen Besprechungen vier Mal nacheinander positiv ausfallen? Und welche Belohnung winkt nach drei Monaten?

Die meisten Gamer wünschen sich spielbezogene Belohnungen für Wohlverhalten oder erreichte Ziele: mehr Spielzeit oder ein neues Spiel. Weitaus besser wäre es, eine nicht spielbezogene Belohnung zu versprechen. (Süßigkeiten sind zum Beispiel gut geeignet, weil sie in der Regel schnell aufgebraucht sind, wohingegen ein neues Spiel bleibt). Zudem könnte eine Belohnung in Form von leichterem Zugang zum Spiel das Gaming zusätzlich aufwerten, was kontraproduktiv wäre.

Nehmen wir einmal an, es ginge bei der Belohnung um einen neuen Computer. Wenn die bisherigen Gespräche über eine Verhaltensänderung gut verlaufen sind, wäre es absolut verzeihlich (und total normal!), wenn Sie diese Fortschritte nicht entwerten wollen, indem Sie die Bitte um einen neuen Computer rundheraus abschlagen. Nutzen Sie lieber die erlernten Strategien.

Am Anfang steht auch hier das offene Gespräch:

»Warum möchtest du einen neuen Computer?«

»Wie dringend ist das?«

»Was können wir in Bezug auf deine Noten und das Einbringen in die Familie von dir erwarten, wenn du ihn bekommst?« (Den Ball zuspielen!)

Es schadet nichts, mehr Spielzeit oder materielle Belohnungen (eine neue Konsole, ein neues Spiel) zuzusagen. Ihr Kind sollte jedoch begreifen, dass Ihr Ja oder Nein zu diesem Wunsch von dem Verhalten abhängt, das es ab jetzt an den Tag legt. Erkennen Sie in diesem Gespräch unbedingt an, dass die Sache bisher sehr gut läuft und dass Sie sehr froh darüber sind. Falls es um eine spielbezogene Belohnung geht (wie den Wunsch nach einem neuen Computer), ließe sich besprechen, ob bei dessen Nutzung ein Wechsel vom Inhabermodell zum Zugriffsmodell denkbar ist, bei dem der Zugriff auf den neuen Computer von bestimmten Parametern abhängt. Wenn das Kind weiter so gut mitmacht wie bisher, bekommt es Zugriff auf den neuen Computer. Für Erwachsene klingt das fair, für das Kind nicht unbedingt. Sie müssen sich auf einigen Gegenwind gefasst machen und *akzeptieren, dass Ihr Kind sauer reagiert.*

Denken Sie auch daran, dass spielbezogene Belohnungen nach hinten losgehen können. Wenn das Kind zum Beispiel einmal eine Extra-Spielzeit bekommen hat, fällt es ihm am nächsten Tag sehr schwer, wieder früher aufzuhören. Wie bei den Meilensteinen entlang des Weges muss man solche Vorgaben vorher aushandeln. Fest verankerte Meilensteine fördern langfristig das Gefühl, etwas geschafft zu haben und dafür belohnt zu werden, ohne dass die Grenzen darunter leiden. Das Kind lernt, im Verlauf des Prozesses mit Belohnungen zu rechnen, die auf Bedingungen beruhen, die bei der Erstellung des Plans besprochen wurden. Fast wie bei einem Videospiel.

Beziehen Sie auch spielunabhängige Belohnungen von Meilensteinen ein. Vielen Eltern sind verständlicherweise die schulischen Leistungen ihres Kindes sehr wichtig. Die Konzentration auf die Zeugnisnoten kann ein Ziel sein, das dem Kind aber im Moment sehr weit weg vorkommt. Probieren Sie es mit einer Kombination und stellen Sie unterwegs Meilensteine auf: Wenn das Kind zum Beispiel eine Eins nach Hause bringt, darf es am Wochenende an einem Tag spielen. (Überlegen Sie vorher, wie viele Klassenarbeiten oder Klausuren im Laufe des Halbjahrs anfallen und ob das in Ihren Augen eine sinnvolle Belohnung wäre!)

Oder es braucht am Wochenende nichts für die Schule zu tun, wenn es unter der Woche alle Aufgaben schon bis Donnerstag fertig hat. Zu den Mahlzeiten muss es trotzdem erscheinen und auch seinen Anteil an der Hausarbeit machen, aber wenn am Donnerstag alles erledigt ist, darf es am Wochenende zocken.

Denken Sie unbedingt daran, dass sowohl die Grenzen als auch die in Aussicht gestellten Belohnungen umsetzbar sein müssen.

Meilenstein 3: Unangenehme Folgen

Die dritte Kategorie von Meilensteinen sind die unangenehmen Folgen. Was passiert, wenn die Noten weiter nach unten gehen? Inwiefern wird das Gaming dann stärker eingeschränkt? Unangenehme Folgen sind dabei nicht dasselbe wie Strafen, sondern eher Fahrbahnbegrenzungen. Sie dienen dazu, dass das Kind in der Spur bleibt.

Achten Sie beim Besprechen von Konsequenzen darauf, dass das Kind sie gut versteht. Machen Sie auch deutlich, dass Sie unbedingt zusammenarbeiten wollen, damit diese Folgen *nicht eintreten*. Sie haben sich beide fest vorgenommen, dazuzulernen, um die derzeitige Situation zu verändern. Es ist dabei unerlässlich, dass Ihr Kind bestimmte Dinge schafft, die für ein gesundes, erfolgreiches Leben notwendig sind. Darum müssen auch unangenehme Folgen auf den Tisch.

Die Konsequenzen, die Sie ankündigen, hängen einerseits vom Alter Ihres Gamers ab und andererseits davon, ob Sie sie durchziehen können. Bei jüngeren Kindern und Jugendlichen, die auf die Fahrdienste der Eltern angewiesen sind, können Eltern noch diese Karte ausspielen. Mit zunehmendem Alter und mehr Unabhängigkeit wird das kniffliger.

Hier sind ein paar Möglichkeiten, die sich als zweckdienlich erwiesen haben:

- die erlaubte Spielzeit absenken
- den Zugang zu einer speziellen Konsole einschränken (zum Beispiel keine Online-Spiele)
- mehr häusliche Pflichten
- keine Übernachtungen außer Haus; Einschränkung von sozialen Aktivitäten
- begrenzter Zugang zum Smartphone (nur noch SMS und Anrufe), im Extremfall Smartphone-Entzug
- eingeschränkter Zugang zu oder Blockierung bestimmter Apps, Websites oder Social Media

Der individuelle Plan

Sobald Sie die Leistungsindikatoren und Meilensteine geklärt haben, können Sie darangehen, einen individuellen Plan zu entwickeln. Wie Ihr Kind darüber denkt, werden Sie schon bald erfahren. Zuvor jedoch sollten Sie die eigenen Voraussetzungen in Bezug auf Zeitplan und Durchsetzungsfähigkeit realistisch überprüfen.

Sie wollen neue Spielregeln einführen, die den Weg zum Erfolg bahnen. Auch wenn es momentan vielleicht nicht so aussieht – die jungen Gamer wollen diesen Erfolg genauso wie ihre Eltern. Achten Sie also darauf, dass er für sie erreichbar ist.

> Sie wollen neue Spielregeln einführen, die den Weg zum Erfolg bahnen. Auch wenn es momentan vielleicht nicht so aussieht – Gamer wollen diesen Erfolg genauso wie ihre Eltern. Achten Sie also darauf, dass er für sie erreichbar ist.

Bei der Planung ist es sehr wichtig, Verhaltensweisen zu definieren, die absolut inakzeptabel sind. Falls Ihr Kind dieses Verhalten an den Tag legt, können Sie sein Gaming nicht einschränken, ohne sich vorher darüber einig zu werden, welche Dinge auf beiden Seiten ab sofort nicht mehr vorkommen dürfen. Vielleicht brauchen Sie dazu professionelle Hilfe (in Teil 4 werden Szenarien geschildert, in denen therapeutische Unterstützung erforderlich sein kann).

Was nicht akzeptabel ist, ist individuell sehr unterschiedlich. Im Laufe der Jahre habe ich bei vielen Familien jedoch einige oder alle dieser Punkte gesehen:

- Beschimpfungen, abfällige Bemerkungen
- Dinge kaputt machen
- extreme Wutausbrüche
- bei Spieleinschränkungen mit selbstverletzendem Verhalten drohen

Sprechen Sie mit Ihrem Kind darüber, welche Verhaltensweisen Sie absolut indiskutabel finden, welche Sie nicht mögen und welche Sie zu schätzen wissen. Es geht darum, gegenseitige Erwartungen zu klären.

Der erste Entwurf

Wenn wir die Parameter der Grenzen kennen und unseren Gamer zur Mitwirkung bewegen können, sollten wir mit ihm zusammen eine erste Fassung des Plans erstellen. Das muss kein unterschriebener Vertrag sein, denn jeder Zwang kann das noch junge Bündnis beschädigen und garantiert keineswegs die Einhaltung der Vereinbarung. Trotzdem ist es eine gute Idee, sich auf bestimmte Erwartungen schriftlich zu einigen, damit man sich später darauf beziehen kann, wenn eine Seite ins Wanken gerät oder die Grenzen vergisst.

Besprechen Sie zunächst Bedürfnisse und Ziele, Ihre und auch die Ihres Kindes. Manches davon dürfte unverhandelbar sein, aber das ist der kleinere Teil. Die meisten Punkte *sollten* verhandelbar sein, damit der Gamer wirklich eine Wahl hat.

Eine Freundin sagt ihren Kindern gern: »Ihr habt ein Mitspracherecht, aber kein Stimmrecht.« Das ist auch hier die passende Einstellung. Die Verantwortung liegt bei den Eltern, aber das bedeutet nicht, dass Kinder und Jugendliche nicht mitreden dürfen, wie ihr Leben aussieht. Wer mit seinem Kind potenzielle Grenzen bespricht, sollte sicherstellen, dass es sich wirklich gehört fühlt.

Das Kind muss das Gefühl haben, bei dem Prozess eine gewisse Mitsprache zu haben, nur dann wird es kooperieren. Und es geht um Fortschritte, nicht um eine 180-Grad-Wende. Im Augenblick wollen Sie vor allem etwas in Gang setzen, damit die Entwicklung in eine positive Richtung geht.

Hier kommt eine Checkliste, was Sie schriftlich festhalten sollten:

Versuchen Sie, zu verstehen, was für Ihren Gamer am besten funktioniert. Entwickeln Sie daraus konkrete Vereinbarungen, die ihm akzeptabel erscheinen, die aber auch Ihre Voraussetzungen einbeziehen. Setzen Sie keine Grenzen, die nicht durchsetzbar sind. Wenn Sie vor der Spielzeit die Hausaufgaben sehen wollen, müssen Sie auch wirklich da sein, um sich die Aufgaben zeigen zu lassen. Wir können von unseren Kindern nicht erwarten, von uns selbst nicht erfüllbare Vorgaben einzuhalten.

Danach legen Sie positive und negative Konsequenzen fest – nicht erst, wenn das Kind schon im Brunnen liegt. Welche Belohnung winkt, wenn der Gamer sich eine Woche an die abgesteckten Grenzen hält? Welche Belohnung gibt es nach einem Monat Kooperation? Und was passiert umgekehrt, wenn er sich nicht daran hält? Welches Intervall gilt für die Kontrolle? Haben wir dieselben Kennzahlen für Erfolg und Misserfolg? Sind wir uns einig, was »gut« bedeutet?

Definieren Sie Kriterien für eine Überprüfung. Woran erkennen Sie, dass der Plan nicht gut läuft? Und falls etwas geändert werden muss, weil er entweder zu restriktiv oder nicht restriktiv genug ist – wann erfolgt die Anpassung?

Ganz klein anfangen. Große Träume sind erlaubt, aber fangen Sie klein an. Nehmen Sie sich zunächst nur ein bis zwei Ziele vor, nicht alles auf einmal. Welchen kleinen Berg wollen Sie zuerst bezwingen? Damit geht es los!

Der Plan – Teil 1

In diesem Kapitel wurde viel angesprochen. Für alle, die klare Listen lieben, sind die Informationen hier noch einmal übersichtlich zusammengestellt. Um einem Kind, das eine ungesunde Beziehung zum Gaming entwickelt hat, klar definierte, einhaltbare Grenzen zu setzen, müssen wir sechs wichtige Komponenten einbeziehen. Gehen Sie folgendermaßen vor:

SCHRITT 1: *Mit der 25-Prozent-Regel anfangen*

- Wählen Sie ein bis zwei Dinge aus, die Sie angehen wollen. Denken Sie an all die Arbeit zurück, die Sie bisher geleistet haben, um im selben Boot zu sitzen, und beziehen Sie die Werte ein, die Ihnen und Ihrem Kind wichtig sind.
- Erstellen Sie gegebenenfalls eine Liste inakzeptabler Verhaltensweisen.
- Definieren Sie Ihr Endziel und wenden Sie dann die 25-Prozent-Regel an.

SCHRITT 2: *Eigene Voraussetzungen klären*

- Was können Sie angesichts Ihrer sonstigen Aufgaben im Alltag realistisch durchsetzen?

SCHRITT 3: *Die Hebel definieren*

- Welche Hebel stehen Ihnen zur Verfügung, und welche davon werden Sie nutzen?

SCHRITT 4: *Passende Leistungsindikatoren festlegen*

- Woran wollen Sie den Erfolg oder Misserfolg messen?
- Was ist ausschlaggebend, um die Zügel anzuziehen oder lockerer zu lassen?

SCHRITT 5: *Meilensteine festlegen*

- Bauen Sie passende Meilensteine ein.
- Woran erkennen Sie und Ihr Kind, ob die Strategie aufgeht?
- Setzen Sie wöchentliche Besprechungen an, um zu überprüfen, was gut läuft und was nicht.

SCHRITT 6: *Flexibler Plan*

- Sie sollten Ihren Plan gut finden, sich jedoch klarmachen, dass das nicht die finale Version ist.
- Das ist bisher nur Ihr Wunschkonzept. Im nächsten Schritt müssen Sie Ihr Kind einbeziehen.

KAPITEL 9

Den Gamer aktiv einbeziehen

Sobald Sie die möglichen Dimensionen der Grenzen, die Ihnen vorschweben, gründlich durchdacht haben und die Hebel kennen, die Ihnen zur Verfügung stehen, ist es an der Zeit, mit dem Kind über neue Grenzen zu sprechen. Es geht nun also darum, Ihren Gamer an Bord zu holen.

> Dieses Kapitel dürfen Sie auch zunächst überblättern und später lesen! Im Verlauf der Planumsetzung werden Sie zweifellos auf Widerstand stoßen. Vielleicht widersetzt sich Ihr Kind aber auch jetzt schon. In Kapitel 10 geht es um die Frage, woher dieser Widerstand kommt und wie man ihm begegnen kann. Vielleicht möchten Sie deshalb erst dort weiterlesen, weil Sie schon jetzt viel Abwehr spüren.

Verhalten Sie sich an diesem Punkt nicht unehrlich. Wenn Sie mit einem unverrückbaren Plan ins Gespräch gehen, wird das Kind das spüren und jede Mitarbeit verweigern. Bleiben Sie bei aller Notwendigkeit, neue Grenzen abzustecken, bereit, Ihr Kind anzuhören und Kompromisse einzugehen.

Auch hier werden Sie die bisher geübten Gesprächstechniken benötigen: offene Fragen, aktives Zuhören und den Ball zuspielen, um echte Kooperation zu erzielen.

Einen Teil der folgenden Fragen dürften Sie in den vergangenen Wochen schon gestellt haben, um mit Ihrem Gamer ins Gespräch zu kommen. Damit können Sie auch jetzt starten:

- Welcher Aspekt am Spielen ist dir am wichtigsten?
- Was gefällt dir bei Videospielen am meisten?
- Was willst du nicht verpassen?
- Willst du unbedingt jeden Tag zocken?
- Willst du zu den Zeiten spielen, in denen deine Freunde online sind?
- Willst du an Wochenenden spielen, wenn besondere Events stattfinden?

Denken Sie daran: Sie wollen erfahren, welche Elemente Ihrem Kind am wichtigsten sind. Diese Fragerichtung wird Ihnen helfen, an einem Strang zu ziehen, denn einerseits räumen Sie so Ihrem Kind ein gewisses Mitspracherecht ein, und andererseits können Sie auf bestimmten Dingen beharren.

> *»Du darfst am Wochenende mit deinen Freunden zocken, aber unter der Woche sollten wir uns darauf einigen, dass zuerst gewisse Aufgaben zu erledigen sind.«*

Und dann? Hören Sie gut zu und spiegeln Sie die Gedanken und Gefühle Ihres Kindes. *Aktives Zuhören!*

> *»Okay, das hört sich so an, als wäre es dir am wichtigsten, dass du spielen darfst, wenn deine Freunde online sind. Ich verstehe es so, dass du nicht ausgeschlossen sein willst, weil du nur spielen darfst, wenn keiner von ihnen dabei ist.«*

Validieren Sie die Emotionen des Kindes und bemühen Sie sich um Verständnis für seine Befürchtungen und Bedenken bezüglich der neuen Grenzen.

Danach bringen Sie Ihre Position ein:

> *»Das ist meine Ausgangsbasis. Als Mutter/Vater muss ich dafür sorgen, dass du bestimmte Dinge tust. Wie kann ich dich dazu ermuntern, diese Dinge zu tun, dir aber dennoch deinen Spaß lassen?«*

Oder:

> *»Der Ausgangsplan klingt gut. Was machen wir, wenn du dich nicht daran hältst?«*

Spielen Sie Ihrem Gamer *den Ball zu! Jetzt ist er gefordert.*

Mehrere Optionen anbieten

Nun müssen Sie *das Kind dazu bewegen, die richtige Grenze zu wählen.* Seine Kooperation ist unglaublich wichtig. Auch hier loten Sie zunächst über offene Fragen aus, was für Ihren Gamer eine gute Grenze wäre, und beteiligen ihn am Entscheidungsprozess. Es geht schließlich darum, dass er mit ihr leben und die mit ihr verbundenen Ziele erreichen kann. Im Idealfall wählen Sie gemeinsam zwei oder drei Optionen aus und einigen sich über die Einzelheiten.

Ich vergleiche den Ablauf dieses Gesprächs gern mit einer Speisekarte. Nehmen wir mal an, wir fragen ein Kind, was es essen möchte, und es wünscht sich Fleisch und reichlich Kohlenhydrate. Das ist im Grunde kein Problem, aber wir als Eltern wissen, dass auch Gemüse oder Salat auf den Teller gehören. Deshalb bieten wir vielleicht Folgendes an:

- Bunter Salat mit Hähnchenstreifen und Knoblauchbrot
- Pulled-Pork-Sandwich mit Zucchini und Möhren
- Nudeln mit Fleischklößchen plus gemischter Salat oder Gemüse in der Sauce – das Kind darf entscheiden

Mutter: »Du wolltest Fleisch und ordentlich Kohlenhydrate, darum stehen die im Vordergrund. Aber Gemüse brauchst du auch. Wenn du gern einen kleinen Salat vorweg hättest, können wir Nudeln mit Fleischklößchen machen. Wenn du lieber alles zusammen isst, kann ich Zucchini und Möhren raspeln und ins Pulled Pork mischen. Du kannst wählen.«

In einem Gespräch über Gaming könnte sich das so anhören:

Eltern: »Was magst du am Spielen?«
Kind: »Wenn ich mit meinen Freunden zocke, vor allem, wenn viele online sind. Das ist meistens zwischen 20 und 23 Uhr.«
Eltern: »Als Eltern müssen wir darauf achten, dass du genug Schlaf bekommst und die Schule schaffst. Du musst nicht Klassenbester sein, aber dein Part ist es, zu lernen *und* Spaß zu haben. Das könnte zum Beispiel so laufen:«

- »Bis 20 Uhr erledigst du deine Hausaufgaben und alle deine Pflichten und isst mit uns zusammen. Also kein Spielen, wenn du heimkommst. Und wenn du das schaffst, darfst du an Wochentagen bis 22 Uhr spielen und Freitag und Samstag bis Mitternacht.«

- »Du sagst, deine Freunde bleiben am Wochenende gern ewig lange wach. Das macht bestimmt Spaß, bedeutet aber, dass du all dein Zeug von Montag bis Freitag fertigbekommen musst. Freitag und Samstag darfst du bis Mitternacht aufbleiben und dann Samstag und Sonntag ausschlafen. Und Sonntag bis Donnerstag gehst du um 22 Uhr ins Bett.«
- »Ich bin auch für andere Vorschläge offen, solange du dabei ausreichend Schlaf, genug Zeit für die Hausaufgaben und eine gewisse Beteiligung am Familienleben einbeziehst.«

Zusätzliche Grenzen und Wendepunkte

Wenn man für den Einstieg schon auf neue Grenzen zusteuert, ist Ihr Gamer unter Umständen nicht bereit, den kompletten Plan zu besprechen oder neue Grenzen zu akzeptieren, die bei inakzeptablem Spielverhalten gelten. Verständlicherweise werden Sie bei der Ankündigung zusätzlicher Einschränkungen Protest ernten: »Du packst immer noch mehr dazu!«

Geben Sie das offen zu: »Ja, das tue ich. Was glaubst du, warum ich das tue? Wie ist das für dich, wenn ich ständig so etwas tue?«

Gestehen Sie dem Kind eine gewisse Kontrolle über diesen frustrierenden Prozess zu. Auf Elternseite sollten Sie sich bemühen, das Tempo etwas rauszunehmen, und Ihren Gamer um Rückmeldung bitten. Aus welchem Grund führen Sie diese Grenzen aus seiner Sicht ein?

Validieren Sie diesen Eindruck und sprechen Sie darüber, warum Sie die Grenzen Stück für Stück enger ziehen. Dabei können Sie dem Kind Ihre jüngsten Unterhaltungen über gemeinsame Wertvorstellungen ins Gedächtnis rufen. Erinnern Sie an diese

Werte – in welche Richtung soll es insgesamt gehen? Hören Sie zu, woran sich Ihr Kind erinnert.

Erst danach sollten Sie ihm Ihre Erklärung anbieten: »Als wir uns vor sechs Wochen über dieses Thema unterhalten haben, sagtest du, du hättest Interesse an XYZ. Mit dieser Grenze kommst du diesem Ziel näher.«

Darum sind die wöchentlichen Besprechungen so wichtig. Sie dienen der Rückmeldung, was funktioniert und was nicht. Sie können jede beliebige Entscheidung treffen, die den Prozess voranbringt, aber eventuelle Änderungen an den besprochenen Grenzen sollten nur bei diesen Wochengesprächen vereinbart werden. Bis dahin bleibt die Grenze bestehen und wird durchgesetzt, aber Ihr Gamer kann seine Bedürfnisse regelmäßig äußern. Dass seine Meinung Gehör findet und auch Sie an Kooperation interessiert sind, wird er zu schätzen wissen.

Ihr Kind lernt schnell, dass die wöchentliche Besprechung der Zeitpunkt ist, an dem er ernst genommen wird – so bekommen Sie Ihren Gamer ins Boot. In dem Moment, in dem Sie die Grenze durchsetzen, brauchen Sie nicht zu reagieren oder einzulenken. Änderungswünsche gehören in die Wochenbesprechung, wo sie in Ruhe beleuchtet werden können.

Hilfreich ist dabei auch ein Austausch zu den erzielten Fortschritten. »Das muss frustrierend sein, weil es sich für dich so anfühlt, als würde ich dich dafür bestrafen, dass du besser wirst. Empfindest du das so?« Und dann spielen Sie dem Kind den Ball zu: »Als Mutter, die dich liebt, ist das schwierig für mich. Ich sehe, dass du super vorankommst, und ich will auch, dass du weiter spielen kannst. Ich will dir nicht alle zehn Grenzen gleichzeitig aufdrücken. Das käme mir unfair vor. Fändest du es nicht auch unfair, alles auf einmal zu wollen?« Wahrscheinlich lautet die Antwort: »Ja, das fände ich unfair!«

Dann können Sie fortfahren: »Jetzt weiß ich nicht weiter. Ich will nicht alles auf einmal verlangen, weil du das unfair findest.

Und ich auch. Andererseits ist das aber alles notwendig. Wie können wir das hinbekommen?« Der Hauptvorwurf von ehemaligen Videospielabhängigen gegenüber ihren Eltern lautet erstaunlicherweise, dass diese zu nachsichtig waren und ihnen zu viel haben durchgehen lassen.

Beweisen Sie Transparenz, teilen Sie dem Kind Ihr Problem mit und erinnern Sie es an Ihre gemeinsamen Ziele. Die Reaktion lautet vielleicht: »Aber ich will das alles gar nicht. Du schraubst die Anforderungen zu hoch. Ich finde, das reicht jetzt.« Dann sollten Sie ins Gespräch gehen, welche Anforderungen denn angemessen wären: »Na schön. Das sind die sieben Punkte, die ich von dir wollte. Können wir davon zwei hinzufügen und dann überlegen, wie wir den Rest schaffen? Oder wir nehmen uns erst einmal nur einen vor. Was hältst du davon?«

Jugendliche haben mitunter den Eindruck, dass sie sich auf eine Bedingung eingelassen haben und jetzt immer mehr dazukommt – als wenn sich die Schlinge zuzieht. Auch das sollten Sie zur Kenntnis nehmen, Ihr Kind aber auffordern, noch einmal zu überlegen, worum es Ihnen gerade wirklich geht. Die Jugendlichen haben zwei Optionen in Aussicht: Exzessiv spielen, im Leben zurückfallen und es dann vielleicht irgendwann auf die Reihe bekommen (so wie ich). Oder sie arbeiten mit ihren Eltern auf ein Leben hin, in dem sie glücklich sind, viele Freunde haben und beruflich so vorankommen, dass sie stolz auf sich sein können. Obwohl sie weiterhin in gesunden Maßen zocken. Wie lautet die Entscheidung?

Als Eltern sollten wir immer bereit sein, dazuzulernen. Wenn wir nach einem verfehlten Ziel engere Grenzen stecken, müssen wir gut aufpassen, ob das neue Konzept aufgeht. Falls wir zum Beispiel das Spielen nach der Schule untersagen, es aber am späten Abend weiterhin gestatten, hat das eventuell nur geringe Wirkung, weil es unserem Gamer ohnehin nur um das abendliche Gaming geht. Dann wäre diese spezielle Sanktion unsinnig.

Jede Grenze oder Strafe muss dazu dienen, das gewünschte Verhalten zu fördern.

Große Ziele oder Mikromanagement?

Fast alle Eltern, die ich je zum Videospielverhalten ihrer Kinder beraten habe, wollen wissen, wie viele Stunden Gaming für Kinder noch gesund sind. Meistens fragen sie dafür umgekehrt: »Wie viel Spielzeit ist zu viel?«

Vermutlich erhoffen sich auch alle Leserinnen und Leser dieses Buches darauf eine Antwort. Aber eine allgemeingültige Antwort gibt es nicht, weil Kinder Individuen sind. Ich weiß, dass mein Kind ein völlig anderer Mensch ist als das Nachbarskind fünf Häuser weiter. Das gilt auch in Bezug auf Technikabhängigkeit. Und es gilt ebenso in Bezug auf die Lösungen. Deshalb sind alle Vorgaben auf das einzelne Kind und sein Spielverhalten abzustimmen.

Ein typisches Beispiel wäre: »Du darfst spielen, wenn du deine Pflichten erledigt hast«, oder: »Wenn du deine Hausaufgaben machst, darfst du an die Konsole.« Solche einseitigen Vorgaben können aus diversen Gründen schiefgehen. Vielleicht können Sie nicht nachprüfen, ob Ihr Kind alles fertig hat oder ob es seine Aufgaben gut macht. Oder das Kind erzählt Ihnen, was Sie seiner Meinung nach hören wollen, nur um endlich spielen zu dürfen.

Die meisten Eltern werden dann konkreter:

- Zwei Stunden spielen an Wochentagen, vier Stunden an den Wochenenden
- Jeden Abend um 22 Uhr ins Bett
- Jeden Tag bestimmte Aufgaben erfüllen
- Ansonsten … angedrohte Strafe

Dieser sehr geradlinige Ansatz ist jedoch ebenfalls problematisch. Auch hier wird ein Kind, das diese Grenzen einhalten soll, viele Wege finden, die Durchsetzung zu boykottieren.

Wie sollen die Eltern die zwei Stunden an Wochentagen und die vier Stunden am Wochenende überwachen? Liegt eine Stoppuhr neben der Konsole? Oder sind die Eltern immer zu Hause und müssen ständig aufpassen? Gehören Streams und Videos zur vereinbarten Spielzeit oder nur das Spiel selbst? Wer überprüft jeden Abend, ob das Kind wirklich um zehn Uhr schlafen geht? (Sind die Eltern dann immer zu Hause? Oder liegen sie selbst dann schon im Bett?) Was bedeuten diese Regeln in Bezug auf die Aufstehzeit? Welche Erwartungen an die Noten sind damit verbunden? Solche Vereinbarungen sind zwar konkret, greifen aber zu kurz. (Natürlich hält kein Plan jeder Kinderlogik stand – sie werden immer Wege finden, Erwachsenendefinitionen kreativ zu interpretieren!)

Wenn Sie also darauf bestehen, die tägliche Spielzeit zu begrenzen, setzen Sie damit wahrscheinlich einen Teufelskreis von Reaktion und Gegenreaktion in Gang. Darum empfehle ich, derartige »Nur zwei Stunden pro Tag«-Ansätze durch einen zielorientierten Ansatz zu ersetzen: »Erledige diese Punkte deiner To-do-Liste. Danach kannst du zocken, so viel du willst, bis du ins Bett musst.«

Um das erwünschte Verhalten zu verstärken, könnten Sie hinzuzufügen: »Wenn dir das jeden Tag gelingt, kannst du Freitag oder Samstag so lange aufbleiben, wie du willst.« Am Ende kommt mehr oder weniger dasselbe dabei heraus. Denn wenn unsere Kinder alles tun, was sie sollen, bleiben ohnehin höchstens zwei Stunden Spielzeit übrig. Und der zusätzliche Bonus der Freiheit am Wochenende dürfte sehr verlockend sein. Dass die Eltern einem am Freitag nicht mehr im Nacken sitzen, kann sich enorm befreiend anfühlen.

Eigenverantwortung fördern

In Kapitel 3 habe ich erwähnt, dass wir Eltern viel zu oft für unsere Kinder einspringen und uns um alles kümmern. Wenn die Tochter für die kommende Woche eine Präsentation vorbereiten soll, wird sie täglich daran erinnert. Wir zählen die Tage herunter und erklären ihr die einzelnen Schritte, bis sie endlich loslegt. Falls das auch bei Ihnen zu Hause so läuft, lernt die Tochter dabei nur, dass sie keine Verantwortung übernehmen muss, weil sie ja immer die Eltern als Backup hat.

Deshalb möchte ich an dieser Stelle wiederholen: Übertragen Sie dem Kind mehr Verantwortung – für seine Erfolge und für sein Scheitern. Was passiert, wenn Sie das Drandenken nicht mehr übernehmen? Es kann erschreckend, gefährlich und auch vertrauensmindernd (aber notwendig) sein, das eigene Kind hin und wieder gegen die Wand rennen zu lassen. Sie können ruhig ein paar Tage vor der Mathearbeit einen Kommentar fallen lassen, der zeigt, dass Sie Bescheid wissen, sich aber nicht zuständig fühlen: »Ich sehe, dass du viel spielst. Ich hoffe, du hast viel Spaß dabei! Ich gehe davon aus, dass du für die Mathearbeit gut vorbereitet bist, so wie wir es vereinbart haben, und dass du alles im Griff hast, wie du sagst. Viel Glück bei deiner Arbeit übermorgen. Und denk daran, dass wir auch abgemacht haben, dass du weniger Spielzeit bekommst, wenn das nicht mindestens eine Zwei wird.«

Jugendliche müssen wissen, was kommt, und man darf sie daran erinnern, auf welche Eckpunkte man sich geeinigt hat. Danach heißt es abwarten. Wenn sie nicht geübt haben und die Arbeit danebengeht, erfolgt das nächste Gespräch. Vielleicht leisten sie viel Widerstand und bringen jede Menge Ausreden: »Meine Lehrerin hasst mich. Deshalb ist die Note so schlecht.« Mit den bisher eingeübten Kommunikationstechniken bewegen Sie sich auf sicherem Terrain, denn »Ich hab's dir gleich gesagt!« bringt nichts.

Letzten Endes soll alles, was wir als Eltern tun, unsere Kinder auf ein selbstständiges Leben vorbereiten. Wir wollen ihnen nicht ständig in den Ohren liegen, damit sie dieses Ziel erreichen, und wir wollen ganz bestimmt nicht, dass sie sich auf unser Genörgel verlassen, um überhaupt in die Gänge zu kommen. Lassen Sie zu, dass Ihr Kind hin und wieder auf die Nase fällt, damit es lernt, wie wichtig es ist, das Erforderliche aus eigener Kraft zu tun.

Abwägungsfragen klären

Auch die besten Pläne gehen schief. Die Spielbranche entwickelt sich in rasantem Tempo und unterliegt ständigen Veränderungen. Deshalb laufen Vereinbarungen immer wieder ins Leere. Als der Plan vereinbart wurde, sah er noch ziemlich wasserdicht aus, aber irgendwann findet Ihr Gamer ein Schlupfloch, oder es taucht ein technischer Aspekt auf, den Sie nicht einkalkuliert haben. In solchen Fällen geht das Kind davon aus, alles richtig zu machen, während Sie finden, dass etwas falsch läuft. Das Kind hat das Gefühl, es könne sich unmöglich an Regeln halten, die sich ständig ändern. Ihnen selbst erginge es bestimmt genauso. Wenn Sie der Meinung sind, alle Regeln zu befolgen, aber trotzdem bestraft werden, warum sollen Sie sich dann überhaupt an diese Regeln halten?

Gehen wir mal davon aus, Sie hätten sich auf zwei Stunden Spielzeit an Wochentagen und vier Stunden am Wochenende verständigt. Am Freitag schaltet das Kind das Gerät nach zwei Stunden jedoch nicht aus. Sie sagen: »Das reicht jetzt.« Aber ist der Freitag noch ein Wochentag, oder gehört er schon zum Wochenende? Es gibt unzählige Kleinigkeiten, die man vorab unmöglich alle bedenken kann. Das führt leicht zu Streit, denn wenn Sie das Spielen am Freitag nach zwei Stunden unterbinden, weil Sie davon ausgehen, dass es ein Schultag ist, findet Ihr Gamer das unfair. Die Vorgaben wurden zwar akzeptiert, aber unter unterschiedlichen Annahmen.

Auch solche Situationen gehören in die wöchentliche Besprechung. Sie können sich für oder gegen diese Interpretation entscheiden, aber nie im Eifer des Gefechts! Besprechen Sie es später in Ruhe. Wenn so etwas vorkommt, können Sie sich eine Notiz machen, das Thema bei der Besprechung anschneiden und dann mit dem Kind übereinkommen, wie Sie in Zukunft verfahren wollen.

Elterliche Emotionen, zum Zweiten

Gestresste Menschen treffen selten kluge Entscheidungen. Deshalb sind Sanktionen, die wir spontan aus Ärger verhängen, fast immer ein Fehler.

Stellen Sie sich vor, Sie haben einen langen Tag gehabt. Zu Hause müssen Sie nun noch das Gemecker von Ihrem unausgeglichenen, frustrierten Jugendlichen aushalten. Irgendwann haben Sie das Gemaule oder die Ausreden satt, weil die Hausaufgaben nicht vor dem Essen fertig sind oder weil Ihre Tochter trotz allem nicht den Computer ausmacht und schlafen geht. Sie erinnern sie um zehn daran. Dann noch mal um halb elf. Inzwischen ist es Viertel nach elf, Sie wollen endlich ins Bett, sind todmüde und schimpfen los: »Eine Woche Spielverbot!«

Das ist eine neue Vorschrift, die Sie aus Frust verhängt haben. Sie ist nicht durchdacht und bezieht weder feste Zeiten noch Verlässlichkeit oder Durchsetzbarkeit mit ein. Wie wollen Sie diese Sanktion durchsetzen? Und welche Lektion versuchen Sie Ihrem Kind am Ende einer anstrengenden Woche gerade zu vermitteln?

Wenn Sie derart reaktiv vorgehen, senden Sie dem Kind die Botschaft, dass Sie übertrieben streng sind, was es in der Überzeugung bestärkt, unfaire, fiese Eltern zu haben. An dieser Stelle sei erwähnt, dass spontanes oder emotional getriebenes Nachgeben (weil Sie gerade kampfesmüde sind) ebenso schädlich ist. Damit empfängt das Kind die Botschaft, dass Ihre Entschlossenheit ins Wanken kommen kann. Wenn Sie also gestresst oder erschöpft verhandeln oder gar die Grenzen verschieben, verlieren Sie *immer*, denn damit schwächen Sie das Bündnis, das Sie sich so mühsam erarbeitet haben.

Mit Vorgaben, die wegen unbeherrschter Emotionen verhängt oder nicht konsequent durchgesetzt werden, fördern Sie Verhaltensweisen, die Sie nicht fördern wollen. Ihr Gamer lernt dabei vor allem, dass er nicht unbedingt auf die Eltern hören muss, um weiterspielen zu können. Er muss nur herausfinden, wie er Ihre Explosionen geschickt umgeht oder ausnutzt.

Im oben vorgestellten Szenario lernt die Tochter, dass sie sich um 22 Uhr noch taub stellen kann, dass Ihnen aber irgendwann nach 23 Uhr der Kragen platzt. Also wird sie Ihre Ermahnungen so lange ausblenden, bis Sie kurz vor dem Ausrasten sind.

Wenn so etwas bereits vorgekommen ist, Sie dabei aber nicht in die Luft gegangen sind, geht Ihre Tochter zudem davon aus, dass 22 Uhr verhandelbar ist. Wenn sie also weiterspielt (wie schon so oft), Sie aber dieses Mal stocksauer sind und eine Woche Spielverbot verhängen, ist das aus ihrer Sicht ungerecht. Damit kommt keine Partei den angestrebten Zielen näher, und Sie ignorieren, was der Tochter wichtig ist. Im Grunde lernt sie so, dass ihr Spielzugang von der Laune der Eltern abhängt.

Besonders ungut ist, wenn die verhängte Einschränkung unmöglich durchsetzbar ist, denn damit lernt die Tochter, dass sie gar nicht mehr zuhören muss. Sie weiß genau, dass Sie damit nicht durchkommen, und so lehren Sie Ihr Kind, Ihre Worte zu ignorieren. Das gilt natürlich auch, wenn Sie eine Strafe in Aussicht stellen, die nie eintritt. Damit hängen Wort und Tat nicht mehr zusammen.

Deshalb ist es so wichtig, die eigenen Emotionen zu beherrschen. Verschieben Sie unter Stress niemals die Grenzen. Wenn wir mit dem Kind auf der Basis aufmerksamer, offener Gespräche bestimmte Abmachungen vereinbaren, können wir die Botschaften verstärken, die uns wirklich wichtig sind. Dann hat unser Wort Gewicht, das Kind wird uns als vernünftiges Teammitglied wahrnehmen, und es wird begreifen, dass der Grund für die gezogenen Grenzen etwas mit seinen eigenen Zielen und Werten zu tun hat, nicht mit unserer Laune.

Akzeptieren wir, dass die eigenen Emotionen ein Teil von uns sind, uns aber nicht beherrschen dürfen. Wenn wir gestresst oder erschöpft sind, sollten wir von Streit über Grenzen oder Erziehungsmaßnahmen Abstand nehmen. Wir ziehen uns kurz zurück und sammeln uns, dann kehren wir mit klarem Kopf und ruhigem Herzen an den Verhandlungstisch zurück. Unser Plan enthält nicht nur Grenzen, sondern auch feste Zeitpunkte für Gespräche und Anpassungen. Nichts davon gehört auf den Tisch, wenn wir emotional reagieren.

Emotionen von Jugendlichen, zum Zweiten

Die Wutausbrüche von Gamern können einschüchternd sein, das weiß ich. Im Extremfall drohen manche ihren Eltern mit selbstverletzendem Verhalten (oder Weglaufen oder damit, anderen etwas anzutun), um zu bekommen, was sie fordern. Das ist beängstigend. Nehmen Sie solche Ankündigungen im Zweifelsfall ernst (besonders selbstverletzendes Verhalten) und besorgen Sie dem Kind professionelle Hilfe. Meistens geht es bei solchen drastischen Aussagen allerdings darum, die Eltern zu mehr Nachsicht oder zu einer bestimmten Reaktion (Eskalation oder Deeskalation) zu provozieren. Falls Sie merken, dass Sie gerade emotional manipuliert werden, reagieren Sie nicht darauf. Bleiben Sie beim Abstecken und Durchsetzen von Grenzen sachlich und pragmatisch, denn Sie wissen ebenso gut wie Ihr Kind, wie schmerzhaft diesbezügliche Emotionen sind.

Wutausbrüche sind schwer zu ertragen. Manchmal fehlt uns auch einfach die Energie, damit umzugehen. Dann opfern wir nur um des lieben Friedens willen eine Grenze, um dem Konflikt aus dem Weg zu gehen. Auch das ist absolut verständlich, denn es entspricht der menschlichen Natur. Wer zu solchem Verhalten neigt, sollte sich besonders um Bausteine für einen soliden Pakt bemühen. Herumschreien darf nicht zum einzigen Kommunikationskanal mit dem Kind werden. Bemühen Sie sich weiter, dem Kind zu beweisen, dass Sie im selben Team spielen.

Die Allianz ist nicht ein für alle Mal geschmiedet, sondern erfordert kontinuierliche Anstrengung. (Lesen Sie gegebenenfalls noch einmal die Kapitel 5 und 6 zu diesem Thema, oder holen Sie sich in Kapitel 10 Anregungen zum Umgang mit Widerstand.)

Lassen Sie uns die Elemente klarer und unklarer Vereinbarungen noch einmal wiederholen:

UNKLAR DEFINIERTE VEREINBARUNGEN:

- Vorgaben, die Sie zeitlich oder technisch nicht überwachen können
- Vorgaben mit zeitlich langem Horizont ohne Zwischenziele
- Grenzen, die verhängt werden, wenn die Emotionen hochkochen
- Einseitige Vorgaben, die für Ihren Gamer inakzeptabel sind

KLARE VEREINBARUNGEN:

- Kleine, erreichbare Ziele, die sich wie ein Sieg anfühlen
- Grenzen, auf die man sich im ruhigen Gespräch einigt
- Ziele, die Ihr Gamer mitentwickelt hat
- Ziele, die Sie und Ihr Gamer für erreichbar halten

Der Plan – Teil 2

SCHRITT 1: *Das Kind einbeziehen*

- Ins Gespräch kommen
- Offene Fragen stellen
- Ist es mit der Richtung, die sein Leben nimmt, glücklich?
- Ist es glücklich damit, wie viel es spielt?
- Sprechen Sie über Ihre Wünsche und Ziele. Fragen Sie nach seinen Wünschen und Zielen.

SCHRITT 2: *Wahlmöglichkeiten anbieten*

- Das Kind ins Boot holen: Wie will es das Ziel anpeilen?
- Auswahl anbieten: Sie dürfen das Ziel festlegen, aber Ihr Kind kann unter verschiedenen Optionen Hebel, Kennzahlen und Meilensteine wählen.
- Souverän delegieren: Sie haben einen Wunsch, aber jemand anders ist dafür zuständig. Den Ball zuspielen!

SCHRITT 3: *Gemeinsam einen Plan entwerfen*

- Ihr Gamer darf zwar die Grenze nicht in Frage stellen, bekommt aber Einfluss auf einige Aspekte.
- »Was ist dir beim Spielen wichtig? Willst du an bestimmten Tagen spielen, weil deine Freunde da online sind? Oder um eine bestimmte Uhrzeit?«
- Legen Sie fest, welche Vorgaben gelten sollen.
    - Spielen Sie dabei dem Gamer den Ball zu: »Ich möchte von dir einen Durchschnitt von 2,0 in den Fächern XYZ, damit du weiter mit deinen Freunden zocken kannst.«
    - Wählen Sie etwas, was dem Kind wichtig ist, und verknüpfen Sie es mit einer Bedingung.

  - Diese Bedingung sollten Sie konsequent handhaben.
  - Wählen Sie ein Ziel, das realistisch erreichbar ist (25-Prozent-Regel!).

SCHRITT 4: *Den Plan festzurren*

- Alle Ziele, Hebel, Kennzahlen, Meilensteine festschreiben
- Letzter Check, ob alles durchsetzbar ist
- Sichergehen, dass das Kind wirklich einverstanden ist.

SCHRITT 5: *Den Plan umsetzen, wöchentliche Besprechungen ankündigen, Feedback einholen*

- Achtung: Dieser Schritt bedeutet nicht »Zurücklehnen und sich freuen«. Machen Sie sich bewusst, dass dies erst der Anfang ist. Sie müssen regelmäßig prüfen, was davon funktioniert und was nicht.
- Besprechen Sie, inwiefern Sie über den Verlauf und die Ergebnisse übereinstimmen (oder nicht).
- Wenn der Plan erfolgreich läuft, wird er nicht angetastet.
  - Für das Kind kann das sehr irritierend sein, denn es wird bei Erfolg eine Belohnung in Form einer Lockerung der Grenzen erwarten. Sie müssen ihm jedoch klarmachen, dass der Erfolg das Ergebnis seines neuen Verhaltens ist. Eine Lockerung der Regeln würde bloß einen Rückfall nach sich ziehen.
- Wenn der Plan scheitert, sollten Sie die Fehler aufmerksam analysieren (siehe Kapitel 10). Stellen Sie sich dafür folgende Fragen:
  - »Habe ich meinen eigenen Emotionen nachgegeben?«

  - »Fehlten mir bestimmte Voraussetzungen?«
  - »Ist etwas Unvorhergesehenes passiert?«
- Finden Sie heraus, wo und warum Sie gescheitert sind, und versuchen Sie, diese Problempunkte beim nächsten Mal zu klären.

Und jetzt alles von vorne!

KAPITEL 10

Konsequent bleiben bei Widerstand

Wir können mit unserem Kind ein tolles Bündnis schmieden und den besten Plan der Welt entwickeln. Trotzdem kommt es selbst nach wochenlangen Gesprächen und einer scheinbaren Einigung im Alltag unweigerlich zu Rückschlägen.

Woher rührt der Widerstand?

Atmen Sie tief durch – Rückschläge sind zu erwarten. Immerhin verlangen Sie von Ihrem Gamer, etwas zu ändern oder sogar ganz auf etwas zu verzichten, was ihm sehr wichtig ist und was ihn bisher davor bewahrt, sich mit unangenehmen Situationen im echten Leben auseinanderzusetzen. Es gibt jedoch verschiedene Strategien, die Ihnen an jeder Klippe helfen können, auf Kurs zu bleiben, und die möchte ich hier vorstellen.

Überlegen wir erst einmal, woher der Widerstand rührt. Einen Teil meines Erfolgs als Psychiater und meiner Fähigkeit, Gamern zu helfen, führe ich auf ein Konzept zurück, das ich in Indien gelernt habe, nämlich das *vedische Modell des Geistes*. Es erklärt, was geschieht, wenn unsere Kinder sich dagegen wehren, dass wir ihr Verhalten ändern wollen. Beginnen wir mit den drei wichtigsten Konzepten des vedischen Modells: *Manas*, *Ahamkara* und *Buddhi*.

Manas ist unser emotionales Denken (der reaktivste Teil von uns), dessen Reaktion festlegt, ob wir etwas mögen oder nicht. Was wir fühlen oder wollen, unterliegt nämlich nicht wirklich unserer Kontrolle. Wenn ich ein Stück Erdbeerkuchen esse, entscheide ich nicht bewusst, ob ich es mag oder nicht. Das ist lediglich eine Reaktion.

Ahamkara ist das Ego beziehungsweise die Identität, die aus der Sicht der Yogis vollständig von unseren Emotionen oder Gedanken getrennt ist. *Ahamkara* erzeugt Gedanken wie: »Ich bin Arzt«, »Ich bin Vater«, »Ich bin ein Versager« oder »Ich bin erfolgreich«.

Buddhi ist schließlich unser Intellekt, der Ursprung des analytischen Denkens und der Vernunft.

Unser Ego – *Ahamkara* – hat die Aufgabe, uns vor negativen Emotionen zu schützen. Wann immer wir unangenehme Emotionen spüren, wird *Ahamkara* aktiv. In meiner Collegezeit baten meine Freunde hin und wieder junge Frauen um ein Date. Wenn sie abgewiesen wurden, reagierten sie mit Ego-Gedanken: »Sie hat mich gar nicht verdient«, oder: »Ich hatte sowieso kein echtes Interesse an ihr.« Wenn der Geist die unangenehme Emotion der Zurückweisung registriert, erhebt sich das Ego, um uns zu beschützen. Dabei verhält es sich so ähnlich wie der Türsteher im Nachtclub – seine Aufgabe ist es, alles Unerwünschte auszusperren.

Dummerweise liegt *Ahamkara* häufig falsch. Wann immer *Ahamkara* aktiviert ist, kann es mit *Buddhi*, unserem Intellekt, in Konflikt geraten. So kommt es zur Rationalisierung oder zu fehlerhaften Schlussfolgerungen. Wenn wir an der fraglichen Dame gar kein Interesse hatten, warum haben wir sie dann überhaupt angesprochen? Vielleicht haben Sie schon festgestellt, dass jemand, der sich von seinen Emotionen oder dem Ego leiten lässt, der Meinung ist, logisch zu denken, doch diese Logik ist fehlerhaft. Und selbst wenn man ihm seine Denkfehler aufzeigt, dreht und wendet sein

Geist das Thema so lange, bis er mit einer neuen vermeintlichen Logik daherkommt.

Bei einem Konflikt von *Ahamkara* und *Buddhi* ist *Ahamkara* stärker und treibt *Buddhi*, also den Intellekt, in die Enge: »Das tut uns weh, wir brauchen eine Rationalisierung, damit es uns besser geht.« Und *Buddhi* gehorcht: »Aye, aye, Kapitän. Hier sind ein paar gute Gründe, die deinen Eindruck rechtfertigen und mit denen es uns besser geht.«

Eltern merken vielleicht, wie ihr Kind in diese Abwehrhaltung verfällt, sobald sie das Thema Gaming anschneiden. Sie können noch so logisch argumentieren – das Kind hält dagegen und liefert Ausreden. Das liegt daran, das sein Intellekt von seinem Ego gesteuert wird, weshalb es sich unmöglich irren kann.

Das ist übrigens auch der Grund, warum man mit Narzissten nicht diskutieren kann. Narzissten sind sehr unsicher. Wenn jemand ihnen ein schlechtes Gefühl vermittelt, greifen sie diese Person an, und ihr Narzissmus schlägt zu. Sie behaupten, sie seien besser als derjenige, mit dem sie sich herumstreiten. An diesem Punkt ist jede Widerrede sinnlos, weil ihr analytisches Denkvermögen jetzt vollständig vom Ego kontrolliert wird. Keine Logik dieser Welt kann einen Narzissten dazu bewegen, Ihre Perspektive anzuerkennen. Wenn wir Psychotherapeuten mit Narzissten arbeiten, stehen Mitgefühl, Verständnis und Validierung im Vordergrund. Erst wenn die negativen Emotionen verschwinden, muss der Türsteher uns nicht mehr beschützen. Und sobald *Ahamkara* deaktiviert ist, kann man wieder vernünftig mit dem anderen reden. Nur angreifen dürfen Sie einen Narzissten nie, weil Sie damit jene unangenehmen verdrängten Emotionen wecken und *Ahamkara* reaktivieren.

In Bezug auf den Widerstand Ihres Gamers müssen Sie ähnlich vorgehen wie ich bei der Behandlung eines Narzissten. Vielleicht möchten Sie Ihrem Kind klarmachen, dass es gerade sein

Leben ruiniert. Je richtiger Sie damit liegen, desto massiver wird sein Widerstand sein.

Wenn es nämlich stimmt, weiß das Kind längst Bescheid, versucht aber mit aller Kraft, es zu *ignorieren*. Je mehr die Eltern es ihm auf den Kopf zusagen, desto stärker ist die negative Emotion, und das führt zur Explosion (selbst wenn es Ihnen in der Sache zustimmt!). Sobald *Ahamkara* aktiviert ist, geht es nur noch um Leugnung, und obendrein drängen die unangenehmen Emotionen, die diese Anklage und der nachfolgende Streit heraufbeschwören, es wieder an die Konsole. In der Regel kommen bizarre Rationalisierungen, um das Spielen zu rechtfertigen, gegen die noch so viele logische Argumente nicht helfen.

Fazit: Widerstand beruht letztlich auf unangenehmen Emotionen. Dann springt *Ahamkara* an und übernimmt die Kontrolle über alles andere, sodass der Gamer Ihnen widersprechen wird, bis ihm die Luft ausgeht, und dabei das Problem komplett abstreitet. Als ich im College war, gab es überwältigend viele Hinweise darauf, dass ich bald von der Schule fliegen würde – einschließlich entsprechender Briefe vom Rektorat. Dennoch war ich immer noch überzeugt, dass alles gut ausgehen würde – mein *Buddhi* war *Ahamkara* hilflos ausgeliefert. Erst in Indien begriff ich diesen Prozess von Angriff, Leugnung und Widerstand und konnte endlich Veränderungen in die Wege leiten.

Leugnung abbauen

Wenn Jugendliche sich gegen neue Regeln zur Wehr setzen, fallen die Eltern fast immer in die traditionelle Grundhaltung zurück und erzwingen den Gehorsam über ihre Autorität. Beim Gaming (oder anderen problematischen Verhaltensweisen) müssen wir unser Kind jedoch mitbestimmen lassen. Ja, wir haben das letzte

Wort, aber die Betroffenen brauchen auch einen gewissen Handlungsspielraum. Niemand kann eine andere Person zwingen, nüchtern zu bleiben, und ebenso können Eltern ihr Kind niemals zwingen, Computerspiele aufzugeben.

Denken Sie immer daran: Widerstand beruht in der Regel auf negativen Emotionen und triggert Leugnung. Leugnen ist ein psychologischer Abwehrmechanismus. Je stärker das Gefühl, man müsse sich schützen, desto stärker das Bemühen, etwas nicht wahrhaben zu wollen. Alkoholabhängige verstecken ihre Flaschen und geben sich große Mühe, ihren wahren Alkoholkonsum vor ihrer Umgebung zu verbergen. Menschen mit problematischen Spielgewohnheiten – die auch eine Form der Sucht darstellen – streiten ebenfalls jedes Problem ab. Auch für sie fühlt sich der drohende Verzicht auf ihre Spiele wie eine Katastrophe an, ein schrecklicher Verlust, mit dem sie sich kaum abfinden können. Solange wir diese psychologische Reaktion nicht anerkennen, können wir keine Kooperation erwarten und werden auf taube Ohren und Widerstand stoßen.

In so einer Situation sollten Sie auf eine sanfte Hand setzen. Erst Freundlichkeit und Verständnis bringen Betroffene dazu, ein gewisses Problem einzuräumen. Je stärker wir sie in eine bestimmte Richtung drängen, desto wahrscheinlicher werden sie mit Leugnung reagieren.

An dieser Stelle möchte ich noch einmal an das Thema der Einsicht erinnern: Uneinsichtige Jugendliche können nicht zugeben, dass sie ein Problem haben. Erst wenn ihnen bewusst ist, dass ihr Spielverhalten problematisch ist, liegt Einsicht vor. Ein uneinsichtiges Kind ist emotional ungerührt und sieht das Problem noch nicht, weil sein *Buddhi* nicht versteht, was los ist. Darum wehrt es sich. Nach erfolgter Einsicht hingegen ist *Buddhi* von *Ahamkara* gekapert – das Kind streitet immer noch alles ab, aber in diesem Fall, weil es die Wahrheit nicht akzeptieren kann. Die Antwort klingt zwar gleich (»Ich habe kein Problem!«), aber wenn wir als Eltern verstehen, wo der Knackpunkt ist, können wir besser helfen.

Einem Kind ohne Einsicht verhelfen wir mit offenen Fragen zu mehr Verständnis für seine Lage. Das kann man bei einsichtsfähigen Kindern auch tun, doch deren Abwehrmechanismen wurzeln in den eigenen negativen Emotionen, nicht im mangelnden Verständnis. Um aus solchen schmerzhaften Gefühlen den Druck abzulassen, müssen wir sie validieren, und dazu brauchen wir aktives Zuhören.

Einsichtige Personen wissen eigentlich, dass sie ein Problem haben. Dennoch werden sie zumindest teilweise dichtmachen, wenn man sie mit der Nase darauf stößt. Dann kommen Kommentare wie: »Es ist nicht so schlimm, wie du denkst«, und davon sind sie auch überzeugt. Einfach weil der menschliche Geist so arbeitet. Ihr *Buddhi* ist zwar ausreichend entwickelt, aber sie leugnen das Ausmaß der Situation, um sich vor negativen Emotionen zu schützen, und unter bestimmten Bedingungen verhalten sie sich noch irrationaler als sonst. Ich habe vielen Eltern deshalb aufgetragen, darauf zu achten, an welchen Punkten ihr Kind wirklich überraschend irrational reagiert. Je irrationaler die Reaktion, desto näher sind Sie an etwas dran, das wehtut.

Dass wir uns das Negative, mit dem wir konfrontiert werden, versüßen, ist Teil der menschlichen Natur. Wir nutzen jede erdenkliche Rationalisierung, um uns vor unangenehmen Wahrheiten zu schützen, denn wenn wir ein Problem ehrlich wahrnehmen, verlieren wir die Hoffnung, und das ist ein noch größeres psychologisches Problem. Aus dieser Warte dient Leugnen unserem Schutz. *Solange das Problem nicht so schlimm ist, kann ich es in Ordnung bringen.* Doch je schlimmer es ist und je schwerer man es lösen kann, desto hoffnungsloser erscheint unsere Lage.

Um das Ego zu entwaffnen und die Leugnung zu umgehen, kommt es darauf an, emotionalen Druck herauszunehmen. Je mehr Scham und Schuld jemand empfindet, desto vehementer leugnet er oder sie das reale Problem. Um ein Kind zu erreichen, das eigentlich begreift, worum es geht, muss man über offene Fragen und aktives Zuhören sein *Ahamkara* deaktivieren. Wenn wir uns offen und neugierig zeigen, gut zuhören und auf Angriffe verzichten, ist der Schutz seitens *Ahamkara* nicht erforderlich. Der Türsteher Ihres Gamers hat seinen freien Tag, und auf einmal wird ein ruhiges Gespräch möglich, ohne dass die Abwehr hochfährt.

Auch wenn jemand ganz unten angekommen ist, ist es mit dem Leugnen vorbei – weil einfach keine andere Wahl mehr besteht, als sich das Problem einzugestehen.

Die Vorstellung, Jugendliche so tief fallen zu lassen, sagt mir allerdings nicht zu. Mit der *Healthy-Gamer*-Strategie intervenieren wir lange vor diesem Punkt und verhelfen den Betroffenen authentisch und einfühlsam zu dem Eingeständnis, dass sie ein Problem haben.

Wenn Sie bei Ihrem Kind auf Widerstand stoßen, gilt Folgendes:

HILFREICH: Auf offene Fragen und aktives Zuhören setzen und die Perspektive Ihres Gegenübers anerkennen, ehe Sie versuchen, Ihre eigene Sichtweise zu vermitteln.

NICHT HILFREICH: Die eigene Ansicht dagegensetzen. Eltern sagen gern: »Ich verstehe, was du sagst, *aber* ich sehe es so und so.« Für das Kind kann das wie eine Abwertung klingen.

HILFREICH ist, jedes *Aber* durch ein *Und* zu ersetzen, zum Beispiel so: »Ich kann nachvollziehen, dass deine Freunde dir sehr wichtig sind und dass dir Videospiele richtig Spaß machen. Mit 15 solltest du auch Spaß haben dürfen. Das sehe ich absolut ein. Gleichzeitig gehst du allerdings zur Schule und musst lernen. Wie bekommen wir beides unter einen Hut? Wie finden wir ein vernünftiges Gleichgewicht?«

NICHT HILFREICH ist es, Gefühle kleinzureden oder abzustreiten. Wenn man die Gefühle eines anderen anerkennt, muss er andere Aspekte nicht zwanghaft abstreiten. Wenn wir also akzeptieren, wie viel Angst dem Kind die Reduzierung seiner Spielzeit macht, kann es irgendwann einräumen, dass es zu viel zockt und deshalb andere wichtige Dinge vernachlässigt.

Widerstand bedeutet nicht Versagen

Als Psychiater verordne ich mitunter Medikamente. Und manchmal verlieren meine Patientinnen oder Patienten diese Medikamente, nehmen zu viel davon, oder ich habe den Verdacht, dass sie sie verkaufen. In solchen Fällen erkläre ich, dass mir das leidtut, aber dass ich ihnen, wenn sie eine streng überwachte Substanz verlieren, erst dann ein neues Rezept ausstellen kann, wenn die erste Ration bei regulärer Einnahme verbraucht sein müsste. So etwas hört niemand gern.

Die Jugendlichen begehren dann oft auf und wollen mir klarmachen, dass der Verlust des Medikaments nicht ihre Schuld gewesen sei. Sie haben immer eine Geschichte parat, und häufig geben sie anderen die Schuld. Ich zeige mich einfühlsam, widerstehe aber allen Überredungskünsten und stelle kein Ersatzrezept aus. »Ich gebe dir gar nicht die Schuld«, sage ich, »aber trotzdem kannst du erst nächsten Monat ein neues Rezept bekommen.«

Wenn ich hart bleibe, »verlieren« meine Patienten ihr Medikament in der Regel kein zweites Mal. Sobald ihnen klar ist, dass es keinen Plan B gibt, werden sie vorsichtiger und passen gut auf ihre Rationen auf.

Würde ich anders vorgehen und zum Beispiel sagen: »Selber schuld, du hättest besser auf deine Medizin aufpassen müssen«, würden wir unausweichlich in einem wenig zielführenden Schlagabtausch zur Schuldfrage landen.

Merken Sie sich bitte: *Schuld und Vorgaben sind voneinander unabhängig.*

Überspringen Sie die Schuldfrage, indem Sie das Problem anerkennen, keine Schuldzuweisung vornehmen und trotzdem nicht an der vereinbarten Grenze rütteln. Wenn meine Patienten ihre Medikamente verlieren, weil ihnen etwas zugestoßen ist – der Koffer ging verloren oder der Schulrucksack war kaputt –, bin ich nicht dafür verantwortlich und kann trotzdem kein Ersatzrezept ausstellen.

Ich weiß, dass das beim eigenen Kind wirklich hart ist, aber es ist extrem wichtig. Dass es nicht seine Schuld war, bedeutet nicht, dass wir Kompromisse eingehen sollten. Denn sobald ein Kind merkt, dass es uns überreden kann, eine Vereinbarung zu relativieren, wird es das immer wieder versuchen.

Und wenn es nun einen wirklich guten Grund gibt und wir deshalb ein bisschen nachgeben? Was vermitteln wir dem Gamer damit? Wir zeigen ihm, dass eine Vereinbarung mit dem richtigen Argument veränderbar ist. Damit laden wir unsere Kinder ein, die besten Gründe zu suchen, um uns beim nächsten Mal wieder zu überreden.

Es geht nicht darum, keinerlei Kompromisse zu machen. Genau deshalb empfehle ich schließlich die wöchentliche Besprechung. Halten Sie die bestehende Vereinbarung aufrecht und reden Sie später darüber, wenn die Gemüter sich abgekühlt haben. Das ist der passende Zeitpunkt, um zu überlegen, ob in solchen Fällen eine Ausnahme angemessen ist oder ob die Grenze so stehen bleiben sollte.

Ihnen muss dabei klar sein, dass ein einmaliges Relativieren leicht dazu führen kann, dass später erneut Ausnahmen angemeldet werden. Wer sich umgekehrt absolut unflexibel zeigt und nicht zuhört, kann die Allianz mit dem Gamer beschädigen. Deshalb haben Sie so hart daran gearbeitet, auf derselben Seite zu stehen – um solche schwierigen Tage zu meistern.

Eltern: »Wie soll das dann in Zukunft aussehen? Wirst du noch einmal knapp am Ziel vorbeischlittern? Welche Reaktion erwartest du von mir, wenn das noch einmal vorkommt? Gehst du davon aus, dass die Regeln nicht mehr gelten, wenn du einen ausreichend guten Grund vorbringst?«

Entscheidend ist, dass wir einmal vereinbarte vernünftige Vorgaben und Ziele nicht mehr grundsätzlich in Frage stellen. Bei *Healthy Gamer* akzeptieren wir möglichen Widerstand und analysieren verständnisvoll, weshalb ein Ziel versäumt wurde. Wenn ein Team schon seit Wochen oder Monaten in die richtige Richtung unterwegs ist, kann ein wenig Nachsicht sich auszahlen. Sobald Gamer anfangen, sich aus eigenem Antrieb zusammenzureißen, können die Eltern gewisse Lockerungen der Grenzen in Betracht ziehen.

Widerstand analysieren und Verständnis zeigen

Um eines klarzustellen: Ich verstehe absolut, dass die meisten von uns mehr reden als zuhören, wenn wir uns um unsere Kinder sorgen. Wenn wir jedoch dem Widerstand auf den Grund gehen wollen, geht es dabei darum, etwas zu lernen, nicht, etwas zu beweisen. Unsere Kinder erkennen den Unterschied. Sie lassen sich nicht auf ein Gespräch ein, wenn wir rhetorische Fragen stellen. (Solche philosophischen Ansätze sind im Studium angebracht, nicht zwischen Eltern und Kindern oder Jugendlichen.)

Normale Menschen, die nicht gerade sarkastisch oder oberschlau sind, stellen eine Frage, weil sie die Antwort nicht kennen. So gesehen ist derjenige, der fragt, unwissend – und genau mit *dieser* Einstellung sollten Sie Ihre Fragen äußern, als Nicht-

Wissende und nicht als überlegene Experten. Dass wir etwas nicht wissen, bedeutet keineswegs Ohnmacht, auch das verstehen unsere Kinder. Ihnen ist klar, dass die Eltern am längeren Hebel sitzen und dass es in ihrem ureigenen Interesse ist, ihnen das zu verraten, was sie nicht wissen – sonst kommen sie nämlich auch nicht weiter.

NICHT HILFREICH sind Fragen, wenn wir nicht ernsthaft bereit sind, zuzuhören und uns um Verständnis zu bemühen.

HILFREICH ist, ehrlich wahrzunehmen, was das Kind sagt, und es besser zu verstehen.

VORSCHLAG: Nehmen wir an, das Kind möchte Sie zu mehr Spielzeit am Abend überreden und sagt: »Das ist meine Freizeit mit meinen Kumpels.« Dann können Sie einfühlsam reagieren und sagen: »Es ist bestimmt hart für dich, wenn ich um sieben Uhr sage, dass du ausmachen musst. Wahrscheinlich hast du das Gefühl, dadurch den Kontakt zu deinen Freunden zu verlieren.«

So eine Reaktion dürfte das Kind verwirren, denn Sie bemühen sich ernsthaft um Verständnis. Bleiben Sie auf dieser Schiene: »Ich sehe, dass es dir sehr wichtig ist, mit deinen Freunden zu spielen. Das kannst du auch gerne tun, sobald deine Hausaufgaben erledigt sind.«

Reservieren Sie Zeit für regelmäßige Gespräche mit Ihrem Kind, die keinen unmittelbaren Einfluss auf dessen Spielzeit haben. Manchmal werden Sie die Einhaltung von Vereinbarungen von solchen Gesprächen trennen müssen. Wenn grundsätzliche Überlegungen im selben Gespräch stattfinden wie das Durchsetzen von Vereinbarungen, wird das Kind keine große Lust mehr haben, mit Ihnen zu reden. Mit den richtigen sprachlichen Mitteln können Sie Grenzen setzen und trotzdem im Dialog bleiben.

HILFREICH ist es, wenn das Durchsetzen von Vorgaben vom einfühlsamen Gespräch getrennt stattfindet.

NICHT HILFREICH ist es, wenn es bei normalen Diskussionen um Einschränkungen des Spielens geht.

VORSCHLAG: Stellen Sie offene Fragen, setzen Sie auf aktives Zuhören und validieren Sie die Emotionen Ihres Kindes, damit es sich verstanden fühlt. In der Praxis sieht das so aus:

- Offene Fragen: Auf die Frage »Was ist dir am Spielen besonders wichtig?«, bekommen Sie vielleicht die Antwort: »Dass ich mit meinen Freunden zocke. Das macht einfach Spaß. Und wir bleiben sehr lange wach.«
- Aktives Zuhören: Eine mögliche Reaktion wäre: »Es hört sich so an, als wäre es dir sehr wichtig, etwas mit deinen Freunden zusammen zu machen. Alle aus deinem Freundeskreis zocken nach einem langen Schultag gerne, und ihr bleibt dabei gern ewig lange auf.«
- Emotionale Validierung: Einfühlungsvermögen beweisen Sie durch eine Aussage wie: »Das muss echt hart sein. Vermutlich hattest du das Gefühl, von deinen Freunden abgeschnitten zu sein, als ich dein Spielen eingeschränkt habe.«
- »Lass uns Donnerstag darüber reden. Wenn wir einen Weg finden, wie du wirklich alles fertig haben kannst, was du tun musst, könnten wir bei der Online-Zeit mit deinen Freunden flexibler werden.«

Sie sind damit keinen Zentimeter von dem Ziel abgewichen, das Kind nicht online spielen zu lassen, ehe es alle seine Aufgaben erledigt hat. Dennoch haben Sie bewiesen, dass Sie zuhören und dass die Gefühle des Kindes Ihnen nicht egal sind.

Wenn wir den Ursachen des Widerstandes nachgehen, wollen wir die Werte des Kindes ergründen. Hier kommen weitere offene Fragen und einleitende Sätze. Manches davon haben Sie vielleicht schon genutzt, als es darum ging, sich zu verbünden:

- »Hilf mir, zu verstehen, warum Videospiele dir so wichtig sind.«
- »Was stört dich daran, wenn ich deine Spielzeit begrenze?«
- »Was gefällt dir so gut an Videospielen?«
- »Wieso fühlt es sich für dich so unfair an, wenn ich verlange, dass du vor dem Zocken mindestens zwei Stunden deine Hausaufgaben machst? Bitte erkläre es mir.«

Anhand der Antworten können Sie besser nachvollziehen, welchen Wert Ihr Gamer dem Spielen beimisst. Diese Perspektive können Sie künftig berücksichtigen, wenn Sie sich in Ruhe über die passenden Grenzen unterhalten.

Um die Dynamik zwischen Eltern und Kind (oder Jugendlichen oder jungen Erwachsenen) in Bezug auf Computerspiele zu verändern, müssen wir auf vernünftige Weise mit Widerstand umgehen, sonst artet die gesamte Interaktion leicht in einen Machtkampf aus Einschränkung und Reaktion aus.

Wenn eskalierende Strafmaßnahmen mit verdeckten Operationen wetteifern, geht das niemals gut aus. Und wenn wir auf »So und nicht anders« beharren, wird das Kind dies auch tun. »Ich habe hier das Sagen, und ich mache, was ich will« gilt immer auch für die Gegenseite.

In Machtkämpfen sind unsere Kinder sehr gut, denn dieses Spiel kennen sic schon ewig. Selbst wenn wir als Eltern gewinnen, verlieren alle Beteiligten. Den Widerstand des Gamers zu akzeptieren, ist eine ausgezeichnete Gelegenheit, um zu einem besseren Vorbild zu werden.

Du hast mir gar nichts zu sagen!

Volljährige greifen bei Konflikten mit ihren Eltern oft zu der Aussage: »Ich bin erwachsen. Du hast mir gar nichts mehr zu sagen!« In gewisser Weise stimmt das auch. Ältere Jugendliche oder junge Erwachsene haben sich ihre Technik und ihre Spiele vielleicht selbst zusammengespart und fühlen sich nicht mehr an die Regeln der Eltern gebunden.

Wie kann man hier weiterkommen? Fragen Sie: »Was bedeutet es deiner Meinung nach, erwachsen zu sein? Welche Verantwortung tragen Erwachsene? Wie gehst du damit um? Was meinst du, warum du das nicht tust?« Sprechen Sie ergebnisoffen darüber, was es heißt, erwachsen zu sein, und welche Erwartungen an einen Erwachsenen Ihr Gamer erfüllt oder nicht erfüllt.

Grenzen durchsetzen

Nachdem Sie nun wissen, *warum* Ihr Kind sich gegen die eingeführten Grenzen wehrt, und Methoden kennen, um den Widerstand zu akzeptieren, läuft alles wie geschmiert, richtig?

Das ist natürlich eine rhetorische Frage, denn so einfach ist es eben nicht. Dass das Kind meckert, diskutiert, herumschimpft, schmollt oder in die Luft geht, war zu erwarten. Ein Teil davon oder alles wird geschehen, denn immerhin haben wir es mit Jugendlichen oder gar jungen Erwachsenen zu tun, und die sind der Ansicht, dass man ihnen etwas verbietet, das sie lieben und aus ihrer Sicht unbedingt brauchen. Frust und Wut liegen da in der menschlichen Natur.

Vielleicht werfen sie uns an den Kopf: »Ich kann machen, was ich will, es ist dir nie gut genug!« Und prompt melden sich unsere Schuldgefühle. Die Antwort auf eine solche Aussage sollte jedoch nicht von Schuld, Traurigkeit oder anderen unguten Emotionen getrieben sein. Für eine gute, unterstützende Reaktion müssen wir uns selbst aus der Gleichung nehmen und zum Beispiel fragen: »Wie lange hast du schon dieses Gefühl?«, oder sagen:

»Das muss ziemlich hart sein. Wie ist das, wenn man das Gefühl hat, die Eltern nie wirklich zufriedenstellen zu können?« Hören Sie gut zu und wiederholen Sie, was Sie aus der Antwort herausgehört haben. (Aktives Zuhören und emotionale Validierung.)

Gleichzeitig dürfen Sie sich jedoch nicht erweichen lassen. Mit etwas Glück ist Hartbleiben leichter, als Sie dachten, weil das anfängliche Anliegen harmlos ist. Denken Sie daran: Sie haben mit dem Maulwurfshügel angefangen, nicht mit dem großen Berg. Die ersten Ziele sollten so leicht erreichbar sein, dass ein Wutanfall für dem Gamer mehr Aufwand wäre, als die Vorgabe einfach einzuhalten.

Bei Rückschlägen oder Wutausbrüchen angesichts einer Grenze oder Regel sollten Sie sich die bereits eingeübten Methoden ins Gedächtnis rufen, nämlich wieder einmal offene Fragen und aktives Zuhören:

»Kannst du mir erklären, warum du dich so aufregst? Ich möchte verstehen, warum dir das so wichtig ist. Kannst du mir dabei helfen?«

Anschließend spiegeln Sie das Gehörte: »Ich erkenne, warum du dich so aufregst. Offenbar hast du das Gefühl, etwas Wichtiges zu verpassen.«

Stellen Sie Fragen, damit das Kind sich äußert, und spielen Sie ihm dann den Ball zu:

»Warum haben wir deiner Meinung nach diese Grenze vereinbart?«

»Ich verstehe, dass du zocken willst, aber was machen wir dann wegen deiner Noten?«

An diesem Punkt setzen sich Gamer gern mit unhaltbaren Versprechungen zur Wehr: »Ich spiele jetzt eine kurze Runde, und meine Arbeit mache ich später, versprochen.«

Geben Sie nicht nach! Setzen Sie die vereinbarte Grenze durch: »Ich kann mich auf deine Versprechen nicht immer verlassen, darum ist es ja überhaupt so weit gekommen. Du hast bereits versprochen, deine Arbeit zu tun. Daran hast du dich aber nicht gehalten. Also funktioniert es so nicht.«

Wenn das Gegenüber sich hartnäckig wehrt und das Problem herunterspielt, könnten Sie sagen: »Ich verstehe, dass du darin kein Problem siehst. Ich will dich auch gar nicht davon überzeugen, dass es ein Problem gibt. Eltern sind aber dazu da, ihre Kinder zu selbstständigen Erwachsenen zu erziehen, und ich erkenne nicht, wie dein Verhalten uns in diese Richtung führt. Ich weiß, dass du das nicht verstehst. Ich wünschte, ich könnte es dir besser erklären. Aber am Ende muss ich als deine Mutter / dein Vater meinen Job machen. Ich kann dich nicht im Stich lassen, nur weil du nicht verstehst, was ich gerade tue.«

An dieser Stelle müssen Sie sehr vorsichtig sein, denn Kinder nutzen unsere Liebe und Fürsorge gern aus, um uns zu überzeugen, dass wir ihnen gerade wehtun. Wer jetzt nachgibt, verstärkt jedoch, dass *derjenige, der eskaliert, bekommt, was er will.* Wenn wir die Grenzen verschieben, sobald das Kind lautstark protestiert, belohnen wir die Eskalation. Das heißt, jedes Einlenken unsererseits führt am Ende nur zu noch mehr Wutausbrüchen bei unserem Gamer. Wir sind im Kampf gegen problematisches Spielverhalten ein paar Schritte vorwärtsgekommen und werden nun abrupt zurückgeworfen, womöglich bis ganz zurück auf Start.

Um das Offensichtliche nochmals zu betonen: Es ist wichtig, nicht nachzugeben. Wenn Ihr Kind sich in seine Wut hineinsteigert, schleichen Sie nicht auf Zehenspitzen herum und reagieren Sie auch sonst nicht darauf. Fragen Sie sich lieber: Wie sind wir hier gelandet? Wenn Sie ein faires Bündnis geschlossen haben, indem Sie gelernt haben, Ihrem Kind zuzuhören, und danach gemeinsam einen Plan entwickelt haben, der seinen Werten entspricht – was ist schiefgegangen? Hat sich etwas verändert? Ist der vereinbarte Plan vielleicht doch zu streng? Lassen Sie oder Ihr Gamer sich von Ihren Emotionen hinreißen?

Danach sollten Sie auch Ihrem Kind ein paar Fragen stellen, damit Sie gemeinsam eine Lösung finden können.

Erinnern Sie zunächst an die klare Vorgabe: »Ich verstehe, dass du deine Spielzeit verpasst, aber Tatsache ist, dass die Hausaufgaben nicht fertig sind. Wenn wir darüber sprechen, findest du immer irgendwelche Gründe, weshalb deine Noten nicht besser werden. Ich sehe ein, dass das Leben manchmal anders läuft als geplant, aber insgesamt sind deine Noten so noch nicht akzeptabel.«

Führen Sie die wöchentlichen Besprechungen fort, damit das Kind immer eine Chance hat, Anpassungswünsche zu besprechen. Durchsetzung und Modifikation sollten nicht gleichzeitig stattfinden, darum sind die Wochengespräche nicht der richtige Zeitpunkt, um Konsequenzen anzukündigen. Damit würden Sie diese wichtigen wöchentlichen Rückmeldungen abwürgen. Halten Sie sich an folgendes Mantra: Miteinander reden. Allein beurteilen. Miteinander die Veränderung umsetzen.

Häufige Stolpersteine

Etwas Neues lernen wir, indem wir es ausprobieren, scheitern und es noch einmal probieren. Das gilt auch für das Durchsetzen von Vereinbarungen. Rufen Sie sich ins Gedächtnis, dass Sie es mit einem völlig neuen Problem zu tun haben, das noch keine Generation vor Ihnen bewältigen musste. Also seien Sie nachsichtig mit sich. Wenn Ihr Gamer angesichts der angekündigten Veränderungen wütend aufbegehrt, denken Sie daran, dass Sie die Elternrolle innehaben. Das Kind (egal wie alt) ist im Moment kein gleichberechtigter Partner. Die Eltern geben die Richtung vor! Im Zweifelsfall treten Sie einen Schritt zurück, atmen Sie tief durch und überlegen Sie, was Ihr Kind von seinen Eltern gerade wirklich braucht.

Bewährtes beibehalten

Ein Fehler, den ich bei vielen Eltern beobachte, ist, dass sie etwas verändern, was sich bewährt hat. Nicht wenige meiner Patientinnen und Patienten haben depressive Störungen. Manchmal kommen sie nach einem halben Jahr wieder und sagen: »Dr. Kanojia, es geht mir viel besser! Ich möchte meine Medikamente absetzen.« Dann muss ich daran erinnern, dass sie sich zwar inzwischen gut fühlen, die meisten Betroffenen allerdings nach Absetzen der Medikamente, die ihnen geholfen haben, wieder an dem Punkt landen, an dem sie angefangen haben.

Wenn eine bestimmte Strategie funktioniert und Sie damit gut vorankommen, hören Sie nicht damit auf!

Wenn Ihr Gamer angesichts der angekündigten Veränderungen wütend aufbegehrt, denken Sie daran, dass Sie die Elternrolle innehaben. Das Kind ist im Moment kein gleichberechtigter Partner.

Standhaft bleiben: Fokus auf Maßhalten, nicht auf Verbieten

Wenn unsere Kinder älter werden, verschiebt sich der Erziehungsauftrag zunehmend von Verboten zum Maßhalten.

Wir fördern die passenden Wertvorstellungen und die entsprechende Selbstdisziplin, damit unsere Kinder gute Entscheidungen treffen können. Bitte bedenken Sie dabei: Über meine *Healthy-Gamer*-Plattform erreiche ich viele junge Erwachsene zwischen 18 bis 24, und ich höre häufig, dass sie sich wünschten, die Eltern wären strenger mit ihnen gewesen, damit das Gaming nie so ausgeufert wäre.

Vorgaben nie gleichzeitig festlegen und durchsetzen

Sie können neue Regeln nicht in dem Moment aufstellen, in dem sie bereits übertreten wurden, und gleichzeitig sanktionieren. Dagegen wird Ihr Kind auf jeden Fall aufbegehren. Ebenso schädlich ist die Tendenz vieler Eltern, gerade in solchen Situationen extreme Grenzen zu ziehen, die langfristig nicht durchsetzbar sind.

Unsere Liebe darf nicht unser Urteilsvermögen vernebeln

Die Liebe zu unseren Kindern kann der maßgebliche Grund sein, warum Vereinbarungen scheitern. Die Logik läuft dann so: »Hm, mein Sohn fragt so nett, und er war die ganze Zeit so kooperativ und lieb, und er hat gerade eine Eins nach Hause gebracht. Dann drücke ich heute mal ein Auge zu.« Natürlich wollen wir gutes Verhalten belohnen, und natürlich wollen wir alle unsere

Kinder glücklich sehen – und zwar genau heute! Aber denken Sie daran, dass Liebe in diesem Fall bedeutet, das Kind bestmöglich für die Zukunft zu rüsten. Ihre Liebe und Ihr Lob dürfen Sie bei den wöchentlichen Besprechungen zum Ausdruck bringen. Doch Liebe bedeutet eben auch, Grenzen zu setzen und daran festzuhalten.

Wer Angst hat, setzt leicht zu enge Grenzen

Wenn wir befürchten, dass ein Kind sich mit bestimmten Verhaltensweisen »das Leben ruiniert«, reagieren wir schnell überzogen, und die Grenze entspricht unter Umständen nicht dem Problemverhalten des Kindes. Für Kinder und Jugendliche ist das unglaublich verwirrend, denn wenn eine Grenze auf der Furcht der Eltern beruht, ist sie von der Realität abgekoppelt, die die Kinder sehen und erleben. Sie wissen nicht, ob das, was sie gerade tun, »ihr Leben ruiniert« oder nicht, und das ist verständlich. Sie sind die Kinder, wir die Eltern!

Die Betroffenen reagieren daher auf aus ihrer Sicht vollkommen unbegründete Vorschriften. Deshalb werden sie sich mit spontan ausgesprochenen Vorgaben nicht einfach abfinden, denn ihre Ausgangsbasis und ihre Sicht der Welt unterscheiden sich komplett von der ihrer Eltern.

Einigkeit unter den Eltern

Mütter, Väter und andere an der Erziehung Beteiligte interpretieren das Verhalten von Kindern und Jugendlichen oft unterschiedlich. Für die gesunde Erziehung von Gamern müssen Sie jedoch eine gemeinsame Front bilden: Sie müssen sich einig sein, dass es ein Problem gibt, und Sie müssen sich innerhalb der Familie auf einen Lösungsweg verständigen. Wenn Sie keine solche gemeinsame Ausgangsbasis finden, wird Ihr Kind Sie gegeneinander ausspielen.

Um mit dem Kind ins Gespräch zu kommen, sind offene Fragen ein gutes Mittel. Diese Strategie eignet sich auch unter Eltern. Zum Einstieg könnten Sie beispielsweise fragen: »Wie schätzt du das Spielverhalten unserer Tochter ein?«

Die Antwort lautet vielleicht: »Ach, das gibt sich wieder.« Über aktives Zuhören sollten Sie sicherstellen, dass Sie die Perspektive des anderen richtig verstanden haben:

»Das klingt so, als wärst du der Ansicht, das würde sich von selbst wieder einpendeln. Habe ich dich richtig verstanden?«

Erst wenn Sie die Einstellung Ihres Partners oder Ihrer Partnerin verstehen, sollten Sie Ihre Gedanken äußern. Dazu eignen sich Aussagen, die Sie klar als Ihre persönliche Sicht formulieren sollten. Sobald Sie daraus eine Feststellung machen, provozieren Sie einen Streit. Eine Meinungsäußerung ist für den anderen leichter zu verdauen, denn wir alle haben das Recht auf eine eigene Meinung.

»Ich mache mir Sorgen wegen ihres Spielkonsums.«

Und jetzt fragen wir die andere Person, was sie gehört hat. Das ist etwas knifflig, weil sie nicht wiederholen wird, was wir gesagt haben (sofern der oder die andere nicht auch gerade dieses Buch liest!). Die meisten werden eher ihre eigene Einschätzung wiederholen.

Dann könnten wir sagen: »Ich verstehe, dass das deine Meinung ist, aber hast du verstanden, was ich gesagt habe?« Manchmal müssen wir unsere Frage wiederholen. Oder wir sagen: »Ich glaube, dass ich verstanden habe, was du sagen möchtest. Ich bin mir aber nicht sicher, ob du verstanden hast, was ich sagen möchte.«

Führen Sie den anderen mit sanftem Nachdruck zu Ihrer Äußerung zurück und bitten Sie darum, dass er das Gehörte und Ihre Meinung wiederholt, auch wenn er oder sie nicht damit einverstanden ist. Es geht lediglich um die Bestätigung, was kommuniziert wurde, nicht um die Frage, ob die Aussage richtig oder falsch ist.

Sagen Sie nun deutlich, dass Sie die Sicht der anderen Person zur Kenntnis nehmen, aber in großer Sorge sind, dass sie falsch sein könnte:

»Ich verstehe, was du sagst. Es könnte durchaus sein, dass sich das Spielen von selbst gibt. Aber ich habe auch einen Grund für meine Ansicht.«

Denken Sie daran, dass es nicht darum geht, Ihr Gegenüber davon zu überzeugen, dass Sie mit allem recht haben. Das Ziel ist lediglich die Zustimmung zu einem »Pilotprojekt«, bei dem Sie sich aufgrund gemeinsamer Ziele in bestimmten Punkten einig sind. Wenden Sie alles an, was Sie in Teil 2 über Kommunikationsstrategien gelernt haben. Doch diesmal geht es nicht um mehr Verständnis für das Kind, sondern darum, Ihren Partner oder Ihre Partnerin besser zu verstehen. Ein möglicher Einstieg wäre: »Bist du mit den Noten unserer Tochter zufrieden? Könnten wir es bitte mit diesem Ansatz probieren und schauen, ob ihre Noten dadurch besser werden?«

Weitere Parteien einbeziehen

Wenn im Hintergrund noch weitere Personen mitspielen, die nicht an Bord sind, wird es mit dem Grenzensetzen schwer. Es ist schon schwer genug, wenn das Elternpaar sich nicht einig ist. Noch schwieriger wird es nach einer Trennung, wenn man nicht mehr zusammenlebt oder womöglich alle Kommunikation abgerissen ist.

Bei zerstrittenen oder getrennten Elternteilen registriert das Kind diese Uneinigkeit sehr schnell und lotet dementsprechend seine Grenzen aus. Manche Kinder setzen auf die Dynamik »lieber Papa, böse Mama« (oder umgekehrt). Jeder Elternteil möchte natürlich, dass das gemeinsame Kind ihn etwas lieber mag, und kann deshalb unbewusst etwas nachgiebiger sein, um sich bei dem Kind einzuschmeicheln. Unter solchen Umständen gedeiht Suchtverhalten sehr gut. Grenzen zu setzen, ist sehr schwierig, wenn sich nicht alle Erziehungsberechtigten einig sind.

Das gilt nicht nur für die Eltern selbst, sondern auch für Tanten, Onkel, Großeltern und sonstige Beteiligte. Wenn nur eine Person mit Erziehungsaufgabe die Regeln ignoriert, ist das ein Nährboden für zunehmende Spielabhängigkeit.

Falls an der Erziehung Ihres Kindes Personen beteiligt sind, die zu Computerspielabhängigkeit eine andere Einstellung haben als Sie, ist es hilfreich, sich auf bestimmte Regeln zu einigen, die für alle Erziehenden akzeptabel sind. Dazu müssen Sie vielleicht klären: Was für Geschenke werden in den jeweiligen Haushalten gemacht? Wie werden Grenzen festgelegt? Wie sehen Belohnungen aus? Wie lauten die verschiedenen Parameter für Grenzen, und sind diese Grenzen durchsetzbar? Sind die beteiligten Parteien gleichermaßen in der Lage, vereinbarte Grenzen durchzusetzen?

Solche Gespräche können Sie auch mit den Eltern der Freunde Ihres Kindes führen: Einigen wir uns darauf, bestimmte Restriktionen für die Kinder im jeweiligen Haushalt persönlich durchzuziehen? Was ist, wenn sie nicht zusammen sind? Wollen wir uns auf eine bestimmte Uhrzeit einigen, zu der sie alle abends mit Zocken aufhören müssen? Suchen Sie nach Szenarien, bei denen sicher mit einem gewissen Widerstand der Jugendlichen zu rechnen ist, und einigen Sie sich auf Lösungsstrategien, die allen machbar erscheinen. Mehr zum Umgang mit den Eltern der Freunde finden Sie im übernächsten Abschnitt.

Gespräche mit Großeltern und anderen Erziehungsbeteiligten

Großeltern sind eine weitere Herausforderung für das Durchsetzen von Grenzen, weil sie häufig der Meinung sind, für das Verwöhnen ihrer Enkel zuständig zu sein. Sie erinnern sich gut an ihre Elternrolle, in der sie viel zu oft den Spielverderber geben mussten. Jetzt wollen sie sich darauf verlegen, mit ihren Enkeln Spaß zu haben und sie glücklich zu machen.

Das Problem im Umgang mit anderen Bezugspersonen ist, dass ihnen die Konsequenzen ihres Handelns nicht unbedingt bewusst sind. Sie müssen schließlich nicht jeden Abend wegen der Schlafenszeit diskutieren. Sie sehen nur, wie sehr sich ihr Enkelkind freut, wenn es ein neues Spiel oder eine Konsole zum Geburtstag bekommt.

Wir versuchen, unsere Elternrolle ernst zu nehmen und den Geschenken der Großeltern gewisse Grenzen zu setzen, stoßen aber bei denen auf erheblichen Widerstand. Denn schließlich nehmen auch sie ihre Rolle ernst: das Enkelkind lieben und verwöhnen. Wenn man versucht, hier eine Grenze zu ziehen, reagieren sie pikiert: »Darf ich ihnen nicht zeigen, wie lieb ich sie habe?«

Großeltern und andere wohlmeinende Erwachsene weisen unsere Bedenken gern von der Hand: »Das ist bloß eine Phase. Das gibt sich von selbst. Du warst auch mal so, und aus dir ist schließlich auch etwas geworden.« Widerspruch ist reine Zeitverschwendung. Erinnern Sie sich an meine Erklärungen zu *Ahamkara?* Wenn wir Großeltern – die doch nur ihre Enkelkinder lieben – klarmachen wollen, dass ihr Tun den Kindern schadet, meldet sich *Ahamkara* schützend zu Wort. Solange ihr Intellekt den Vorwurf abstreiten kann, müssen sie sich nicht schuldig fühlen: *Du als Mutter verstehst einfach nicht, dass es dem Kind nicht schadet, wenn ich mich wie eine liebevolle Großmutter verhalte.* Aus ihrer Sicht *berei-*

chern sie das Leben des Kindes. Ihr Geist verlegt sich auf Leugnen: *Alles ist gut. Ich mache überhaupt nichts falsch, und ich muss mich weder schuldig fühlen noch mein Verhalten ändern.*

Probieren Sie es stattdessen mit folgender Reaktion: »Ich verstehe, dass es sich für dich richtig anfühlt, wenn du unser Kind verwöhnst, aber Verwöhnen mit Kuchen oder einem Buch ist etwas anderes als mit einem Videospiel.«

Machen Sie sich dabei bitte klar, dass heutige Großeltern nicht mit den Videospielen aufgewachsen sind, die es inzwischen gibt. Ihnen ist daher gar nicht bewusst, was sie auslösen, wenn sie dem Kind das Spielen uneingeschränkt erlauben (ob bei ihnen zu Hause oder wenn sie es bei Ihnen betreuen). An diesem Punkt sollten Sie ansetzen und erklären, wie die moderne Gaming-Technologie süchtig macht und welche Sorgen Sie sich wegen des Spielkonsums des Kindes machen: »Es gibt viele Belege dafür, dass von diesen Spielen und vergleichbaren Angeboten ein starkes Suchtpotenzial ausgeht. Ich fürchte, du siehst darin nicht wirklich dasselbe wie ich.« (Was daran liegen könnte, dass die Großeltern nicht ständig mit dem Kind zusammenleben.)

Wenn auch ein solcher Appell Oma und Opa nicht davon abhält, das Zocken des Kindes noch zu fördern, müssen Sie eine klare Grenze festlegen. Bedenken Sie dabei: Für die Gesundheit Ihres Kindes sind *Sie* verantwortlich, und deshalb müssen Sie entscheiden, ob der Kontakt mit jemandem, der dieses Ziel bewusst untergräbt, auf die Dauer das Beste für Ihr Kind ist. Selbst wenn wir nur ungern damit drohen, den Kontakt zu den Großeltern vollständig zu unterbinden, müssen wir die Umstände der Begegnung vielleicht sehr klar festlegen.

Zum Beispiel könnten wir den Kontakt auf öffentliche Orte beschränken, wo keine Technik bereitsteht, oder die Großeltern nur an Tagen einladen, an denen zu Hause nicht gespielt wird. Oder wir sagen, dass wir in unserem Haushalt keine Elektronik als Geschenk akzeptieren. Mit derartigen Grenzen können wir der älteren Generation begreiflich machen, dass es uns wirklich um das Beste für dieses Kind geht. Als wir Kinder waren, hatten die Großeltern das Sagen, und heute sind wir am Ruder.

Vereinbarungen mit den Eltern von Freunden

Offene Gespräche mit den Eltern der Freunde unserer Kinder können eine enorme Hilfe sein, um anschließend der ganzen Gruppe vereint gegenübertreten zu können. Versuchen Sie, sich mit den anderen Eltern auf bestimmte Grundregeln zu einigen, ob bei einer Videokonferenz, einem Gruppenchat oder einem gemeinsamen Abendessen. Fragen Sie die anderen nach deren Einschätzung zum Spielverhalten ihrer Kinder. Hören Sie gut zu, was sie zu sagen haben, und nutzen Sie dabei aktives Zuhören. Vielleicht machen Sie sich auch Notizen.

Danach können Sie wiedergeben, was Sie von den Anwesenden gehört haben, und die Gruppe auffordern, einen Aktionsplan zu schmieden. Wahrscheinlich machen die anderen Eltern sich ähnliche Sorgen wie Sie, und vielleicht haben sie gute Ideen zu Gruppenregeln, mit denen alle einverstanden sind.

Versuchen Sie, die Regeln festzuzurren:

> *»Einigen wir uns darauf, die besprochenen Regeln für die Gruppe im jeweiligen Haushalt persönlich durchzuziehen?«*
>
> *»Was ist, wenn sie nicht zusammen sind?«*
>
> *»Wollen wir eine bestimmte Uhrzeit festlegen, zu der sie abends alle mit dem Gaming aufhören müssen?«*

Eigene Stolpersteine umschiffen

Nachdem wir geklärt haben, wie man sich als Paar mit anderen Erziehungsberechtigten und Bezugspersonen und mit den Eltern der Freunde arrangieren könnte, sollten wir uns an die eigene Nase fassen. Denn vielleicht sind gar nicht die anderen das Hauptproblem, sondern wir selbst. Meiner Beobachtung nach profitieren bei Kindern, die mit ihrem Videospielkonsum zu kämpfen haben, fast immer auch die Eltern von ein paar grundsätzlichen Überlegungen wie den folgenden.

Wann soll ich eine Grenze durchsetzen?

Der Zeitpunkt des Durchsetzens ist sehr wichtig. Studien zur Verhaltensverstärkung ergaben, dass es darauf ankommt, die Zeitspanne zwischen Handlung und Konsequenz möglichst kurz zu halten. Pawlow hat nicht mit dem Glöckchen gebimmelt und dann vier Tage gewartet, ehe er seine Hunde fütterte. Damit hätten sie nie etwas gelernt! Die direkte zeitliche Verknüpfung von Signal und Futter bestimmt die Assoziation. Videospiele beherrschen die prompte Belohnung ebenfalls richtig gut. Sie erreicht die Gamer nicht innerhalb von zehn Arbeitstagen auf dem Postweg, sondern steht nach Sekunden bereit, und sie können damit sofort weiterspielen. Als Eltern müssen wir uns diesem Tempo anpassen.

Wenn das Kind einen Fehler macht und die Strafe erst Tage später eintritt, fühlt sich das für das Kind unfair an, weil es sich womöglich nicht einmal mehr an den Vorfall erinnert. Umgekehrt gilt für die positive Verstärkung dasselbe. Wenn das Kind etwas gut macht, sollten Sie es möglichst prompt loben. Warum? Weil die Spanne zwischen einer Aktion und ihren Folgen darüber bestimmt, wie stark das Gehirn dieses Verhalten verstärkt oder reduziert.

Belohnungsaufschub verhilft nicht zu Verhaltensänderungen. Je ferner die Belohnung, desto schwieriger ist es, jemanden zu etwas zu bewegen. Als Eltern sollten wir dieses Prinzip nutzen. Je unmittelbarer Aktion und Folge (Belohnung oder Strafe) miteinander verknüpft sind, desto besser finden wir bei unserem Gamer Gehör.

Wenn zu den gemeinsam festgelegten Zielen bessere Schulnoten gehören, wird es bis zum nächsten Zeugnis natürlich eine Weile dauern. Wie lässt sich diese lange Zeit mit dem eingeschränkten Zugang zum Gaming vereinbaren, auf den Sie sich zur Verbesserung der Noten verständigt haben? Beziehen Sie Meilensteine ein, die mit dem anfänglichen Gespräch zu Zielen und Grenzen zusammenhängen! Dazu müssen Sie sich vielleicht darauf verständigen, dass langsame Verbesserungen bei Tests und Klassenarbeiten auch gewisse Auswirkungen auf die Grenzen haben können, dass die Zeugnisnote jedoch der »Heilige Gral« ist – der Beweis, dass das Kind sein Spielverhalten im Griff hat (oder eben nicht).

Generell kommen Wutanfälle seltener vor, je rechtzeitiger Kinder und Jugendliche im Hinblick auf Einschränkungen oder Strafen vorgewarnt werden. Schon im Kleinkindalter endet das unangekündigte Abschalten des Fernsehers desaströs. Wer fünf Minuten vorher Bescheid sagt oder einen Timer stellt und das Kind so auf das unerwünschte Ereignis vorbereitet, kann sich viel Drama ersparen.

Dieses hart erarbeitete Wissen können Sie heute auch auf Ihren Gamer anwenden. Kündigen Sie eine Grenze frühzeitig an. Jugendliche sollten die Grenze und die Sanktion mit ausreichend Vorlauf kennen. Man kann sie dann ein- oder zweimal daran erinnern, doch es ist nicht die Verantwortung der Eltern, dass das Gerät abgeschaltet wird.

Vielleicht haben Sie vereinbart, dass das Kind in diesem Schuljahr in allen Fächern auf einer Zwei stehen soll. »Für jede Drei spielst du ansonsten einen Tag pro Woche weniger, damit du mehr Zeit hast, diese Note wieder zu verbessern. Je mehr Dreier du am Ende hast, desto mehr Wochentage werden dir beim Spielen fehlen.«

Der zweite Vorteil einer allmählichen Verstärkung ist, dass sie nicht auf Perfektion abzielt, sondern auf *Verbesserung*. Wir verlangen nicht etwa sofortigen Erfolg, sondern es geht um die Bewegung in die richtige Richtung. Bitte bedenken Sie: Kleine Vereinbarungen sind leichter durchzusetzen als eine pauschale, große Vorgabe. Wenn wir Grenzen in Form von leicht verdaulichen Häppchen einführen, ist der Fortschritt vielleicht klein, aber er bleibt messbar.

Noch ein Tipp: Verwechseln Sie Anzeichen für Kooperation nicht mit Kooperation an sich. Drei Tage in Folge für eine Arbeit zu lernen, ist nicht dasselbe wie eine Eins im Test. Wenn Sie nachgiebiger werden, weil das Kind Gehorsam demonstriert, lernt es dadurch, dass es das, worum es geht, auch vortäuschen (oder nur vorübergehend tun) kann, anstatt wirklich positive Ergebnisse zu liefern.

Keine absoluten Anforderungen

Die meisten Eltern verhängen irgendwann spontan massive Sanktionen. Auslöser sind meist Alltagskatastrophen wie eine heftige Auseinandersetzung oder ein alarmierendes Zeugnis. Die Geduld der Eltern ist am Ende, und das bekommt das Kind zu spüren. Die Zügel werden fest angezogen, und die Sanktionen sind drastisch, es droht zum Beispiel ein dauerhaftes Spielverbot.

Ich hoffe, Ihnen ist inzwischen klar, dass diese Vorgehensweise nicht zielführend ist – angefangen bei der explosiven Wut des Kindes und dem wachsenden Stress bei den Erwachsenen können derart drastische Maßnahmen das bisher aufgebaute Bündnis massiv beschädigen. Hinzu kommt, dass diese Veränderung – ein komplettes Spielverbot – so radikal ist, dass sie kaum auf Dauer durchzuhalten ist. Und wir wissen auch, dass eine bröckelnde Grenze dem Kind zeigt, dass man Grenzen nicht respektieren muss, weil die Eltern irgendwann ja doch wieder einknicken.

Wer zu drastischen Sanktionen greift, muss mit dem Kind besprechen, wann die aktuellen Grenzen erneut auf den Prüfstand kommen. Als Eltern können wir dem Kind das Spielen komplett verbieten, aber dieses pauschale Verbot stärkt weder die Beziehung noch die offene Kommunikation. Meist gehen wirklich frustrierende Momente mit dem Kind solchen Sanktionen voraus, und wir lassen uns von unseren Emotionen hinreißen. Deshalb empfehle ich regelmäßiges Überprüfen.

Ich möchte Ihnen aber auch Mut machen: Die meisten Auseinandersetzungen wegen neuer Vorgaben finden am Anfang statt. Je länger wir die Zügel schleifen lassen oder niemals anziehen, desto langsamer gewöhnt sich ein Kind daran. Wenn Ihr Sohn schon zehn Jahre am Computer spielt, braucht er vielleicht fünf Jahre, bis er sich von seinen Spielen löst.

Fazit: Eltern dürfen keine übertriebenen Erwartungen haben. Akzeptieren Sie langsame Fortschritte. Vertrauen Sie auf den Prozess. Vor Ihnen liegt ein langer Weg, doch wenn Sie am Prozess festhalten, werden Sie Fortschritte sehen, versprochen.

Belohnungen müssen nicht an den Grenzen kratzen!

Der Wunsch, gutes Verhalten zu belohnen, sollte uns nicht dazu verführen, die verhängten Grenzen fürs Spielen aufzuweichen. Es gibt genug Belohnungen, die nichts mit Computerspielen zu tun haben, zum Beispiel:

- Karten für eine Sportveranstaltung
- Ein Mountainbike
- Merch von der Lieblingsband oder ein Fan-T-Shirt des Lieblingsvereins
- Lieblingsessen zubereiten oder das Lokal wählen lassen, wenn Sie auswärts essen
- Fernsehzeit – für einen Spielfilm

Selbstfürsorge

Wenn ich als Vater manchmal nicht gerade glänze, hat das in der Regel weniger mit meinen Kindern zu tun als mit mir selbst – weil ich inkonsequent, müde, verärgert oder frustriert bin. Wir können unseren Kindern am besten beistehen, indem wir an uns selbst arbeiten, denn das elterliche Verhalten hat unmittelbaren Einfluss auf das Handeln unserer Kinder.

Wenn ich mit Eltern arbeite, verweise ich immer auf die umfangreiche Studienlage dazu, dass es bei einer Angstproblematik bei Eltern *und* Kindern den Kindern oft schon besser geht, wenn die Eltern ihre Angst behandeln lassen. Eltern, deren Kinder im Kampf gegen problematisches Spielverhalten gute Fortschritte machen, arbeiten meist intensiv an sich selbst und tragen damit entscheidend zu diesem Prozess bei.

Diese Eltern sind bereit, sich ihren Schwächen zu stellen, ihr

Verhalten anzupassen und ihre emotionale Intelligenz zu verbessern. Denken Sie darüber nach: Eigentlich kann ein Kind uns nur manipulieren und »unsere Knöpfe drücken«, weil wir emotional verletzlich sind. Es ist jedoch nicht das Kind, das uns emotional angreifbar macht. Unser Nachwuchs ist lediglich schlau genug, diese Schwäche zu erkennen und sie gegen uns zu verwenden.

Mangelnde Selbstfürsorge ist wie Fahren mit einem platten Reifen. Wenn wir nicht in Bestform sind, können wir nicht optimal für unsere Kinder da sein. Je mehr wir uns also auf uns selbst konzentrieren und unser Leben auf die Reihe bekommen, desto mehr werden wir zu einer zuverlässigen Stütze für unser Kind.

Denken Sie an die Grundregel im Flugzeug, im Notfall zunächst selbst die Sauerstoffmaske anzulegen und erst dann Ihrem Sitznachbarn (oder Ihrem Kind) beizustehen. Kümmern Sie sich körperlich und mental zuallererst um sich! Im Idealfall sind Eltern gut ausgeruht, also sorgen Sie in erster Linie für ausreichend Schlaf. Und seien Sie nachsichtig mit sich! Erziehung ist heutzutage ein hartes Geschäft. Es ist sehr wichtig, auch uns selbst liebevoll zu begegnen. Mit Gelassenheit und innerer Ruhe können Sie die beste Mutter oder der beste Vater für Ihr Kind sein.

TEIL 4

Was noch mitspielt

Computerspielabhängigkeit geht oft einher mit einer psychischen Erkrankung, nicht diagnostiziertem ADHS (Aufmerksamkeitsdefizitsyndrom mit Hyperaktivität) oder hochfunktionalem Autismus und wird dadurch verschlimmert. Auch Marihuanakonsum kann das Problem verschärfen. In den Familien, mit denen ich arbeite, spielt in jedem dritten Fall noch ein anderes Thema mit hinein.

In diesem Abschnitt gehe ich auf derartige Probleme ein und erkläre, warum eine professionelle Abklärung der Verhaltensmuster Ihres Kindes hilfreich sein kann. Wir sprechen über die Schnittstellen von psychischen Schwierigkeiten und Gaming und darüber, wie man die Kernpunkte meines Konzepts an die speziellen Bedürfnisse Ihres Gamers anpassen kann.

KAPITEL 11

Psychische Probleme erkennen

Manchmal kann man sich noch so sehr anstrengen, alle Hinweise aus diesem Buch umzusetzen, und obwohl das Kind sich mit uns gemeinsam große Mühe gibt, ändert sich letztlich nichts. Wenn das auf Sie zutrifft, sollten Sie in Betracht ziehen, ob eventuell psychische oder neurologische Aspekte vorliegen, die dem Kind im Weg stehen.

Verzweifelte Eltern, die alles versucht haben, aber dennoch scheitern, glauben womöglich, dass sie etwas falsch gemacht haben. Tatsächlich haben sie vieles richtig gemacht, und genau deshalb kommt ihnen der Verdacht, dass es bei diesem Kind um mehr geht als um übertriebenes Interesse an Computerspielen.

Damit stecken sie fest, denn sie haben schließlich nie gelernt, mögliche psychische oder neurologische Probleme klinisch zu beurteilen. Und vielleicht befürchten sie auch, dass sie überreagieren oder bereits durch den Wunsch nach einer Abklärung die Selbstachtung des Kindes beschädigen. Das ist so eine Art Henne-oder-Ei-Problem.

Solche Eltern müssen professionelle Unterstützung für ihr Kind aus einer anderen Perspektive betrachten. Es geht in der Medizin nämlich nicht nur um Behandlung, sondern zunächst einmal um eine *sorgfältige Diagnose*. Das ist sehr wichtig, denn auch eine klinische Beurteilung, die *keinen* krankhaften Befund ergibt, hilft weiter. Beides hat Einfluss auf das weitere Vorgehen.

Wenn in meiner Praxis jedes dritte betroffene Kind ein psychisches Problem hat, existiert dieses Problem unabhängig von der Videospielfrage und verschärft sie in aller Regel. Eltern sollten wissen, wo ihr Kind in diesem groben Raster steht. Wissen ist nämlich tatsächlich Macht. Der umfassende Diagnoseprozess kann unglaublich beruhigend sein, nicht nur für die Eltern, sondern auch für die Kinder. Oftmals wissen die Eltern, dass etwas nicht stimmt, aber sie sehen nur das Symptom, nicht die Ursache. Und die betroffenen Kinder spüren, dass etwas falsch läuft, und können enorm davon profitieren, wenn sie diesem eigentümlichen Gefühl einen Namen geben können.

Vorteile der Diagnostik

Nehmen wir folgendes Szenario an: Ein Kind hat Probleme mit Impulsivität und mangelnder Emotionsregulation, das heißt, es regt sich jedes Mal unverhältnismäßig auf, wenn wir seinem Spielen Grenzen setzen wollen, und tickt regelrecht aus. Sein Gehirn scheint negative Gefühle nicht ausbremsen zu können.

Impulsives Verhalten und Emotionsdysregulation sind typisch bei ADHS (Aufmerksamkeitsdefizitstörung mit Hyperaktivität). Ein Kind mit ADHS ist (in diesem Moment) nicht oder schlecht in der Lage, über die Frontallappen seines Gehirns Kontrolle über seine Amygdala auszuüben. Wenn ADHS das eigentliche Problem ist, brauchen Eltern die richtige Diagnose und professionelle Hilfe, damit das Kind lernt, seine Emotionen besser zu regulieren.

Wenn es dank neuer Methoden seine Gefühle im Griff hat und mit seinem ADHS besser umgehen kann, kommt es im Leben insgesamt besser klar, und auch das Gaming-Problem lässt sich lösen. Aber solche Verbesserungen beginnen mit einer Begutachtung, um das eigentliche Problem angehen zu können.

Bei diesen Tests kann auch herauskommen, dass objektiv weder ADHS noch andere Störungen vorliegen. Dann wissen Sie, dass *keine* Neurodiversität oder verstärkte Impulsivität dahintersteckt, wenn das Kind aus der Haut fährt. Und das wiederum bedeutet, dass Ihr Kind ein Problem mit seinem Verhalten und seiner Umgebung hat. Vielleicht flippt es so aus, weil ein Elternteil dann nachgibt. Somit hätte es eine erfolgreiche Strategie erlernt.

Beide Szenarien erfordern Aufmerksamkeit, Einfühlungsvermögen und Zuwendung, aber auch völlig unterschiedliche Strategien. Bei einem Kind mit ADHS brauchen wir Geduld und Mitgefühl. Das Kind leidet, und das müssen wir zur Kenntnis nehmen und unser Verhalten darauf abstimmen. Liegt jedoch kein ADHS vor, brauchen wir klare Grenzen und eine feste Haltung. Das sind unterschiedliche Lösungsansätze für etwas, das von außen gleich aussieht.

Auch eine klinische Beurteilung,
die *keinen* krankhaften Befund ergibt, hilft weiter.
Beides hat Einfluss auf das weitere Vorgehen.

Professionelle Hilfe sollten Sie also nicht nur in Anspruch nehmen, wenn Ihr Kind dringend behandlungsbedürftig ist, sondern auch, wenn Sie überlegen, ob vielleicht ein medizinischer Grund vorliegen könnte. Stellen Sie sich dazu diese Fragen: Könnte ein therapeutischer Ansatz *hilfreich* sein? Könnte Ihr Kind von einer psychiatrischen Diagnose oder einer Psychotherapie *profitieren?*

Betrachten Sie eine Überprüfung der psychischen Verfassung Ihres Kindes bitte als eine normale Vorsorgeuntersuchung. Körperliche Vorsorgeuntersuchungen werden dringend empfohlen und sind in gewisser Hinsicht sogar Pflicht. Ohne Impfnachweis gegen bestimmte Erkrankungen dürfen Kinder nicht in die Schule, vor der Ausbildung brauchen sie eine ärztliche Bescheinigung, und auch für manche Sportarten oder besondere körperliche Belastungen ist ein Attest erforderlich.

Professionelle Hilfe finden

Wenn Sie weitere Hinweise brauchen, gibt es verschiedene Selbsthilfegruppen und Verbände **auch in Ihrer Nähe ...**

Aus Studien zu erfolgreichen Behandlungen wissen wir, dass es in der therapeutischen Beziehung nicht in erster Linie auf Zusatzausbildungen, Berufserfahrung oder einen ähnlichen ethnischen oder religiösen Hintergrund ankommt. Es muss einfach passen. Sowohl Sie als auch Ihr Kind müssen sich mit der behandelnden Person gut arrangieren können. Mitunter findet man erst beim dritten Anlauf jemanden, bei dem »die Chemie stimmt«.

Wenn Sie individuelle professionelle Unterstützung suchen:

1. Fragen Sie Ihren Kinderarzt oder Ihre Hausärztin nach Empfehlungen. Ärzte wissen sehr gut, wer in Frage kommen könnte.
2. Falls es eine Schulpsychologin oder einen Sozialarbeiter gibt, suchen Sie das Gespräch mit ihr oder ihm. Sagen Sie, dass Sie sich Sorgen machen, weil Ihr Kind sich suchtartig mit Spielen beschäftigt, und fragen Sie nach Beratungsangeboten vor Ort.

3. Beziehungen nutzen: Fragen Sie Angehörige und Freunde, ob sie einen guten Therapeuten kennen.
4. Oft kann das Internet die Suche unterstützen. Suchen Sie mit dem Stichwort »Psychotherapie oder Psychiater für Kinder und Jugendliche«, und wenn die Praxen, mit denen Sie Kontakt aufnehmen, keine neuen Patienten annehmen, bitten Sie um Empfehlungen.
5. Auch die Krankenkasse könnte Listen oder Suchmasken mit zugelassenen Therapeutinnen und Therapeuten vor Ort bereithalten. Nachfragen lohnt sich!

Ein sicherer Ort zum Reden

Ein zweiter wichtiger Faktor bei der Entscheidung, professionelle Hilfe in Anspruch zu nehmen, ist die Kommunikation. In der Psychotherapie wird bewusst ein sicherer Rahmen bereitgestellt. Wenn Sie also Schwierigkeiten haben, eine gute Verbindung zu Ihrem Kind aufzubauen, oder den Eindruck haben, dass es sich Ihnen gegenüber partout nicht öffnet, braucht es vielleicht die Sicherheit und Neutralität eines professionellen Gesprächspartners. Sie machen dem Kind ein großes Geschenk, wenn Sie zulassen, dass es schwierige Gedanken und Gefühle einer anderen Person mitteilt. Indem Sie Ihr Bedürfnis, die Bezugsperson des Kindes zu sein, zurückstellen, zeigen Sie ihm, dass Sie für es da sind, dass es sich jedoch in seinem Tempo und auf seine Weise auf den Weg machen darf. Denken Sie daran, dass viele Kinder ihre Eltern auf gar keinen Fall enttäuschen wollen. Deshalb offenbaren sie ihre eigenen Unzulänglichkeiten lieber anderen als ausgerechnet Ihnen.

Das kann wehtun, denn natürlich wollen *wir* diejenigen sein, denen unsere Kinder vertrauen und bei denen sie das Gefühl haben, sie können alles erzählen. Unser Leben lang bemühen wir uns, ihnen zu zeigen, wie sehr wir sie lieben und dass wir immer auf ihrer Seite stehen. Aber mitunter ist es vertane Zeit, unbedingt selbst die perfekte Umgebung erzeugen zu wollen, in der das Kind so offen sein kann, wie wir es uns wünschen. Und Zeitverschwendung können wir uns nicht leisten. Das Kind braucht Hilfe, und zwar schnell!

Nach meiner ärztlichen Erfahrung stärkt eine professionelle Psychotherapie bei rund 99 Prozent der Jugendlichen die Beziehung zu den eigenen Eltern. Vor der Therapie wussten sie nicht, was sie sagen sollten. Wie sollten sie sich den Eltern gegenüber äußern, wenn sie nicht einmal die passenden Worte hatten, um ihre Gefühle zu benennen?

Sobald sie solche Dinge jedoch in der Therapie bearbeiten, lernen sie, ihr Erleben auch den Eltern mitzuteilen. Seien Sie also geduldig und vertrauen Sie auf den Prozess. Vertrauen Sie darauf, dass Sie alle von der Therapie profitieren, und halten Sie sich wartend bereit.

Die Aufgabe der Eltern besteht darin, dem Kind das Vertrauen zu vermitteln, dass sie da sind und es nach Kräften unterstützen, ob oben auf der Bühne oder hinter den Kulissen, bis es auf eigenen Füßen stehen kann. Wenn uns das gelingt, werden unsere Kinder eines Tages losziehen und ihr eigenes wunderbares, unabhängiges Leben führen – in dem Wissen, dass sie jederzeit zu uns zurückkommen dürfen.

Wann ist es ernst?

Woher weiß man, wann professionelle Unterstützung erforderlich ist? Immer wieder fragen Eltern, woran sie erkennen, dass es ernst ist. Aber was bedeutet »ernst«? Nachfolgend finden Sie Beispiele, die ich als ernst einstufen würde:

- Nachlassende schulische Leistungen, ob in Form eines deutlichen Notenabfalls oder Rückmeldungen von Lehrkräften oder der Schule, dass das Kind zu kämpfen hat.
- Veränderungen in Freundeskreis und Familienbeziehungen. Wenn das Kind sich mit langjährigen Freunden überwirft oder plötzlich nur noch mit neuen Leuten oder Einzelnen abhängt, sollte man hellhörig werden. Das gilt auch, wenn es in der Familie zu merklichen Spannungen kommt.
- Keine Freundschaften im echten Leben
- Völliges Abkapseln (den ganzen Tag im eigenen Zimmer hocken, nicht mehr zum Essen kommen)
- Ausgeprägte Unselbstständigkeit (steht nicht mehr von allein auf, man muss der Person hinterherräumen und ihr das Essen vorsetzen)
- Wutanfälle bis hin zum Zerstören von Dingen
- Tägliche oder sehr häufige Streitereien mit den Eltern oder anderen Familienmitgliedern
- Rebellisches Verhalten (sich nachts rausschleichen; wiederholt Familienregeln brechen)
- Selbstschädigendes Verhalten (Drogen- oder Alkoholkonsum, Essstörungen, Selbstverletzung)
- Körperliche Auseinandersetzungen in der Schule oder zu Hause.
- Suizidgedanken, eigen- oder fremdgefährdendes Verhalten – hier ist eine medizinische Abklärung unerlässlich.

Wenn Punkte aus dieser Liste bei Ihrem Kind nicht nur vereinzelt vorkommen, sind Sie auf der richtigen Spur: Die Lage ist ernst. Es ist an der Zeit, sich um professionelle Hilfe zu kümmern.

Wenn dieser Punkt (noch) nicht erreicht ist, ist die Entscheidung, wann professionelle Unterstützung angebracht wäre, weniger leicht zu fällen. Letztendlich rate ich immer dazu: Lieber früher als später aktiv werden. Selbst wenn es »nur« um eine Diagnose geht und gar nicht um eine Therapie, sollten Sie Profis zu Rate ziehen.

Es schadet nie, mehr zu wissen. Mit dem nötigen Wissen sind wir besser gerüstet, unseren Kindern mit ihren Problemen beizustehen.

KAPITEL 12

Herausforderung Nummer 1:

Gaming und ADHS

Was die moderne Technologie perfekt beherrscht, ist die Fragmentierung unserer Aufmerksamkeit. Die ständige Verlagerung von Aufmerksamkeit und die zunehmende Geschwindigkeit der Anwendungen erschweren die Konzentration auf ein Thema oder eine Tätigkeit. Die Aufmerksamkeitsspanne leidet, weil wir uns zu immer kürzeren Inhalten hinbewegen. Aus dem Kulturgut Spielfilm wurde die gesellschaftliche Begeisterung für Fernsehshows, und dann kamen YouTube-Videos, die wiederum zu Clips auf *YouTube* und *TikTok* schrumpften. Aus Büchern wurden Blogbeiträge und schließlich knappe Tweets. Wir verlangen dem menschlichen Geist immer weniger ab und scheinen nur noch mit 90-sekündigen Instagram-Reels oder einem flüchtigen Blick über die Schlagzeilen zurechtzukommen.

Auch wenn niemand weiß, ob diese Entwicklung unmittelbar der Technik zuzuschreiben ist, steigt der Anteil der Kinder mit einer ADHS-Diagnose (Aufmerksamkeitsdefizitsyndrom mit Hyperaktivität) Jahr für Jahr. Und immer mehr Kinder haben gleichzeitig mit ADHS und Videospielabhängigkeit zu kämpfen.

Was ist ADHS?

Inzwischen ist gründlich erforscht, was bei ADHS im Gehirn abläuft. Wir wissen, dass im Gehirn betroffener Kinder oder Erwachsener drei Dinge anders sind:

1. Aufmerksamkeitsspanne
2. Impulskontrolle
3. Emotionsregulierung

Aufmerksamkeit

Wie schon die Bezeichnung nahelegt, zeichnet sich ADHS in erster Linie durch eine Unterbrechung der Aufmerksamkeit aus.

Eine durchschnittliche Aufmerksamkeitsspanne umfasst verschiedene Merkmale: Erstens können wir uns geistig auf etwas konzentrieren, und wenn wir die Aufmerksamkeit nicht mehr darauf richten wollen, können wir sie umlenken. Wenn ein Kind *ohne* ADHS ein Buch liest und man es zum Essen ruft, registriert es, dass man mit ihm spricht, und normalerweise kann es das Buch weglegen und zum Tisch kommen.

Kinder *mit* ADHS haben mit dieser Funktion Schwierigkeiten. Weil sie ganz in ihr Buch vertieft sind, können sie weder richtig hören, was man zu ihnen sagt, noch darauf achten, was man von ihnen will. Sieht man sich Studien zu Eltern von ADHS-Kindern an, so zeigt sich, dass sie deutlich öfter laut werden als andere Eltern. Das liegt nicht daran, dass sie besonders fies sind, sondern daran, dass sie aus Erfahrung wissen, dass sie die Aufmerksamkeitssperre ihres Kindes nur mit erhöhter Lautstärke durchbrechen.

Neben der Schwierigkeit, das Kind überhaupt auf sich aufmerksam zu machen, kann dessen Aufmerksamkeit auch ohne sein Zutun abschweifen. Solche Kinder haben Schwierigkeiten, sich auf etwas Bestimmtes zu konzentrieren. Mitunter muss man sie wiederholt daran erinnern. Man sagt es ihnen einmal, sie vergessen es. Man sagt es noch einmal, sie vergessen es wieder. Und so weiter. Irritierenderweise verläuft dieser Kampf um bewusste Aufmerksamkeit in beide Richtungen, also sowohl, wenn die Kinder sich von etwas abwenden sollen, worauf sie sich gerade konzentrieren, als auch, wenn sie bei etwas bleiben sollen, was ihnen nicht wichtig ist. Das gegenteilige Szenario lässt sich am besten als »übermäßige Aufmerksamkeitserhaltung« bezeichnen: Wenn sich jemand mit ADHS an einer Sache festbeißt, fällt es dieser Person unglaublich schwer, sich wieder davon zu lösen.

Impulskontrolle

Wir wissen, dass das menschliche Gehirn Impulse, die wir durch Sehen, Hören und Fühlen wahrnehmen, integriert. Haben wir Hunger? Haben wir Durst? Auch der Geist vermittelt Impulse: Bin ich neugierig auf etwas, oder lenkt mich etwas anderes ab?

In einem neurotypischen, also einem »normal« funktionierenden Gehirn wird dieser Input integriert, und dann entscheiden wir, ob wir einem Impuls folgen oder ihm widerstehen. Vielleicht registrieren wir während einer Besprechung, dass wir eigentlich zur Toilette müssten, oder wir hätten Lust, loszusingen, aber wir können beides verschieben.

Bei Menschen mit ADHS sind bestimmte Schaltkreise anders verknüpft. Bei Kindern mit ADHS erzeugt ein sensorischer Input deutlich mehr Impulse, und obendrein können sie diese Impulse schlechter zügeln.

Woran erkennen wir das als Eltern? Vielleicht sagen wir dem Kind, es soll sich an seine Hausaufgaben setzen, aber es lässt sich durch jedes Geräusch und selbst einen Vogel, der am Fenster vorbeifliegt, ablenken. Und bei der ersten Ablenkung steht es auf und macht etwas anderes, weil es diesem Impuls nicht widerstehen kann.

Emotionsregulierung

Kinder mit ADHS erscheinen vielfach sehr bockig, hartnäckig und auf ein Thema fixiert. Ihr Verhalten erinnert mitunter an einen Pitbull, der sich etwas geschnappt hat. Das Kind hört nicht zu, sondern spielt einfach weiter, und wenn man versucht, ihm die Konsole wegzunehmen, erntet man einen schlimmen Wutanfall. Eltern registrieren in solchen Fällen oft, dass die Reaktion vollkommen irrational und überzogen erscheint. Ohne eine ADHS-Diagnose denken sie vielleicht, ihr Kind sei einfach furchtbar stur, doch extreme Sturheit ist ein Hinweis auf Emotionsdysregulation – und auf ADHS.

Bei Gehirnscans von Kindern zeigte sich in verschiedenen Studien, dass Kinder mit ADHS schneller und länger von negativen Emotionen erfasst werden als Kinder mit einem neurotypischen Gehirn. In der Praxis bedeutet das, dass Kinder mit ADHS schneller Ärger, Frust oder Traurigkeit empfinden als andere und dass diese Emotionen länger im Gehirn bestehen bleiben.

Der Kampf ist real

Kinder mit ADHS haben im Leben auf zahllose Weise zu kämpfen. Schon im Vorschulalter passen sie schlecht in die Schubladen, die die Gesellschaft – Familie, Spielgruppen, Kita, Vorschule – für sie vorsieht, und in der Schulzeit setzt sich dies fort. Das heißt: Es ist nicht leicht, heutzutage ein Kind zu sein, und für Kinder mit ADHS ist es noch viel schwerer.

Im Ergebnis entsprechen die schulischen Leistungen des Kindes oft nicht seiner eigentlichen Begabung, weil die geringste Ablenkung den Geist (oder den ganzen Körper) wandern lässt. Manchmal reicht es schon, dass ein Mitschüler auf der anderen Seite des Klassenraums kichert, und schon achtet das ADHS-Kind nicht mehr auf die Lehrerin, sondern nur noch auf das lachende Kind. Wer jedoch im Unterricht nicht gut aufpasst, erntet prompt schlechte Noten. Und ein Kind, das die ganze Klasse ablenkt oder besondere Aufmerksamkeit und Überwachung durch die Lehrkraft benötigt, wird nicht immer so einfühlsam behandelt, wie es das gerade bräuchte. Vielmehr reagieren Lehrer häufig frustriert und zeigen sich verärgert und verfestigen damit das Problem.

Doch nicht nur Lehrkräfte behandeln solche Kinder anders. Viele Kinder mit ADHS haben auch Schwierigkeiten mit Gleichaltrigen. Nehmen wir an, ich bin sechs. Ich spiele mit meinen Freunden, und wir einigen uns darauf, etwas immer abwechselnd zu machen. Wenn ich meine Impulse jedoch nicht beherrschen kann, warte ich nicht, bis ich dran bin, sondern drängele mich vor. Und wie reagieren die anderen Kinder auf mein Vordrängeln? Verärgert, genau! Die meisten Kinder können es verzeihen, wenn jemand gelegentlich aus der Reihe tanzt. Wenn ein Kind das jedoch immer wieder tut, macht es sich damit unbeliebt und wird aktiv ausgeschlossen.

Wir wissen, dass Kinder mit ADHS es schwerer haben, im Leben klarzukommen und Beziehungen aufrechtzuerhalten. Faszinierenderweise sind diese Kinder jedoch oft normal oder sogar überdurchschnittlich intelligent, was die Sache leider noch niederschmetternder macht.

Das Kind mit ADHS weiß, dass etwas nicht stimmt. Auch ein Siebenjähriger kann sich auf dem Spielplatz umsehen und erkennen, dass alle anderen Freunde haben, und sich fragen, warum er keine Freunde hat. »Alle aus meiner Klasse werden zu Geburtstagsfeiern eingeladen, nur ich nicht.« Oder: »Ich finde, ich bin genauso schlau wie die anderen, aber sie bekommen lauter Einser und ich nur Dreier und Vierer.«

Solche Selbstwahrnehmungen verdeutlichen, warum 70 Prozent der Kinder mit ADHS irgendwann Depressionen entwickeln. Kinder registrieren solche Unterschiede sehr genau und verinnerlichen sie, denn ein Sechs- oder Siebenjähriger versteht nicht, dass sein Gehirn anders verdrahtet ist. Er sieht nur, dass die anderen ihn nicht mögen und dass er irgendwie versagt.

Kinder mit ADHS fühlen sich nur selten ganz in ihrem Element. Deshalb wählen sie oft ungesunde Bewältigungsstrategien wie Vermeiden, Unterdrücken und Aufschieben. Manchmal wenden sie sich Drogen oder anderen Substanzen zu (oft Marihuana, siehe Kapitel 15) und natürlich dem Computer.

Videospiele als optimale ADHS-Lösung?

Für ein ADHS-Gehirn sind Videospiele perfekt: Sie sind tempogetrieben, stimulierend und fesselnd. Ein Videospiel kommt mit grellen Farben und lauten Geräuschen daher, liefert den Adrenalinkick und bindet die Aufmerksamkeit.

Am Computer sind Konzentration, Fortschritte, Leistungen, Wettstreit, Zugehörigkeit und Sieg plötzlich möglich – all die Dinge, die Personen mit ADHS im Alltag schwerfallen. Beim Zocken haben alle die gleichen Chancen.

Denken Sie kurz an einen Zeitpunkt, an dem Sie absolut konzentriert und im Flow waren, weil Ihr Körper und Ihr Geist ganz auf dieses eine wichtige Ziel ausgerichtet waren. Vielleicht haben Sie geschrieben oder gemalt, sind gelaufen oder haben Klavier gespielt. Stellen Sie sich vor, wie gut es sich anfühlt, voll fokussiert zu sein, weil das Gehirn exakt so funktioniert, wie es soll.

Und nun machen Sie sich klar: Kinder mit ADHS erleben dieses Gefühl nur an der Konsole oder am Computer. Das Spiel präsentiert genau die Herausforderung und die sensorischen Reize, die Kinder mit ADHS brauchen, um sich einklinken und fokussieren zu können.

Videospiele entsprechen dabei nicht nur ihrer kurzen Aufmerksamkeitsspanne, sondern auch ihrer Impulsivität. Ein Kind mit ADHS kann oft stundenlang dasitzen und Computer spielen. All seine Impulsivität scheint wie weggeblasen.

Und obendrein helfen Videospiele Menschen aktiv, ihre Emotionen zu unterdrücken. Damit unterstützen sie das ADHS-Kind bei der Emotionsregulierung. Mit der ständigen Betätigung der Tasten oder der Schaltfläche bekommt ein ADHS-Gehirn etwas zu tun, was ihm hilft herunterzufahren, und das empfindet dieses Gehirn als ungeheure Erleichterung.

Doch obwohl all dieses Flackern, die spannenden Geräusche und die Herausforderung des Spiels sich für das Gehirn gut anfühlen, fördern sie das ADHS noch. Solche Spiele erleichtern schließlich die Konzentration, weshalb das Kind nicht üben muss, sich auf das Spiel zu konzentrieren. Videospiele stellen so viele sensorische Reize bereit, dass der Fokus sich automatisch einstellt. Doch je mehr Kinder mit ADHS ihre Konzentrationsfähigkeit an das Videospiel outsourcen, desto mehr leidet ihre Aufmerksamkeitsspanne. Je mehr sie zocken, desto schlechter können sie sich konzentrieren, und dann fällt es ihnen umso schwerer, in der realen Welt zu bestehen. Und je mehr Mühe sie haben, in der realen Welt zu bestehen, desto mehr ziehen sie sich auf ihre Computerspiele zurück. Damit schließt sich der Teufelskreis.

Wenn Sie ADHS bisher nicht auf dem Schirm hatten, sollten Sie darüber nachdenken, ob bei Ihrem Kind ein entsprechender Test sinnvoll sein könnte. Wenn sich dabei herausstellt, dass Ihr Kind wirklich ADHS hat, müssen Sie nämlich zuallererst dieses Problem angehen, sowohl durch Einbeziehung der Schule als auch durch die passende Therapie. Ohne eine ADHS-Diagnose zu berücksichtigen, wird das Spielverhalten des Kindes kaum zu kontrollieren sein. Warum? Weil Videospiele zwar der Konzentration und der Impulskontrolle des Kindes schaden, sich gleichzeitig für das ADHS-Gehirn aber gut anfühlen. Wenn ein Kind also nur diese eine Chance sieht, konzentriert und erfolgreich zu sein, wird man ihm diese Möglichkeit nur sehr schwer entziehen können.

Für derartige Situationen gibt es leider keine schlichte Schritt-für-Schritt-Lösung. Andererseits wissen wir, dass nach erfolgter Testung und Diagnose sowohl Medikamente als auch eine Psychotherapie (in der das Kind über seine Enttäuschungen sprechen und Bewältigungsstrategien erarbeiten kann) weiterhelfen können.

Was hilft zu Hause?

Sobald die professionelle Hilfe anläuft, können Sie auch zu Hause gewisse Dinge tun. Zu den sogenannten »Exekutivfunktionen« gehört die Fähigkeit, so vorauszuplanen, dass wir bestimmte Ziele erreichen. Kindern mit ADHS fällt es schwer, Anweisungen zu befolgen und bei der Sache zu bleiben. Deshalb können sie oft nur schwer Anweisungen mit vielen Zwischenschritten folgen, ohne auf Ablenkungen oder Unterbrechungen zu reagieren. Das ist ein echtes Problem, wenn es darum geht, mit zunehmendem Alter in Schulangelegenheiten mehr Selbstverantwortung zu übernehmen.

Je besser Sie Ihr Kind darin unterstützen, sich zu organisieren und in die Zukunft zu denken, desto eher wird auch sein Interesse am Spielen zurückgehen. Es kann deshalb eine große Hilfe sein, an bestimmten Exekutivfunktionen zu arbeiten, zum Beispiel an Überlegungen, wie das Kind sich am Vorabend und morgens auf den Schultag vorbereiten kann.

Auch Unterstützung im Bemühen, seine Aufgaben im Blick zu behalten und zu erledigen, ist willkommen. Dabei helfen zum Beispiel Aufgabenhefte und Terminplaner, Checklisten und individuelle konkrete Tagespläne. Wichtig ist auch, im Rahmen der eigenen Begabung zu lernen, wie man lernt. ADHS ist ein Spektrum, innerhalb dessen Sie und Ihr Kind in der Lage sein sollten, schulische Stärken und Schwächen auszuloten, um gemeinsam die Stärken herauszuarbeiten.

Sie dürfen (und sollten!) mit dem Kind ruhig über die Zusammenhänge zwischen der anderen Verschaltung seines Gehirns und seinem Computerspielkonsum sprechen.

Da ADHS weniger stigmatisiert ist als andere psychische oder neurologische Probleme, dürfen Ihre offenen Fragen auch direkt ausfallen:

> *»Was weißt du über ADHS? Hast du schon einmal darüber nachgedacht, ob du davon betroffen sein könntest?«*

Wenn das Kind nicht viel über dieses Syndrom weiß, können Sie etwas vorsichtiger anfangen:

> *»Gibt es Aufgaben im Zusammenhang mit der Schule oder Dinge, die anderen Leuten scheinbar leichtfallen, die dir aber sehr schwer vorkommen? Kannst du mir ein wenig davon erzählen?«*

Auch wenn ADHS nicht so stark stigmatisiert ist, geht dennoch viel Scham damit einher. Für Kinder ist es schlimm, wenn sie sehen, wie die anderen etwas locker zustande bringen, was ihr Gehirn einfach nicht schafft. Falls Sie Scham und Frust registrieren, sprechen Sie das an:

»Bist du manchmal frustriert, weil du bestimmte Dinge nicht schaffst, die eigentlich ganz einfach sein sollten?«

»Wie du zu kämpfen hast, klingt echt anstrengend. Und es ist gar nicht deine Schuld. Bei manchen Menschen ist das Gehirn einfach anders verschaltet als bei anderen. Was hältst du davon, wenn wir darüber mit jemandem sprechen und dich vielleicht testen lassen. Dann könnten wir neue Lösungen finden.«

Wichtig ist auch, die Konsequenzen von ADHS vorsichtig anzusprechen. Mit offenen Fragen können Sie eruieren, wie das Kind die Folgen seines Problems einordnet. Fragen Sie nach, wie es ihm mit seinem ADHS ergeht:

»Wie kommst du mit den anderen zurecht?«

»Wirst du gemobbt?«

»Hast du immer das Bedürfnis, den Klassenclown zu spielen?«

»Wie gut bist du in der Schule? Wie geht es dir damit?«

Im Endeffekt müssen Sie sich klarmachen, dass Ihr Kind sein suchtartiges Spielverhalten erst dann überwinden kann, wenn seine psychischen Bedürfnisse auch in der realen Welt gestillt werden, anstatt nur in der Welt des Gaming. Bei ADHS ist dieser Kampf besonders schwer, denn bei Kindern mit ADHS deckt das Gaming noch mehr Bedürfnisse ab als bei neurotypischen Kindern, und obendrein können sie damit noch mehr Unbehagen überspielen. Doch diese Hürde ist nicht unüberwindbar!

Kleine Abkühlung gefällig?

Meinen Patientinnen und Patienten empfehle ich als Emotionsregulierungsstrategie gern den *Tauchreflex*. Ich spreche dabei vom »Eistauchen«, aber man muss dafür nicht ins Eisbad oder einen zugefrorenen See springen.

»Eistauchen« ist eine Meditations- und Erdungsmethode, die sich gut zu Hause anwenden lässt. Dysfunktionale Regulationsstrategien (Weinen, Aufbrausen oder gar ein Tobsuchtsanfall) beruhen oft auf einer Aktivierung des sympathischen Nervensystems, die wiederum von der Amygdala herrührt, wo der Kampf-oder-Flucht-Modus verankert ist. Der Körper wird dabei mit Adrenalin und Kortisol geflutet, das Herz hämmert, und unser Denken findet nur noch in Schwarz oder Weiß statt, ohne Zwischentöne.

In diesem Zustand müssen wir das Adrenalin stoppen, weil es unsere Denkmuster verändert, und genau das erreichen wir durch den Tauchreflex: Wenn Säugetiere in kaltes Wasser fallen, werden Atmung und Herzschlag augenblicklich verlangsamt. Das Gehirn kappt auch die Adrenalinproduktion, damit sich der Körper entspannt und die Überlebenschancen steigen.

Wahrscheinlich kennen Sie diesen Effekt vom Schwimmen in einem kalten See oder im Meer. Beim langsamen Hineinwaten schmerzt jeder Schritt, doch wenn man einfach hineinspringt, betäubt der Körper nach dem ersten Schock allen Schmerz, und es geht einem gut. In der Therapie – besonders in Therapien von Kindern mit ADHS – lernen die Betroffenen, sich diese natürliche physiologische Reaktion zunutze zu machen. Man kann den Tauchreflex nämlich auch auslösen, indem man nur das Gesicht in kaltes Wasser taucht. Geben Sie Eiswürfel ins Waschbecken oder in eine Schüssel, füllen Sie das Gefäß mit kaltem Wasser auf. Dann taucht Ihr Kind sein Gesicht hinein.

In der Schule ist das natürlich nicht möglich, aber mit etwas Vorausplanung (und dem Einverständnis der Schule) können Sie Ihrem Kind dort vielleicht Zugang zu Eiswürfeln verschaffen. Ein Eiswürfel in der Hand (die Hand wechseln, sobald die schmerzhafte Taubheit einsetzt!) löst in geringerem Ausmaß dieselbe Reaktion aus und unterstützt die Konzentration.

KAPITEL 13

Herausforderung Nummer 2:

Zocken und Störungen aus dem autistischen Spektrum

Die Diagnosen von Autismus-Spektrum-Störungen (ASS) haben sich in den letzten 15 Jahren in den USA verfünffacht, in Deutschland hat sich ihre Zahl in den vergangenen zehn Jahren verdoppelt Das hat viele Gründe, von mehr Bewusstsein für solche Störungen bis hin zu besseren Diagnoseverfahren. Viele junge Menschen mit einer Autismus-Spektrum-Störung leiden dabei auch unter Videospielabhängigkeit.

Der Begriff *Spektrum* weist darauf hin, dass autistische Störungen von sehr leichten bis hin zu sehr schweren Fällen reichen und das Erleben unterschiedlich sein kann. Ein Kind mit schwerem Autismus, das bestimmte Entwicklungsphasen für Sprache oder soziale Interaktion nicht bewältigen kann, erhält seine Diagnose oft schon in sehr jungen Jahren. Am anderen Ende des Spektrums bewegen sich Personen mit hochfunktionalem Autismus, die sehr kompetent sind und gut kommunizieren können (Asperger-Syndrom). Besonders bei überdurchschnittlicher Intelligenz können Menschen mit hochfunktionalem Autismus neurotypisch, also »normal«, erscheinen. Zudem entwickeln viele Betroffene – Eltern wie Kinder – Kompensierungsmechanismen, die es ihnen ermöglichen, autistische Züge vor anderen zu verbergen, was eine Diagnose erschwert.

Gleichzeitig werden unsere Diagnose-Tools und auch die Unterstützungs- und Behandlungsangebote immer besser. Wenn bei einem Kind einer (oder mehrere) der folgenden Charakterzüge vorliegt, kommt ein Test auf Autismus-Spektrum-Störungen in Betracht.

- Schwierigkeiten bei der sozialen Interaktion
- Repetitive oder anhaltende Verhaltensweisen (der Fachbegriff dafür lautet »Perseveration«)
- Impulsivität
- Mangelnde Empathie anderen gegenüber
- Verhaltensauffälligkeiten und Wutanfälle
- Unfähigkeit, die Ansichten anderer wahrzunehmen

Ohne eine entsprechende Diagnose sind Sie vielleicht nicht in der Lage, herauszufinden, wie Sie so einem Kind gemäß Teil 3 effektiv Grenzen setzen können. Bei einem autistischen Kind fehlen unter Umständen wichtige Variablen im vorgestellten Standardverfahren. Vielleicht kann es nicht kommunizieren, kann keine offenen Fragen beantworten oder kann nicht akzeptieren, dass es auch andere gültige Meinungen gibt. Diese Kluft zwischen der Denkweise eines Kindes mit Autismus und der Denkweise seiner Eltern kann für beide Seiten sehr frustrierend sein.

Der Einfluss von Videospielen bei Autismus

Manche Menschen mit Autismus haben Schwierigkeiten mit den Schaltkreisen für Empathie, denn das autistische Gehirn ist in einer Weise verschaltet, die das »Lesen zwischen den Zeilen« erschwert. Mit expliziten Informationen – klaren Worten – können sie umgehen. Kompliziert wird es für Personen aus dem Autismus-Spektrum bei impliziten Informationen (wie dem sozialen Kontext). Deshalb finden sie ihre Umwelt und ihre Mitmenschen mitunter ziemlich verwirrend. Wie man mit der Welt zurechtkommt, ist für sie nicht immer klar ersichtlich. In einer Paarbeziehung fragt so jemand vielleicht: »Bist du sauer, dass ich deinen Geburtstag vergessen habe?« Und die Antwort der Partnerin oder des Partners lautet: »Nein, ich bin nicht sauer. Ist schon gut. Ich weiß, dass du viel um die Ohren hast.« Dabei *ist* das Gegenüber sehr wohl sauer! Eine neurotypische Person versteht die unausgesprochene Botschaft, jemand aus dem autistischen Spektrum dagegen nicht unbedingt.

Deshalb ist Gaming für Autisten so attraktiv: Die künstliche Welt ist logisch, und hier wird einem alles erklärt. Es gibt klare, ausdrückliche Regeln, die sich nicht verändern.

Kinder mit Autismus-Spektrum-Störung neigen aus demselben Grund zum Gaming wie ADHS-Kinder: Das Spielen erfüllt viele soziale Bedürfnisse. Bei Autismus gibt es häufig Schwierigkeiten bei der persönlichen Interaktion mit Gleichaltrigen, was sich meist schon verfestigt hat, ehe die Kinder überhaupt mit Computerspielen anfangen. Doch die Tendenz, sozialen Situationen aus dem Weg zu gehen, wird durch die zunehmende Präferenz für reine Online-Interaktionen weiter verschlimmert. Für manche Menschen mit Autismus ist Gaming ein neues, viel angenehmeres soziales Umfeld, weil hier eindeutige Spielregeln herrschen. Man muss weder den Gesichtsausdruck noch den Tonfall der anderen Spieler entschlüsseln und auch nicht selbst Körpersprache zeigen.

Autistinnen und Autisten haben zumeist eine Vorliebe für repetitives Verhalten und eine durch und durch strukturierte Umgebung. Wenn alles läuft wie gewohnt, geht es ihnen gut. Videospiele passen perfekt in dieses Schema. Sie erleichtern es dem Kind, sich komplett auf die Erfüllung einer Aufgabe in der Online-Welt zu konzentrieren und zugleich praktisch vollständig in der realen Welt zu verschwinden.

Außerdem bietet Gaming viel Beständigkeit, was für Menschen mit Autismus sehr verlockend ist. Dabei spielen sie nicht unbedingt Spiele wie *Fortnite*, die eher unvorhersehbar ablaufen, sondern bevorzugen sogenannte MMORPGs (»massively multiplayer online role-playing games«), in denen die Teilnehmenden online in eine bestimmte Rolle schlüpfen und in einer vorhersehbaren Reihenfolge diverse repetitive Aufgaben erfüllen.

Und wie geht es weiter?

Auch um ein Kind mit Autismus vom Videospielen abzubringen, müssen Sie strategisch Grenzen definieren und einführen (siehe Teil 3). Allerdings müssen Sie dabei sehr viel konkreter werden. Kindern aus dem autistischen Spektrum kann abstraktes Denken schwerer fallen, weshalb konkrete Ziele für sie eine Hilfe sind. Drücken Sie sich also sehr explizit aus.

Offene Fragen können für so ein Kind extrem schwer zu beantworten sein. Weil es selbst eher konkret denkt, kommen Sie mit geschlossenen Fragen (auf die man mit Ja oder Nein antworten kann) möglicherweise besser weiter.

»Machst du dir Gedanken, ob dein Autismus dazu beiträgt, dass du so viel am Computer spielst?«

»Fühlst du dich unsicher, wenn du mit anderen zusammen bist?«

»Spielst du Videospiele, weil du dich in der Spielwelt wohler fühlst als unter anderen Leuten im richtigen Leben?«

Wichtig ist auch, das Durchsetzen von Grenzen mit Erwartungen zu verknüpfen. Gleichzeitig sollte ein Kind aus dem autistischen Spektrum die Gelegenheit bekommen, sich an jede Stufe dieses Prozesses anzupassen. Neue Regeln einzuführen und enger zu fassen, kann sich sehr disruptiv anfühlen und für Kinder aus dem Autismus-Spektrum emotional sehr anstrengend sein. Gehen Sie möglichst behutsam vor und machen Sie immer nur einen Schritt auf einmal.

Bei autistischen Gamern ist das Verändern von Vorgaben schwerer als bei neurotypischen Kindern. Dabei geht es nicht um das Ausmaß der Veränderung, sondern darum, dass die Grenze sich *überhaupt* verschiebt. Sobald sich jedoch eine Routine einstellt, ist der Kampf weniger hart, denn autistische Kinder halten gern an Routinen fest, an die sie sich einmal gewöhnt haben. Sie vermitteln ihnen Sicherheit.

Bedenken Sie bitte, dass die Möglichkeit, im eigenen Zimmer zu spielen, die Spielzeit um durchschnittlich 50 Prozent erhöht. Deshalb ist es bei Kindern und Jugendlichen aus dem autistischen Spektrum noch wichtiger, die Konsole aus dem Kinderzimmer zu verbannen.

Wahrscheinlich müssen Sie auch den Zugang zu den oben erwähnten MMORPGs einschränken, die einigen Studien zufolge mit dem zusammenhängen, was wir in der Psychiatrie als »oppositionelles Verhalten« bezeichnen. Solche Verhaltensweisen umfassen anhaltenden Trotz, übertriebenen Ärger und extreme Reizbarkeit. Damit haben Kinder aus dem Autismus-Spektrum teilweise ohnehin schon zu kämpfen, und wir sollten das Problem nicht noch verschlimmern, indem wir ihnen erlauben, in Spielwelten einzutauchen, die sie in diesem Verhalten bestärken.

Bitte holen Sie sich Hilfe!

Bei einem Kind, das zu oppositionellem Verhalten neigt, ob aufgrund von ADHS, einer Autismus-Spektrum-Störung oder anderen Faktoren, lautet mein wichtigster Rat: Organisieren Sie therapeutische Begleitung!

Normale elterliche Erziehungsmaßnahmen (und die gängigen Vorstellungen von der Elternrolle) greifen bei Kindern mit oppositionellem Verhalten oft nicht. Normalerweise haben Eltern ihre Erziehungsmethoden schon entsprechend angepasst, aber dennoch ist es sehr hilfreich, sich Unterstützung zu holen – und zwar nicht nur für das Kind, sondern auch für die Erwachsenen.

Eltern erkennen mitunter ebenso wenig wie ihr Kind, dass es im Spektrum liegt, denn sie passen den Tagesablauf und den Erziehungsstil an, um dem Kind seinen Weg in die Welt zu ebnen, damit am Ende doch »das Eckige ins Runde« passt.

Aber selbst wenn man damit im Alltag einigermaßen klarkommt, ist fachlicher Rat sehr wichtig. Ein guter Arzt oder eine gute Ärztin wird Ihnen erklären, womit Ihr Kind zurechtkommt und womit nicht.

Nicht selten sind Autistinnen und Autisten zu bestimmten Dingen durchaus in der Lage, reden sich aber mit ihrer Veranlagung heraus. Es gibt eine feine Trennlinie zwischen Zugeständnissen, die wir Kindern mit autistischen Zügen machen sollten, und der Zuverlässigkeit und Verantwortung, die wir ihnen abverlangen dürfen. Da Kinder sich in einem Entwicklungs- und Reifeprozess befinden und ihre Fähigkeiten im Fluss sind, weiß man als Mutter oder Vater nicht immer genau, wie viel zu viel verlangt ist. Professionelle Begleitung kann deshalb sehr hilfreich sein, um zu erkennen, wann man am entscheidenden Punkt ist.

KAPITEL 14

Herausforderung Nummer 3:

Zocken und Depressionen oder Angst

Jugendliche sind zeitweise (oder ziemlich oft) etwas launisch. Sie geben Widerworte. Sie kapseln sich ab. Sie kommen morgens schlecht aus den Federn. Das ist völlig normal für ihr Alter, weshalb wirklich nicht einfach zu erkennen ist, ob gewisse Verhaltensweisen auf eine echte Erkrankung hindeuten.

Doch auch später kann das Verhalten unserer Töchter und Söhne uns noch Sorgen machen. Junge Erwachsene müssen Rückschläge verdauen, zum Beispiel, wenn der Berufseinstieg nicht wunschgemäß verläuft und das Selbstbewusstsein darunter leidet. Vielleicht kommen auch sie morgens kaum aus dem Bett. Die Eltern fragen sich dann: *Ist das noch normal, und woran erkenne ich, wann es eine Depression sein könnte?*

Eine klinische Depression kann sehr verwirrend sein, vor allem wenn die Eltern keinen konkreten Auslöser sehen, der dieser grundsätzlichen Hoffnungslosigkeit oder Negativität vorangegangen ist. Wer in der Familie oder im unmittelbaren Freundeskreis nie mit Depressionen konfrontiert war, reagiert dann besonders irritiert. Ein Mensch, der diesen Zustand nicht kennt, ist nur traurig, wenn etwas schiefläuft. Bitte machen Sie sich aber bewusst: Eine Depression ist gerade deshalb eine klinische Erkrankung, weil man sich schlecht fühlt, obwohl *alles in Ordnung* ist.

Natürlich gibt es im Leben immer mal wieder Umstände, die uns unglücklich machen. Erst wenn es uns nach solchen Ereignissen nicht mehr gelingt, unser Gleichgewicht wiederzufinden, brauchen wir therapeutische Hilfe. Ein, zwei Monate Liebeskummer nach einer Trennung? In der Regel kein Problem. Wenn der Kummer jedoch länger anhält oder mit der Zeit nicht wenigstens nachlässt, ist das ein Warnsignal.

Um zu verstehen, ob ein Gamer zugleich depressiv ist, müssen wir uns weniger auf die Symptome konzentrieren als mehr auf die Wurzeln des Problems: Anhedonie (die Unfähigkeit, Freude, Glück oder Lust zu empfinden) und ein negatives Selbstbild.

Anhedonie

Normalerweise hat das Leben viel Erfreuliches zu bieten – schöne Ereignisse, leckeres Essen, aufregende Pläne. Ein Teenager könnte sich auf eine Party freuen, bei der er seine Freunde trifft. Oder er geht gern ins Kino. Oder er liebt die Weihnachtszeit – Geschenke besorgen und bekommen und eine entspannte Zeit mit der Familie.

Bei einer Depression ist die Fähigkeit gestört, sich an Aktivitäten zu erfreuen, die uns bisher glücklich gemacht haben. Das Leben fühlt sich öde an, und die Motivation, loszuziehen und das zu tun, was uns bisher Spaß gemacht hat, nimmt ab. Sogar das Essen wird zur lästigen Pflicht. Mit der Familie zusammen zu sein, shoppen gehen, ein Kinobesuch oder eine Party werden schwierig, weil sowohl die Vorfreude fehlt als auch der Spaß daran. Wenn eine depressive Person die Lebensfreude verliert, muss sie sich zu allem zwingen, und das ist anstrengend.

Sie kennen Ihr Kind. Sie wissen, was ihm Freude macht. Wenn diese Dinge nichts mehr helfen, ist das ein Zeichen für Anhedonie.

Launische, zickige Teenager tun trotzdem gern, was ihnen Spaß macht. Anhedonie ist etwas anderes.

Negatives Selbstbild

An guten Tagen neigen wir dazu, positiv von uns zu denken: »Ich bin genial!«, »Das habe ich gut hinbekommen!« An anderen Tagen sind wir weniger großzügig mit uns: »Ich bin so ein Idiot!«, »Ich kriege nichts auf die Reihe.« Im Laufe eines Monats sind alle diese Aussagen für das Gehirn völlig normal.

Wenn wir jedoch permanent in Selbstkritik verharren, wird das als »negatives Selbstbild« bezeichnet. Endlosschleifen voller Scham, Schuld und Hoffnungslosigkeit, die hartnäckig anhalten – den ganzen Tag und jeden Tag –, sind ganz und gar nicht normal. Bei einer anhaltenden negativen Grundhaltung und der Überzeugung, dass die persönliche Zukunft schwarz aussieht, können Suizidgedanken aufkommen.

Wenn ich mit depressiven Patienten arbeite, höre ich häufig, wie negativ sie über sich selbst sprechen. Sie sagen Sätze wie: »Meine Familie wäre ohne mich besser dran«, »Ich bin doch zu nichts nutze« oder »Ich kann niemanden auf dieser Welt glücklich machen.« Eine derart negative Einstellung zu sich selbst geht oft mit Emotionen wie Traurigkeit und Schuldgefühlen einher. Sie kann sich auch in Form von extremer Frustration oder Ärger über sich selbst äußern. Traurigkeit, ein angeschlagenes Selbstwertgefühl und sogar vorübergehende Suizidgedanken können bei massivem Stress zum normalen Leben gehören, aber ein negatives Selbstbild wie oben geschildert ist typisch für eine Depression.

Spielverhalten bei Depressionen

Inwiefern passen Videospiele zum klinischen Bild einer Depression? Nun, wenn ein junger Mensch an Anhedonie leidet, fällt es ihm schwer, sich an dem zu erfreuen, was ihm bisher Spaß gemacht hat. Wie wäre es also mit einer Aktivität, die genau dafür entwickelt wurde, im Gehirn Dopamin freizusetzen, das dazu dient, Spaß zu vermitteln, selbst wenn es künstlich erzeugter Spaß ist? Bühne frei für Videospiele! Zocken provozieren ganz gezielt die Dopaminausschüttung im Gehirn.

Und nun denken Sie noch einmal an das negative Selbstbild. Bei Depressionen stehen diese negativen Gefühle im Vordergrund, doch es gibt eine bestimmte Aktivität, die negative Emotionen unterdrückt. Wäre das nicht verlockend, wenn jemand an einer Depression leidet? Selbstverständlich. Und genau das leisten Videospiele.

Ergänzend kommen subtilere Aspekte ins Spiel, nicht nur auf neurowissenschaftlicher Ebene. Kinder und Jugendliche mit Depressionen haben eine negative Einstellung zu sich selbst und halten sich für absolute Versager. In der virtuellen Welt hingegen haben sie eine selbst geschaffene Identität, die andere Menschen respektieren und mögen. Im Spiel haben sie nie eine Nebenrolle, sondern stehen immer im Mittelpunkt. Sie sind immer der Held (oder die Heldin) und oft siegreich. Sie sind immer außergewöhnlich. Auf Menschen mit Depressionen kann eine virtuelle Umgebung, in der die Betroffenen sich großartig fühlen, einen enormen Sog ausüben.

Was fällt Ihnen auf?

Vielleicht wirkt Ihr Kind nicht traurig und weint auch nicht pausenlos, aber wenn man genau hinsieht, bemerkt man dennoch gewisse Veränderungen. Auch Angst (auf die wir gleich noch zu sprechen kommen) kann auf den ersten Blick einer Depression ähneln, ebenso wie normaler Ärger und Frustration. Aber zieht sich Ihr Kind zugleich zurück, oder fällt es ihm schwer, sich für Aktivitäten zu begeistern, die ihm früher Spaß gemacht haben?

Vielleicht ist es Ihnen früher immer irgendwie gelungen, Ihren Sohn oder Ihre Tochter nach einem blöden Tag zum Lachen zu bringen. Selbst nach einer harten Woche wussten Sie, was gerade zum Aufheitern dienen könnte. Inzwischen jedoch scheinen viele Methoden, die Sie in Ihrer Elternrolle entwickelt haben, nicht mehr zu helfen. Bei einer manifesten Depression geht es genau darum.

Wenn der Schaltkreis der Anhedonie anspringt und dem Kind nichts mehr wirklich Spaß macht, fällt Ihnen vielleicht auf, dass es sich völlig an den Computer oder die Konsole zurückzieht. Der elterliche Instinkt flüstert uns zu, dass etwas nicht stimmt, weil das Kind sich beim Spielen von anderen isoliert. Es ist reizbar, es verkriecht sich in seinem Zimmer, es trifft sich nicht mehr mit Freunden.

Instinktiv versuchen Eltern verständlicherweise gegenzusteuern, indem sie dem Kind die Spiele oder die Konsole wegnehmen, damit es wieder unter die Leute geht oder zum Mountainbiken mitkommt, das es früher so gerne gemacht hat. Bei Anhedonie geht dieser Ansatz allerdings nach hinten los, weil der Grund für das viele Computerspielen darin besteht, dass die Dinge, die früher genau richtig waren, jetzt nicht mehr dieselbe Reaktion auslösen. Weder die Freunde noch die rasanten Abfahrten machen glücklich.

Das ist für alle Beteiligten frustrierend. Den Jugendlichen macht das, wofür sie früher brannten, keinen Spaß mehr, und wenn man sie dazu zwingt, bringt es ihnen nichts. So fühlen sie sich noch isolierter und reagieren darauf mit Ärger und Frust. Obendrein haben sie das Gefühl, dass die Eltern wirklich gar nichts verstehen, und das treibt sie noch tiefer in die Einsamkeit und resultiert in noch mehr Ärger und Frust, der sich jetzt gegen die Eltern richtet.

Fazit: In einer depressiven Phase gelten die bisherigen Spielregeln des Umgangs miteinander nicht mehr.

Lieber reden als lösen wollen

Wie ich bereits sagte, müssen Sie mit dem Kind oder Jugendlichen zuallererst reden. Setzen Sie sich zusammen und geben Sie Raum zum Reden. Unter heutigen Teenagern und insbesondere in Online-Foren sind Depressionen kein Tabu mehr, sodass Sie beim Vortasten vielleicht offene Türen einrennen.

> *»Redest du mit deinen Freunden manchmal über das Thema Depressionen?«*

> *»Mir sind da ein paar Dinge aufgefallen. Kannst du mir helfen, ein wenig nachzuvollziehen, wie es dir geht?«*

> *»Hast du schon einmal darüber nachgedacht, ob du vielleicht eine Depression hast?«*

Es hilft, Ausweichmöglichkeiten und Relativieren zuzulassen. Mit Ausdrücken wie »vielleicht« erleichtern Sie es Ihrem Sohn oder Ihrer Tochter, sich auf so ein Gespräch einzulassen, denn das empfinden sie nicht so leicht als Anklage. Setzen Sie auch hier auf offene Fragen und aktives Zuhören, und sehen Sie von Urteilen oder Lösungsvorschlägen ab. Das ist gar nicht so leicht, weil einem die eigenen Emotionen in die Quere kommen. Aktives Zuhören ist am schwersten, wenn wir unser Kind leiden sehen. Und wenn es sich weit genug öffnet, um Suizidgedanken auszusprechen, geraten Eltern sehr leicht in Panik. (Erinnern Sie sich an die Amygdala? Ihre eigene ist gerade superaktiv – natürlich ist sie das! Schließlich ist das Leben Ihres Kindes in Gefahr.) Unsere Aufgabe als Eltern ist, das Kind zunächst zum Reden zu bringen – und gut zuzuhören. Nach diesem Gespräch jedoch ist es bei Suizidgefahr erforderlich, sofort professionelle Hilfe zu suchen.

Manche Fragen beantworten unsere Kinder vielleicht mit »Hm, kann sein«. Diese Antwort können Sie wahrnehmen und bestätigen und dann vielleicht weitere Worte herauskitzeln:

»Kannst du mir helfen, das zu verstehen?«

In Gesprächen über Depressionen ist aktives Zuhören besonders wichtig. Und die sollten *nicht* nach diesem Muster ablaufen:

Tochter: »Ich glaube, keiner mag mich.«
Mutter: »Natürlich mögen die anderen dich! Ich habe dich superlieb. Du bist das hübscheste Mädchen der Welt und sowieso der Hammer!«

Das fühlt sich für uns als Eltern bestimmt genau richtig an – schließlich lieben wir unsere Kinder, und sie *sind* der Hammer. Aber wir können depressiven Menschen noch so gut zureden, sie empfinden eine solche Reaktion als völlig daneben, weil sie nicht ihrem Erleben entspricht. Treten Sie also einen Schritt zurück und hören Sie in Ruhe zu. Erst wenn das Kind uns sein Herz ausgeschüttet und die ganze negative Energie rausgelassen hat, dürfen wir ihm sagen, dass wir es liebhaben. Es muss das ganze Gift loswerden, ehe es unsere Liebe und unseren Trost annehmen kann.

Einerseits sollte man in so einer Situation das Gespräch nicht an sich reißen oder vorzeitig Lösungsvorschläge anbieten, andererseits dürfen wir den Kern der Sache nicht umgehen. Stellen Sie Ihrem Kind die Frage, die Sie umtreibt:

»Glaubst du, du hast vielleicht Depressionen?«

Eltern sagen mir oft, dass sie diese Frage ungern stellen. Der Grund dafür könnte aus ärztlicher Sicht sein, dass sie bei den Eltern viel Schuld und Scham auslöst. *Wenn mein Kind Depressionen hat, habe ich ja wohl etwas falsch gemacht, oder? Wenn ich ein besserer Vater (oder eine bessere Mutter) wäre, wäre es glücklicher.* Eltern sind immer der Meinung, dass ihr Kind glücklicher, erfolgreicher und engagierter ist, wenn sie ihre Sache gut machen.

Bitte machen Sie sich klar, dass eine Depression etwas anderes ist als die Reaktion auf unangenehme Ereignisse. Depressionen sind eine *Krankheit*. Die direkte Frage ist häufig der Hebel, der zu mehr Offenheit führt und es Jugendlichen ermöglicht, Hilfe anzunehmen. Manchmal haben sie schon das Gefühl, dass etwas nicht stimmt, wollen es aber nicht zugeben, weil es sich wie eine Schwäche anfühlt. Wenn die Eltern diese Möglichkeit ansprechen, ist das *hilfreich* für die Betroffenen und löst keineswegs eine Depression aus!

Denken Sie auch daran, dass es darum geht, sich mit dem Kind zu verbünden – in Bezug auf sein Spielverhalten und in diesem Fall in Bezug auf seine Verfassung. Das Kind muss wissen, dass Sie auch hier auf seiner Seite stehen. Wenn Sie Ihren Gamer zum Mitreden ermuntern, führt das viel leichter dazu, dass er zu dem erhofften Schluss kommt – dass er (oder sie) ein Problem mit dem Zocken hat (und womöglich eine Depression).

Es geht nicht darum, das Kind hinter sich herzuzerren, sondern wir möchten ihm die Freiheit einräumen, auf seinem Weg neben uns herzugehen. Eine weitere gute Frage, die das Bündnis stärkt, lautet: »Was hältst du davon, wenn wir diesen Verdacht abklären lassen?«

Videospiele und Angst

Auch Angst ist ein Thema, mit dem heute viele Kinder zu kämpfen haben, und hier besteht ebenfalls häufiger ein Zusammenhang oder eine sogenannte hohe »Komorbidität« mit Computerspielsucht. »Angst« ist gar nicht so leicht zu definieren, denn es handelt sich dabei um einen Oberbegriff für verschiedene Konzepte. Eines davon ist eine Emotion oder ein Gefühl: *Ich habe Angst.* Ein anderes ist ein kognitiver Prozess: *Ich habe angstbesetzte Gedanken* oder *Ich mache mir Sorgen.* Angstbesetzte Gedanken haben alle Menschen von Zeit zu Zeit, doch wenn diese Gedanken, die physiologische Reaktion oder die Emotionen bestimmte Funktionen beeinträchtigen, geraten wir in den Bereich einer Angststörung.

Grundsätzlich beruht Angst auf einem Schaltkreis im Gehirn, der anspringt, wenn wir eine Gefahr vorhersehen. Das ist zugleich ein Schutzmechanismus, denn wenn wir eine Gefahr oder ein Problem rechtzeitig erkennen, können wir etwas dagegen tun und uns so vor künftigem Leiden schützen. Da es sich um einen Überlebensinstinkt handelt, gehört Angst zu unserer Grundprogrammierung.

Ein Yogi würde sagen, Angst sei das Produkt eines auf die Zukunft konzentrierten Denkens. Yogis haben erkannt, dass wir definitionsgemäß vor Dingen aus der Zukunft Angst haben. Auch wenn wir die Angst *jetzt* empfinden, nehmen wir damit doch künftige Folgen vorweg. Manche Menschen glauben vielleicht, ihre Angst stamme aus der Vergangenheit, aber wenn man diese Annahme genauer unter die Lupe nimmt, zeigt sich, dass sie sich in

Wahrheit davor fürchten, welchen Einfluss frühere Vorkommnisse auf die Zukunft haben.

Wenn unser Verstand sich jedoch ganz auf die Gegenwart konzentriert, lässt die Angst nach. Genau dazu bewegen Videospiele das Gehirn, und deshalb sind Behandlungsansätze über Meditation so sinnvoll bei Angst, denn Meditieren trainiert das Gehirn darauf, in die Gegenwart zurückzukehren.

Angststörungen sind weltweit auf dem Vormarsch. Psychische Erkrankungen insgesamt und die Angst im Besonderen werden schlimmer. Wie kommt das? Warum steigt die Angst an – trotz aller Fortschritte in der Medizin und obwohl wir insgesamt sicherer leben und wohlhabender sind?

Manche sehen die Ursache in gesellschaftlichen und globalen Veränderungen: Kriege, Terrorismus, Genderdynamiken, klimabedingte Verunsicherung, Rassismus und vieles mehr. Dass diese großen Themen Angst erzeugen, klingt nachvollziehbar, doch aus medizinischer Sicht gibt es zwei Hauptquellen für Angst, eine kognitive und eine physiologische. Es fällt uns heutzutage immer schwerer, unsere Angst zu bewältigen, weil wir eine dieser beiden Quellen ignorieren.

Kognitiv bedingte Angst beruht auf bestimmten Befürchtungen oder Verunsicherungen. Konkrete Erfahrungen haben uns Verhaltensweisen gelehrt, die oft in der Kindheit wurzeln. *Physiologisch* bedingte Angst hingegen beruht darauf, wie Körper und Gehirn das Angsterleben verursachen. Bei Angst laufen in Körper und Gehirn diverse Prozesse ab. Ein Adrenalinschub lässt die Hände feucht werden. Vielleicht ist uns etwas übel.

Sobald das Adrenalin im Gehirn eintrifft, beeinflusst es die Gedankengänge. Hypothesen fühlen sich realer an. Gleichzeitig geht die kognitive Flexibilität zurück, und wir betrachten Situationen als schwarz oder weiß, ohne die Nuancen wahrzunehmen. Angesichts des Tigers im Dschungel ist Schwarzweißdenken genau das

Richtige. In so einem Moment ist schnelles Handeln lebenswichtig; wir brauchen nur Schwarz oder Weiß.

Ein zweites Stresshormon, das bei Angst eine große Rolle spielt, ist Kortisol, das bei Dauerstress ausgeschüttet wird. Wenn bei Angst Kortisol frei wird, führt dies zu Veränderungen im Gehirn, die unter anderem Schlaf und Entspannung beeinträchtigen. Manchmal ist auch diese Reaktion sinnvoll, zum Beispiel im Dschungel: Nach der geglückten Flucht vor dem Raubtier verebbt das Adrenalin. Was bleibt, ist das Kortisol, das 24 Stunden anhält. Da wir gerade erst dem Tiger entronnen sind, ist ein sehr leichter Schlaf besser als Tiefschlaf, und vielleicht möchten wir sogar wach bleiben. Schließlich könnte er uns immer noch aufspüren!

In der heutigen Gesellschaft hilft das Kortisol nicht gegen die Gründe, die uns nachts wachliegen lassen – die nächste Rate für das Haus, die Angst vor der Scheidung oder Liebeskummer beim Kind. Das schadet uns, denn solche Probleme lassen sich leichter bewältigen, wenn wir gut ausgeschlafen sind. Aber das Gehirn will unser Überleben sichern, indem es uns wach hält, wie die Evolution es verlangt.

Gedankenspiralen

Ein angstbesetzter Gedanke führt oft zu weiteren angstbesetzten Gedankengängen, die wiederum neue Ängste speisen, bis all diese Gedanken uns überwältigen.

Doch wir können noch so lange über ein Problem nachgrübeln – all die Grübelschleifen tragen nichts zur Lösung bei. Am Ende ist man völlig erschlagen, hat aber nichts erreicht. Solche Gedankenspiralen werden auch als »Katastrophisieren« bezeichnet, und sie sind der Grund, warum man bei Angst das Gefühl hat, in der Falle zu sitzen. Bei Angst bemühen wir uns gern um Zuspruch von anderen, aber das lindert unsere Angst nur für gewisse Zeit. Es macht uns zudem abhängig von diesem Zuspruch, für den wir Freiheit und Unabhängigkeit opfern müssen. Und wenn man sich immer und immer wieder darauf verlässt, dass andere einem den Rücken stärken, belastet das natürlich jede Beziehung.

Eine andere Bewältigungsstrategie bei Angst ist Ablenkung. Videospiele sind ein großartiger Zeitvertreib, denn sie zwingen uns, unsere Ängste auszublenden, und helfen uns, die Gedankenspiralen zu durchbrechen. Aber wenn jemand mit einer Angststörung etwas findet, das ihm hilft, mit dieser Angst fertigzuwerden, tut er es immer und immer wieder. Sofern ein Gamer unter Angst leidet, wird er jedes Mal, wenn dieses Gefühl aufkeimt, das Bedürfnis haben, zu spielen. Das ist ein gefährlicher Teufelskreis, denn oftmals ist die viele Zeit, die er am Computer verbringt, selbst eine Quelle der Angst.

Diese Ablenkungsschleife kenne ich aus eigener Erfahrung. Als ich als Schüler in Spanisch durch das ständige Zocken immer mehr den Anschluss verlor, wusste ich, dass es richtig peinlich werden würde, im Unterricht aufzukreuzen. Ich hatte schon eine volle Woche versäumt. Was würden die anderen von mir denken, wenn ich jetzt wiederkam? Was würde mein Lehrer sagen? Die Angst davor, wieder zum Unterricht zu gehen, verführte mich dazu, noch mehr zu spielen. So wuchs die Lücke, die nach einer Woche vielleicht noch zu überbrücken gewesen wäre, auf zwei Wochen an. Das war ein noch größeres Problem. Nach drei Wochen kam mir alles unmöglich vor. Wie sollte ich je wieder in den Spanischkurs zurückkehren? Ich spürte eine Angstspitze – ein Hinweisreiz für »noch mehr spielen«. Noch mehr spielen? Hinweisreiz auf noch größere Lücken in Spanisch. Was wiederum mehr Angst erzeugte, die zu »noch mehr spielen« führte.

Von Hirnscans wissen wir, dass bei Computerspielen die Teile des Gehirns, die Angst vermitteln, unterdrückt werden. Doch leider ändert diese Bewältigungsstrategie nichts am ursprünglichen Problem. Sie ist nur vorübergehend, und nichts wird dadurch wirklich bewältigt. Sobald das Spiel endet, kehrt die Angst mit Gebrüll zurück.

Hinzu kommt, dass seine Sozialkompetenz nachlässt, je mehr Zeit das Kind online verbringt. Und je schlechter die Sozialkompetenz, desto schwerer fällt es ihm, unter Leute zu gehen, was wiederum die Isolation des Kindes erhöht. Je isolierter es ist und je mehr Angst es verspürt, desto mehr verkriecht es sich im Gaming.

Wie können Eltern nun andere Wege vermitteln, mit der Angst umzugehen? Zunächst einmal müssen wir reden.

Die Angst ansprechen

Über Angst zu sprechen, ist ähnlich, wie über Depressionen zu sprechen. Beginnen Sie mit offenen Fragen:

> *»Redest du mit deinen Freunden manchmal über Angst? Macht dir das auch zu schaffen?«*

> *»Kannst du mir helfen, zu verstehen, wie sich das anfühlt?«*

> *»Wie gehst du damit um?«*

Wie üblich müssen Sie dabei auf aktives Zuhören und empathische Bemerkungen zurückgreifen:

> *»Puh, das hört sich echt hart an. Das klingt so, als würde die Angst dich an vielen Dingen hindern, die dir vielleicht Spaß machen würden. Inwiefern kommt dir das in die Quere?«*

Anstatt voreilig eine Lösung anzubieten, können Sie fragen:

> *»Ist das etwas, woran du aktiv arbeiten möchtest? Möchtest du darüber sprechen, wie man deine Lage ändern könnte?«*

Das anschließende Gespräch sollte ergebnisoffen bleiben. Wie so oft in der Erziehung ist es mit einer einmaligen Unterhaltung nicht getan. Für eine nachhaltige Veränderung bringen mehrere Gespräche über einen längeren Zeitraum hinweg weitaus mehr. Wichtig ist auch, das Kind zu nichts zu drängen, denn Druck erzeugt nur Gegendruck.

Setzen Sie solchen Gesprächen keine Grenzen, sondern bemühen Sie sich, einen sicheren Raum zu schaffen, der für solche Themen verfügbar bleibt, ob jetzt oder später. Wenn dieser Raum einmal besteht, sollten Sie nicht versuchen, ihn unbedingt zu füllen. Treten Sie lieber einen Schritt zurück und lassen Sie der Konversation die nötige Zeit, auch wenn das Tage, Wochen oder Monate dauern kann. Irgendwann wird das Kind den Raum nutzen wollen, den Sie ihm anbieten.

Erst wenn Sie etwas weiter sind und das Kind sich sicher ist, dass Sie auf seiner Seite stehen, sollten Sie es zur Abklärung einem Arzt oder Therapeuten vorstellen. Die Frage lautet dann:

> *»Was hältst du davon, dich untersuchen zu lassen?«*

Ohne vorherige fachliche Diagnose sollten Sie Ihrem Kind keine Therapie empfehlen. Fangen Sie wie üblich klein an und lernen Sie dazu.

KAPITEL 15

Herausforderung Nummer 4:

Zocken und Marihuana

Die Alltagsweisheit, dass technisch motiviertes Suchtverhalten (wie bei Computerspielen) mit Substanzkonsum einhergeht, ist nicht unbegründet. Die Komorbidität ist hoch; sie liegt bei rund 30 Prozent. Eltern von Gamern, die suchthaft an der Konsole oder am Computer spielen, sind demnach zu 30 Prozent auch damit konfrontiert, dass ihr Kind kifft.

Heutzutage ist das ein zunehmendes Problem. Als die jetzige Elterngeneration jung war, war der Zugang zu Marihuana noch nicht so allgegenwärtig wie heute. Inzwischen ist Marihuana leichter verfügbar, zumal es vielerorts entkriminalisiert wurde. Unter Heranwachsenden ist das Vaping (»Dampfen«) besonders populär, denn die Vaporisatoren sind ebenso leicht erhältlich wie eine Vielzahl marihuanahaltiger Produkte, darunter Schokolade und Kaubonbons. Selbst dort, wo Marihuana nach wie vor verboten ist, gibt es Schlupflöcher, von der Bestellung per Post über den örtlichen Dealer bis hin zum Selbstanbau von Hanfpflanzen.

Gamer sind besonders anfällig

Dass Gamer fürs Kiffen besonders anfällig sind, hat verschiedene Gründe. Zunächst einmal ist grundlegende Neurochemie beteiligt. Wer viel zockt, macht die Erfahrung, dass andere Aktivitäten nicht so viel Spaß machen, und selbst das Spielen ist nach einer Weile weniger unterhaltsam. Fachlich sprechen wir von einer »Dopamintoleranz«.

Um den ausbleibenden Kick zu kompensieren, greifen Gamer häufig zu Marihuana, das die Erlebnisqualität beim Spielen erhöht (so wie die Qualität anderer angenehmer Erfahrungen wie Essen, Musik oder Sex, denn Cannabinoide beeinflussen den Anandamid-Rezeptor, der nach dem Sanskrit-Wort *Ananda* für »Freude« benannt ist).

Neben der Neurochemie spielen auch verhaltenswissenschaftliche Aspekte eine Rolle. Sowohl Videospiele als auch Marihuana werden gerne genutzt, um mit sozialen oder emotionalen Problemen klarzukommen, und wenn man beides kombiniert, kann dies zu synergistischen Effekten führen, die den Spaß erhöhen. Aber Marihuana kann auch das Schadenspotenzial erhöhen. Wenn wir mit Marihuana unsere Probleme vergessen und mit Spielen unsere Probleme vergessen, dann sind wir bei der Kombination von beidem gefühlt endlich alle Probleme los! Doch je weniger man über Probleme nachdenkt, desto schwerer wird es, sie zu lösen.

Das führt schnell in eine gefährliche Abwärtsspirale. Kinder mit einer sozialen Phobie suchen in Videospielen häufig eine Art von Gemeinschaftsgefühl, doch je mehr sie online spielen, desto stärker schwindet ihre echte Sozialkompetenz, wodurch die soziale Phobie schlimmer wird.

Wenn ihre Angst vor Sozialkontakten wächst, greifen sie zu Marihuana, um sich unter anderen Menschen wohler zu fühlen.

Damit werden sie allmählich abhängig vom Marihuana, um mit anderen Leuten zurechtzukommen, was wiederum die Abwärtsspirale beschleunigt.

Die neurochemischen Faktoren und Verhaltensaspekte werden durch kulturelle Aspekte ergänzt. Dummerweise überlappen sich die Kiffer-Kultur und die Gaming-Kultur häufig. Beide eint die allgemeine Ablehnung der »Mainstream«-Gesellschaft. Wie die Gamer fühlen sich auch Kiffer mitunter von der Gesellschaft ausgeschlossen und als Nichtsnutze gebrandmarkt. Bei meiner jahrelangen Arbeit mit Gamern sind mir häufig junge Erwachsene begegnet, bei denen der Kontakt zum echten Leben durch ihren steigenden Spielkonsum abgerissen ist und die dann in einer Community landen, der es ebenso ergeht.

Volljährige dürfen Marihuana inzwischen in vielen Staaten der USA und auch in Deutschland legal zu medizinischen Zwecken oder als Genussmittel konsumieren. Gleichzeitig wissen wir, dass Marihuana der Gehirnentwicklung schadet. Das ist Fakt. Manche Leute funktionieren trotz Kiffen, viele jedoch nicht.

Ob Marihuana-Konsum die Intelligenz beeinträchtigt, ist bisher nicht sicher bestätigt. Manche Studien belegen, dass es den IQ um vier bis acht Punkte absenkt, andere ergaben keine Veränderungen. Aber selbst wenn Kiffen die Intelligenz nicht relevant einschränkt, ist es dennoch problematisch, weil es einen negativen Einfluss auf die Teile des Gehirns ausübt, die die Motivation steuern und damit auch unsere Zielstrebigkeit. Das bedeutet nicht, dass produktive Menschen nie Marihuana konsumieren, aber wenn Sie hundert Marihuanakonsumenten hundert Leuten gegenüberstellen, die ohne Marihuana auskommen, ist die Wahrscheinlichkeit hoch, dass die hundert Abstinenten produktiver und motivierter sind als die Konsumenten.

Hinzu kommt, dass Marihuana als Einstiegsdroge gilt. Wenn es in der Adoleszenz genutzt wird, verändert es die Dopaminschaltkreise und macht uns damit anfälliger für andere sogenannte »dopaminerge« Substanzen. Kiffen in der Entwicklungsphase erhöht somit die Gefahr, nach anderen Drogen süchtig zu werden.

Das Kiffen thematisieren

Wenn wir den Marihuanakonsum unserer Kinder einschätzen wollen, sollten wir auf dieselbe Strategie zurückgreifen, die auch fürs Gaming gilt: Ein Bündnis schmieden, offene Fragen stellen und aktiv zuhören. Das bedeutet nicht etwa, dass wir das Kiffen gutheißen, aber Reden ist als Einstieg in die Problematik sehr wichtig.

Vielleicht konnten Sie mir bisher folgen, ziehen aber hier in Gedanken die rote Linie: »Drogen sind absolut tabu und stehen keinesfalls zur Debatte.« In diesem Fall bitte ich Sie, noch einmal darüber nachzudenken. Meiner Erfahrung nach sind die genannten Kommunikationsstrategien unglaublich wirkungsvoll, um mit dem Drogenkonsum von Gamern umzugehen. Deshalb möchte ich Sie bitten, meinen Ansatz zumindest in Betracht zu ziehen.

Der erste Schritt ist die Erkenntnis, dass dieses Problem grundsätzlich auch das eigene Kind betreffen kann. Die meisten Eltern sind sich nicht einmal bewusst, dass ihre Kinder Marihuana konsumieren, denn viele Kinder sind nicht bereit, ihren Eltern das zu beichten. Gerade die Eltern, die sich sicher sind, dass ihre Kinder keine Drogen nehmen, sind oft die, die das Problem am wenigsten registrieren, weil sie nicht einmal ansatzweise auf die Idee kommen, dass ihr Kind so etwas tun könnte.

Danach müssen Sie sich klarmachen, dass es schwierig sein kann, Ihr Kind vom Kiffen abzubringen. Wie beim Gaming geht es nämlich nicht nur um die Substanz an sich. Manche Jugendliche und junge Erwachsene haben das Gefühl, dass Marihuana zu den wenigen Dingen gehört, die ihnen gestatten, aus sozialer Sicht und vielleicht auch emotional »normal« zu funktionieren.

Gerade bei diesen jungen Menschen ist unsere Arbeit besonders schwierig. Sie sehen Gleichaltrige, die einfach ihr Leben leben – Kontakte knüpfen, sich verlieben, chillen und Spaß haben. Aber sie können sich nicht entspannen. Sie haben keinen Spaß. Sie finden nur schwer Anschluss. Gegenüber Menschen, die sie attraktiv finden, reagieren sie verlegen. Und nun ermöglicht ihnen Marihuana, sich in allen derartigen Situationen wohl und sicher zu fühlen. Auf einmal können sie ein »normales« Leben führen und bekommen Zugang zu alldem, was die anderen Jugendlichen auch haben.

Wie beim Gaming beruht der Widerstand, auf den wir stoßen, auf ihren Überzeugungen davon, was Marihuana ihnen zu bieten hat. Wir müssen also herausfinden, was wir diesen Glaubenssätzen entgegenhalten können und wie sich diese Bedürfnisse auf gesündere Weise stillen lassen.

Ins Gespräch kommen

Wie können wir uns dem Thema nähern? Die Antwort kennen Sie bereits: offene Fragen, nicht urteilen und den Antworten aktiv zuhören. Schließen Sie auch hier einen Pakt mit Ihrem Kind, um mehr Offenheit zu erzielen.

Beginnen Sie eine Unterhaltung, kein Streitgespräch. Aussagen zu Einschränkungen oder Strafen haben darin nichts zu suchen. Hier finden Sie ein paar gute, ergebnisoffene Eisbrecher-Fragen:

> *»Ich habe gehört, dass viele Gamer Marihuana nehmen. Damit kenne ich mich nicht aus, und ich würde gern mehr über den Zusammenhang erfahren. Ist es okay, wenn wir darüber reden?«*

»Ich habe gelesen, dass die Verkaufszahlen für Vaporisatoren durch die Decke gehen. Kannst du mir etwas über Vaping erzählen?«

»Kiffen deine Freunde manchmal?«

»Wenn du schon einmal gekifft hast, würdest du uns das sagen?«

»Was glaubst du, wie ich reagieren würde, wenn du schon mal Marihuana ausprobiert hättest?«

Der Verlauf dieses Gesprächs ist natürlich altersabhängig. Ältere Jugendliche oder junge Erwachsene sind vielleicht eher bereit, offen über das Kiffen zu reden. Sobald sie ihren eigenen Konsum zugeben, können wir nachfragen, welche Wirkung die Droge ihrer Meinung nach auf sie hat.

»Glaubst du, Kiffen beeinflusst irgendwie deine Motivation?«

»Was hat sich verändert, seit du mehr kiffst?«

Vielen älteren Jugendlichen, die Marihuana konsumieren, ist bewusst, dass sie zwar die Wirkung der Droge mögen, dass diese ihnen jedoch bei der Erreichung gewisser Alltagsziele im Weg steht. Wer dieses Thema anschneiden kann, kann sie vielleicht kooperativ stimmen, wenn es darum geht, ihren Konsum einzuschränken.

Jüngere Jugendliche und Drogenkonsum

Es kann sehr schwer sein, Jugendliche, die vielleicht erst 13 oder 14 sind, zu einem offenen Gespräch über ihren Drogenkonsum zu bewegen. Eventuell lässt sich das große einschüchternde Thema herunterbrechen, indem man generell darauf zu sprechen kommt oder indem man Szenen aus Spielfilmen oder Songtexte von gemeinsam gehörter Musik aufgreift. Dabei können Kinder erstaunlich mitteilsam werden. Zum Beispiel:

> *»In der Musik, die du und deine Freunde hören, geht es immer mal wieder um Gras. Kennt ihr eigentlich Leute, die kiffen? Was erzählen diese Leute davon?«*

> *»In diesem Film wird Haschisch als witzig und harmlos dargestellt. Was weißt du eigentlich übers Kiffen?«*

> *»Es gibt inzwischen immer mehr Läden für Marihuana. Neulich habe ich auf dem Weg zu Oma einen gesehen. Wie denkst du über Marihuana?«*

> *»Du hast doch vorhin, als wir auf dem Weg zum Bäcker waren, diesen Typen an der Ecke gesehen, der einen Joint geraucht hat. Was hältst du von der Legalisierung von Marihuana, nachdem man das jetzt so viel in der Öffentlichkeit sehen und riechen kann?«*

> *»Heute scheinen alle mehr über das Kiffen zu wissen als damals, als wir aufgewachsen sind. In meiner Generation war man skeptisch und hielt es für schädlich, aber heute ist das offenbar anders. Glaubst du, Marihuana ist harmlos?«*

Eine Mahnung zur Vorsicht: Achten Sie sehr genau auf Ihre persönliche Reaktion auf die Antworten Ihres Kindes. Unsere Kinder befürchten vielleicht großen Ärger oder einen Angriff, und die Reaktion, die sie von uns erwarten, könnte näher an der Wahrheit liegen, als wir meinen. Wenn unsere Kinder so denken, haben sie einen Grund dafür. Unsere Kinder kennen uns oft besser, als wir glauben.

Wenn ein Kind nicht bereit ist, mit uns über dieses Thema zu sprechen, können wir die Metaebene nutzen und anders anfangen: »Weißt du was? Ich befürchte, dass du kiffst. Ich würde gern mit dir darüber reden, aber das fällt mir so schwer, dass ich gar nicht weiß, wie ich anfangen soll. Hast du eine Idee, wie wir darüber sprechen könnten, ohne uns anzuschreien oder komplett dichtzumachen?«

Wenn Sie mit Ihrem Urteil vorsichtig und mit Ihren Kommentaren zurückhaltend sind, empfindet Ihr Kind so ein Gespräch vielleicht als nicht ganz so tabu wie befürchtet. Dadurch könnte sich allmählich Raum eröffnen, um zum Kern der Sache vorzudringen.

Legalen Marihuana-Konsum ansprechen

Auch wenn Marihuana dort, wo Sie leben, legal konsumiert werden darf und Ihr Sohn oder Ihre Tochter schon volljährig ist, müssen Sie es trotzdem nicht im eigenen Haus dulden. Aber es ist sinnvoller, das Gespräch mit Fragen zu eröffnen, anstatt gleich Verbote auszusprechen. Vorschriften sind etwas für Jüngere. Bei Volljährigen kommen wir mit offenen Gesprächen eher weiter.

Grundsätzlich gehen Sie dabei ähnlich vor wie oben geschildert, brauchen aber ein paar Anpassungen:

1. Offene Fragen stellen, um den Grund für den Konsum zu verstehen.
2. Klare Grenzen ziehen: Kiffen ist in Ihrem Haus inakzeptabel.
3. Für die Bedürfnisse, die das Marihuana stillt, gute Alternativen anbieten. Marihuana hat seine Vorzüge, weil es entspannt und soziale Phobien lindert – man fühlt sich damit »normal«. Diese Wünsche kann man sich auf gesündere Weise erfüllen, zum Beispiel mit einer Psychotherapie gegen die Angst oder zur Stärkung des Selbstwertgefühls.
4. Wenn Sie ein erwachsenes Kind nicht vom Kiffen abhalten können, können Sie vielleicht mehr Offenheit zeigen. Das bedeutet nicht, dass Sie umdenken müssen. Aber wenn Sie zu den Eltern gehören, die sagen: »Du nimmst unter keinen Umständen Hasch« – was bringt das am Ende? Diese klare Ansage hat nicht automatisch zur Folge, dass der Konsum zurückgeht.

Wenn Sie nicht dazu bereit sind, Ihre Meinung zu ändern, warum sollte Ihr Kind es sein? Welches Vorbild sind Sie? Unser zentrales Anliegen ist, unser Kind auf reife Entscheidungen vorzubereiten. Und solche Entscheidungen kann es nur treffen, wenn wir sie ihm auch wirklich überlassen.

Gemeinsam Grenzen setzen

Sobald ein Gespräch über Marihuana allen Beteiligten nicht mehr so unangenehm ist, wird es Zeit für angemessene Vereinbarungen. Grenzen zu setzen, bedeutet nicht zwangsläufig, dass wir als Eltern Kiffen verurteilen. Vielmehr bemühen wir uns um Kooperation, um den Konsum zu begrenzen. Parallel dazu unterstützen wir unser Kind dabei, andere Interessen und Fähigkeiten auszubauen, um Wünsche abzudecken, die bisher durch das Marihuana kompensiert wurden.

Behalten Sie bei dieser Aufgabe immer im Blick, wie wichtig der Aufbau und der Erhalt des Paktes ist. Die neuen Grenzen müssen nach Möglichkeit gemeinsam abgesteckt werden, sonst finden wir uns plötzlich ganz am Anfang wieder – wir kämpfen gegen unser Kind, und beide Seiten sind völlig frustriert. Damit würden wir das Vertrauen verspielen, dass wir so mühsam aufgebaut haben, und würden auf einmal wieder auf der anderen Seite der Wand stehen, wo jede Kommunikation sinnlos ist.

Am Ende (oder je nach Lage auch schon viel früher) ist es an der Zeit für eine professionelle Behandlung. Computerspielsucht ist ein schwieriges Thema, und wenn noch Drogenabhängigkeit hinzukommt, ist das ohne fachliche Hilfe kaum aus eigener Kraft zu bewältigen. Zudem kann beides auf einer psychischen Erkrankung beruhen, zum Beispiel einer Angst- oder Affektstörung oder einer Depression. Ein guter Therapeut kann mit Ihnen und Ihrem Kind zusammen herausarbeiten, welches Thema zuerst angegangen werden sollte und was man besser auf später verschiebt.

ANHANG A

So lotsen Sie Ihr Kind durch die Stadien der Veränderung

Das Stadium der Sorglosigkeit

- *Kennzeichen:*
  - Fehlendes Problembewusstsein
  - Oft mit Leugnen verbunden

- *Häufige Fehler:*
  - Wir versuchen, unseren Gamer davon zu »überzeugen«, dass es ein Problem gibt.
  - Wir erzwingen »Kooperation«, weil wir am längeren Hebel sitzen. Darunter leidet die Beziehung, und die Wirkung bleibt vorübergehend. Ohne ständige Überwachung verschwindet das positive Verhalten.

- *Richtiger Ansatz:*
  - Offene Fragen: Bringen Sie das Kind zum Nachdenken.
  - Nicht urteilen. Wenn wir zum Angriff übergehen, geht Ihr Gamer in die Defensive. Wir müssen offen auf ihn zugehen, um das Spielverhalten besser zu verstehen.

Das Stadium der Bewusstwerdung

▶ *Kennzeichen:*

- Ambivalenz oder innerer Konflikt
- Das Kind räumt ein, dass Zocken Vor- und Nachteile hat, doch die Nachteile sind nicht schlimm genug, um eine nachhaltige Änderung zu bewirken.
- Oft kommt es zu kurzzeitigen Versuchen, etwas zu verändern, die aber nicht konsequent durchgehalten werden. Am einen Tag sieht das Kind ein, dass es weniger spielen sollte, am nächsten Tag wieder nicht. Eltern registrieren widersprüchliche Signale oder wechselndes Verhalten.

▶ *Häufige Fehler:*

- Auf den Nachteilen des Zockens herumreiten und das Kind zur Veränderung drängen.
- Recht haben wollen: »Siehst du? Das sage ich doch schon die ganze Zeit. Ich bin so froh, dass du das endlich verstehst.«
- Die Eltern übertreiben, damit das Kind die Nachteile erkennt, anstatt dies neutral wahrzunehmen.
- Die Eltern akzeptieren in Bezug auf Vor- und Nachteile nur ihre eigene Logik, ohne die Wahrnehmung des Kindes einzubeziehen.

▶ *Richtiger Ansatz:*

- Ambivalenz aushalten und bereitwillig die andere Seite der Medaille ins Spiel bringen. Wenn der Gamer sich auf Probleme konzentriert, betonen wir die Vorteile, die er wahrnimmt. Wenn der Gamer sich auf die Vorteile konzentriert, betonen wir die Probleme, die er wahrnimmt.
- Anerkennen, dass die Situation verfahren ist: »Ja, du spielst

gern, aber das führt auch zu Problemen. Ja, das führt zu Problemen, aber es macht doch auch Spaß, richtig?«

- Aktives Zuhören einsetzen und nur spiegeln, was uns gesagt wird. Beim Spiegeln dürfen Sie ein wenig übertreiben, um das Kind sanft in die richtige Richtung zu stupsen.

Das Vorbereitungsstadium

▶ *Kennzeichen:*

- Der Gamer erkennt an, dass es Zeit ist, etwas zu verändern.
- Dem Gamer ist bewusst, dass die Veränderung positiv für ihn sein wird. Er bekommt dadurch etwas, das er will.

▶ *Häufige Fehler:*

- Die Eltern sind überglücklich, dass ihr Kind Veränderungsbereitschaft zeigt, und liefern prompt eine fertige Lösung.
- Die Eltern formulieren die »passende« Vorgehensweise, weil sie ihr Kind so gut kennen.
- Der Gamer ist an der Ausarbeitung nicht beteiligt.

▶ *Richtiger Ansatz:*

- Verschiedene Optionen anbieten. Wir können ein paar Dinge auf die Liste schreiben, aber wir müssen unserem Gamer die Wahl lassen.
- Der Gamer darf die Art und die Intensität der Veränderung wählen.
- Gamer wissen, welche Vorgehensweise ihnen am leichtesten fällt.

Das Stadium der Handlung

- *Kennzeichen:*
  - Alle stimmen überein, dass sich jetzt etwas ändern muss.
  - Die Motivation ist zwar da, und alles ist gut überlegt, aber das ist keine Erfolgsgarantie.

- *Häufige Fehler:*
  - Den Beteiligten ist nicht ernsthaft klar, dass dies nur der Anfang ist und dass sie auf dem Weg zum dauerhaften Erfolg vermutlich etliche Male scheitern werden.
  - Eltern neigen dazu, erneut die Führung zu übernehmen oder dem Kind das Lösen von Problemen abzunehmen. Damit beschneiden sie während des Prozesses seine Unabhängigkeit und Handlungsfähigkeit.
  - Eltern bestehen gern auf anfänglichen Aussagen oder »Versprechen«, anstatt Widerstand zu akzeptieren und die richtige Technik für das jeweilige Stadium zu wählen. Zum Beispiel könnte das Kind zwischendurch wieder abstreiten, dass es ein Problem gibt.

- *Richtiger Ansatz:*
  - Regelmäßige Gespräche
  - Das Kind darf seinen Weg gehen.
  - Was vereinbart wurde, wird eingehalten, aber als Eltern greifen wir bei Widerständen und Rückschritten auf aktives Zuhören und offene Fragen zurück.

ANHANG B:

Zeitplan

Viele Eltern wünschen sich einen konkreten Zeitplan, der ihnen zeigt, was Woche für Woche ansteht. Deshalb kommt hier ein Fahrplan über acht Wochen, der sich an unserem *Healthy-Gamer*-Programm orientiert. Bitte beachten Sie: In den ersten beiden Wochen geht es darum, dass Sie als Eltern oder Erziehungsberechtigte sich inhaltlich mit den ersten beiden Teilen dieses Buches befassen. Ich unterstelle Ihnen nicht, dass Sie zwei Wochen brauchen, um diese Teile zu lesen. Es ist jedoch wichtig, dass Sie über das, was Sie lesen und lernen, nachdenken und sich damit beschäftigen, damit Sie es anschließend umsetzen können.

WOCHE 1:
Lesen Sie Teil 1.

WOCHE 2:
Lesen Sie Teil 2, zumindest bis zum Ende von Kapitel 6.

WOCHE 3:
Beginnen Sie, an den neuen Kommunikationstechniken zu arbeiten, die in Teil 2 vorgestellt wurden.

- Üben Sie offene Fragen und reflektierendes Zuhören am besten zuerst mit einer anderen Person.
- Führen Sie dann das erste Gespräch mit Ihrem Kind:

  - Erklären Sie dem Kind, dass Sie bisher auf eigene Faust vorgegangen sind und dass Ihnen klar geworden ist, dass Sie dem Spielen Grenzen gesetzt haben, ohne die Perspektive des Kindes einzubeziehen. Vielleicht sollten Sie sich dafür entschuldigen. Erklären Sie dem Kind, dass Sie in den nächsten Wochen mehr über sein Spielverhalten lernen möchten, und zwar *ohne* die bisherigen Grenzen zu verändern. Wenn Sie die Perspektive des Kindes dann besser verstehen, können Sie Grenzen finden, die seinen Wünschen und Werten besser entsprechen.
  - Laden Sie Ihren Gamer ein, einmal in der Woche mit Ihnen über dieses Thema zu sprechen.
  - Stellen Sie zunächst nur wenige Fragen, und formulieren Sie diese unspezifisch und offen.

WOCHE 4 BIS 6:
Führen Sie weitere Gespräche mit offenen Fragen, um mehr über die Werte des Kindes zu erfahren.

- Orientieren Sie sich an den in Kapitel 6 vorgeschlagenen Fragen:
  - Beginnen Sie mit Fragen, die eher an der Oberfläche bleiben, wie: »Wie fühlt sich das an, wenn du spielst?«
  - Gehen Sie dann zu Fragen über, die auf Werte und psychologische Bedürfnisse abzielen.
    - In diesen Wochen geht es darum, herauszufinden, was Ihrem Kind wichtig ist. Daran können Sie sich später orientieren, wenn es um die passenden Grenzen geht. Wir wollen Grenzen einführen, die den Kindern dazu verhelfen, *ihre* Ziele zu erreichen, nicht unsere.
    - Versuchen Sie, herauszufinden, welche Bedürfnisse des Kindes durch das Zocken gestillt werden: He-

rausforderung und Erfolg, Identität, Gemeinschaft, Sicherheit ...
  - Wenn das Kind sich öffnet (nachdem Sie zwei bis drei Wochen im Gespräch sind), kommen wir zu den unangenehmeren Fragen: »Was sind die Nachteile am Zocken?«
- Lesen Sie in diesem Zeitraum die Teile 3 und 4 dieses Buches.
  - Sollte es relevant sein, können Sie Ihrem Kind ab Woche 5 auch Fragen zu seiner psychischen Verfassung stellen.

WOCHE 7 BIS 8:
Sprechen Sie nun auch über Ihre Perspektive, und legen Sie das Fundament für neue Grenzen.

- Fragen Sie Ihren Gamer, ob Sie etwas dazu sagen dürfen.
- Sprechen Sie über Ihre Bedenken – nicht, um Ihren Gamer zu überzeugen, sondern lediglich, um Ihren Standpunkt darzulegen. Bitten Sie ihn darum, Ihre Aussagen zu reflektieren. (»Kannst du nachvollziehen, warum ich mir Sorgen mache?«)
- Finden Sie eine Schnittmenge aus den Werten des Kindes und Ihren, und zeigen Sie, dass neue Grenzen ein guter Plan wären, um *seine* Ziele zu erreichen, nicht nur Ihre.
- Beziehen Sie Ihre eigenen Grenzen ein, und sprechen Sie Ihre ursprünglichen Gedanken über mögliche Grenzen und Ziele an.

WOCHE 8+:
Durchlaufen Sie die Schritte aus den Abschnitten »Der Plan – Teil 1« (siehe Seite 159, Ende Kapitel 8) und »Der Plan – Teil 2« (siehe Seite 176, Ende Kapitel 9).

Quellen und Literatur

EINLEITUNG

Kuss, Daria J.: »Internet Gaming Addiction: Current Perspectives.« *Psychology Research and Behavior Management 6* (2013): 125–37.

Tao, Ran et al.: »Proposed Diagnostic Criteria for Internet Addiction.« *Addiction 105,* no. 3 (2010): 556–64.

KAPITEL 1

Everitt, Barry J. und Trevor W. Robbins: »Neural Systems of Reinforcement for Drug Addiction: From Actions to Habits to Compulsion.« *Nature Neuroscience 8, no. 11* (2005): 1481–89.

Goldstein, Rita Z. und Nora D. Volkow: »Drug Addiction and Its Underlying Neurobiological Basis: Neuroimaging Evidence for the Involvement of the Frontal Cortex.« *The American Journal of Psychiatry 159, no. 10* (2002): 1642–52.

Kalivas, Peter W. und Nora D. Volkow: »The Neural Basis of Addiction: A Pathology of Motivation and Choice.« *The American Journal of Psychiatry 162, no. 8* (2005): 1403–13.

Kühn, S. et al.: »The Neural Basis of Video Gaming« *Translational Psychiatry 1* (2011): e53.

Kuss, Daria J. und Mark D. Griffiths: »Internet and Gaming Addiction: A Systematic Literature Review of Neuroimaging Studies.« *Brain Sciences 2, no. 3* (2012): 347–74.

Lingford-Hughes, Anne und David Nutt: »Neurobiology of Addiction and Implications for Treatment.« *The British Journal of Psychiatry 182* (2003): 97–100.

Volkow, Nora D., Joanna S. Fowler und Gene-Jack Wang: »The Addicted

Human Brain: Insights from Imaging Studies.« *The Journal of Clinical Investigation 111, no. 10* (2003): 1444–51.

Yee, Nick: »The Labor of Fun: How Video Games Blur the Boundaries of Work and Play.« *Games and Culture 1, no. 1* (2006): 68–71.

KAPITEL 2

Bekir, Seyhan und Eyup Celik: »Examining the Factors Contributing to Adolescents' Online Game Addiction.« *Anales de Psicologia 35, no. 3* (2019): 444–52.

Chang, Eunbi und Boyoung Kim: »School and Individual Factors on Game Addiction: A Multilevel Analysis.« *International Journal of Psychology 55, no. 1* (2019): 822–31.

Maden, Cagtay und Kezban Bayramlar: »Effects of Sedentary Lifestyle and Physical Activity in Gaming Disorder.« *International Journal of Academic Medicine and Pharmacy 4, no. 2* (2022): 68–71.

Wei, Han-Ting et al.: »The Association Between Online Gaming, Social Phobia, and Depression: An Internet Survey.« *BMC Psychiatry 12* (2012): 92.

KAPITEL 4

Burke, Jeffrey D. et al.: »Developmental Transitions among Affective and Behavioral Disorders in Adolescent Boys.« *Journal of Child Psychology and Psychiatry, and Allied Disciplines, 46, no.11* (2005): 1200–10.

Connors, Gerald J. et al.: *Substance Abuse Treatment and the Stages of Change: Selecting and Planning Interventions, 2nd ed.* New York: Guilford Press, 2013.

DiClemente, Carlo C., Debra Schlundt und Leigh Gemmell: »Readiness and Stages of Change in Addiction Treatment.« *The American Journal on Addictions 13, no. 2* (2004): 103–19.

Johnston, Oliver G. et al.: »Preliminary Validation of the Parental Help-Seeking Stage of Change Measure for Child Behavior Problems.« *Child & Youth Care Forum 49, no. 2* (2020): 223–46.

Krebs, Paul et al.: »Stages of Change.« In *Psychotherapy Relationships that Work: Evidence-Based Therapist Responsiveness, 3rd edition*, edited by John C. Norcross and Bruce E. Wampold, 296–328. New York: Oxford Academic, 2019.

Maremmani, Angelo Giovanni Icro et al.: »Correlations Between Awareness of Illness (Insight) and History of Addiction in Heroin-Addicted Patients.« *Frontiers in Psychiatry 3* (2012): 61.

KAPITEL 5

Benítez, José L. et al.: »Building an Expanded Therapeutic Alliance: A Task Analysis with Families Trapped in Parental-Adolescent Conflict«. *Family Process 59, no. 2* (2020): 409–27.

Bonnaire, Céline, Alexandre Har und Howard Liddle: »Searching for Change Mechanisms in Emotion-Focused Work with Adolescents and Parents: An Example from Multidimensional Family Therapy.« *Couple and Family Psychology: Research and Practice 9, no. 2* (2020): 100–21.

Diamond, Gary M. et al.: »Alliance-Building Interventions with Adolescents in Family Therapy: A Process Study.« *Psychotherapy: Theory, Research, Practice, Training 36, no. 4* (1999): 355.

Gilson, Maria Lisa und Angela Abela: »The Therapeutic Alliance with Parents and Their Children Working through a Relational Trauma in the Family.« *Contemporary Family Therapy 43, no. 4* (2021): 343–58.

KAPITEL 7

Muñoz-Silva, Alicia, Rocio Lago-Urbano und Manuel Sanchez- Garcia: »Family Impact and Parenting Styles in Families of Children with ADHD.« *Journal of Child and Family Studies 26, no. 3* (2017): 1–14.

Schiltz, Hillary K. et al.: »Examining Differences in Parenting Stress, Parenting Efficacy, and Household Context among Mothers of Youth with Autism and/or ADHD.« *Journal of Child and Family Studies 31, no. 4* (2022): 774–89.

Stevens, Anne E. et al.: »Maternal Parenting Style and Internalizing and ADHD Symptoms in College Students.« *Journal of Child and Family Studies 28, no. 1* (2019): 260–72.

KAPITEL 10

Beckwith, Vickie Z. und Jennifer Beckwith: »Motivational Interviewing: A Communication Tool to Promote Positive Behavior Change and Optimal Health Outcomes.« *NASN School Nurse 35, no. 6* (2020): 344–51.

Burke, Jeffrey D., Irwin Waldman und Benjamin B. Lahey: »Predictive Validity of Childhood Oppositional Defiant Disorder and Conduct Disorder: Implications for the DSM-V.« *Journal of Abnormal Psychology, 119, no. 4* (2010): 739–51.

KAPITEL 11

Ferguson, Christopher J., Mark Coulson und Jane Barnett: »A Meta-Analysis of Pathological Gaming Prevalence and Comorbidity with Mental Health, Academic and Social Problems.« *Journal of Psychiatric Research 45, no. 12* (2011): 1573–78.

Piao, Mei Ying, Eui Jun Jeong und Jeong Ae Kim: »Mental Health of Parents and Their Children: A Longitudinal Study of the Effects of Parents' Negative Affect on Adolescents' Pathological Gaming.« *Healthcare 10, no. 11* (2022): 2233.

Pinquart, Martin und Dana-Christina Gerke: »Associations of Parenting Styles with Self-Esteem in Children and Adolescents: A Meta-Analysis.« *Journal of Child and Family Studies 28, no. 2* (2019): 2017–35.

Tripathi, Shraddha und Priyansha Singh Jadon: »Effect of Authoritarian Parenting Style on Self Esteem of the Child: A Systematic Review.« *International Journal of Advance Research and Innovative Ideas in Education 3* (2017): 909–13.

Yildiz Durak, Hatice, Abdulkadir Haktanir und Mustafa Saritepeci: »Examining the Predictors of Video Game Addiction According to Expertise Levels of the Players: The Role of Time Spent on Video Gaming, Engagement, Positive Gaming Perception, Social Support and Relational Health Indices.« *International Journal of Mental Health and Addiction* (2023): 1–26.

KAPITEL 13

Craig, Francesco et al.: »A Systematic Review of Problematic Video-Game Use in People with Autism Spectrum Disorders.« *Research in Autism Spectrum Disorders 82* (2021): 101 726.

Kervin, Ryan et al.: »Behavioral Addiction and Autism Spectrum Disorder: A Systematic Review.« *Research in Developmental Disabilities 117* (2021): 104 033.

Dank

Om Sri Gurubhyo Namah. Grüße an alle Lehrenden.

Zuallererst möchte ich meinen Eltern Uma und Dhadha danken sowie Meenaxi und Pradip, ohne die ich heute nicht hier wäre. Ein besonderer Dank geht an Akash und Saurabh, die bereitwillig meine Kinder betreut haben, wenn ich Bereitschaftsdienst hatte, zu Konferenzen gereist bin oder an diesem Buch gearbeitet habe.

Ein riesiges Danke gebührt den Familien Kanojia, Gandhy und Parekh, die mich nicht nur lehrten, ein guter Vater zu sein, sondern auch ein guter Mensch. Ganz besonders denke ich an Ba, deren Segen mir half, überhaupt Arzt zu werden.

Ich danke meinen Gurus in Indien, die mich erst von der materiellen Welt weglotsten und dann wieder ins Leben zurückschickten. Dr. Nagendra und allen bei Prashanti danke ich dafür, dass sie mich in den Grundlagen von Yoga und Meditation unterwiesen haben, und ich danke den Lehrenden an der Bihar School of Yoga. Und natürlich danke ich meinem Guruji für die Mantra- und Kundalini-Diksha. Diesen Geschenken verdanke ich den größten Teil meines weltlichen Erfolgs.

In der Medizin möchte ich an erster Stelle Laura Snydman erwähnen, die meine Liebe zur Medizin geweckt und mir Mut gemacht hat, meinen eigenen Weg zu gehen. Von Jodi Schindelheim lernte ich die Liebe zur Psychiatrie beim Verzehr eines Apfels. Ewiger Dank gebührt Paul Summergrad, der mir während des Medizinstudiums und der Facharztausbildung und sogar noch bei den ersten Schritten jenseits der klinischen Medizin zur Seite stand.

Ich danke all denen an der Universität und auf den Stationen, von und mit denen ich lernen durfte, ein guter Arzt zu werden. Ein dickes Dankeschön geht an Felicia Smith und Scott Beach, die bereit waren, mich in die (zumindest für mich!) beste Facharztausbildung der Welt aufzunehmen. Es ist schwer, einen Ort zu finden, an dem man lernen kann, ein exzellenter Arzt zu werden *und* über den individuellen Patienten hinauszudenken. Ted Stern, Nick Kontos, John Querques und John Taylor, deren Vorbild ich stets nacheifere, wenn ich an »Psychiater« denke, werde ich ewig dankbar sein.

Außerdem danke ich John Denninger, der mich geduldig angeleitet hat, als andere überfragt waren. Diese Unterstützung war und ist ein Segen und hat mir geholfen, der zu werden, der ich heute bin. Danken möchte ich zudem meinem langjährigen Mentor Darshan Mehta, der mir half, die Liebe zu den wissenschaftlichen Grundlagen der Komplementär- und Alternativmedizin zu entdecken. Greg Fricchione danke ich dafür, dass er mir beibrachte, wie man etwas von Grund auf aufbaut.

Jerry Rosenbaum bin ich zu Dank verpflichtet, denn er zeigte mir, dass man groß denken, dabei aber nie die kleinen Leute vergessen sollte. Scott Rauch hat gesehen, wo meine wahren Talente liegen, und er hat mich dankenswerterweise zum Institute of Coaching geführt, das mir zur zweiten Heimat wurde. Ich danke Rocco Ianucci, Hilary Connery, Jen und Kenny, die mir beibrachten, wie man Menschen, die mit Abhängigkeit kämpfen, sehen sollte und ihnen helfen kann.

Insbesondere danke ich Tom McCoy, der mir half, nicht vor dem Start aufzugeben. Ich danke Liz Liebson, die mich so gesehen hat, wie ich bin, und mir auftrug: »Nutze deine Kraft zum Guten, nicht zum Bösen.« Ich habe mir ihren Rat zu Herzen genommen, und das ist daraus geworden!

Ein heißer Dank gebührt meinen Freunden und Komplizen

während der Ausbildung, die all die Schinderei zu etwas machten, was ich liebte und inzwischen sogar vermisse. Das gilt besonders für Daniel Daunis, Judy Puckett, Nicole Benson und Gowri Aragam.

Und dann möchte ich meinen Patienten und Patientinnen danken, die mich mehr über Medizin gelehrt haben als alle Ärzte, Mentoren und Chefs zusammen, weshalb ich heute mehr Menschen beistehen kann. Die Vorgehensweisen in diesem Buch verdanke ich ihnen!

Ich danke auch der *Healthy Gamer Community*, jener nebulösen, amorphen Masse derer, die im Internet chatten und die die Einzigen sind, die mich mehr lehren konnten als meine Patienten. Der Chat verlangte ein Buch von mir – bitte sehr, hier ist es. Ihr habt etwas anderes erwartet, das weiß ich, aber wir müssen der nächsten Generation junger Gamer und ihren Eltern beistehen. Im nächsten Buch geht es ganz um euch, versprochen. Besonders erwähnen möchte ich noch den WVG Discord, wo wahrhaft gesunde Gamer meine eingerosteten Künste tolerierten. Für den Rest der Welt bin ich vielleicht jemand, aber bei euch bin ich nur ein kleiner Knirps.

Ohne die großartige Belegschaft bei *Healthy Gamer*, aber auch ohne meine Agenten Byrd Leavell und Dan Milaschwewski wäre dieses Buch nie geschrieben worden. Ein gewaltiges Dankeschön gilt Marnie Cochran und Jane Fleming Fransson für ihre Geduld bei unserer Zusammenarbeit (sollte es ein nächstes Mal geben, gelobe ich Besserung). Sie haben ein wildes Gemenge akademischer Floskeln in ein lesbares Buch verwandelt, das vielleicht wirklich jemandem helfen kann.

Und zu guter Letzt danke ich meiner bezaubernden Frau Kruti für sieben Eheleben, die ein wahres Glück sind. Ich freue mich auf die nächsten sechs. Und natürlich danke ich Vera und Avi, die ich auf dieser Welt am meisten liebe, dafür, dass ihr seid, wie ihr seid, nicht mehr und nicht weniger. Ich liebe euch.

Register